La soumission librement consentie

Robert-Vincent Joule
Jean-Léon Beauvois

La soumission librement consentie

Comment amener les gens à faire librement ce qu'ils doivent faire ?

Presses Universitaires
de France

À Hadrien
À Julie

ISBN 978-2-13-057882-6

Dépôt légal — 1re édition : 1998, mai
6e édition corrigée : 2009, décembre
3e tirage : 2014, juin

6, avenue Reille, 75014 Paris

Sommaire

Avertissement

Toute chose est à la fois elle-même et son contraire.
Héraclite (540-480 av. J.-C.).

Il en va de la manipulation comme il en va de la langue d'Ésope. Elle peut être la pire et la meilleure des choses. En effet, et aussi étonnant que cela puisse paraître, elle peut être mise au service des causes les plus sombres comme des causes les plus nobles. Qu'on le veuille ou non, on peut, par manipulation, amener une personne à brûler ses vaisseaux et à s'aliéner dans une secte, mais on peut aussi bien par manipulation rendre quelqu'un honnête, serviable, généreux, responsable... Les ressorts psychologiques sont strictement les mêmes dans les deux cas. La sagesse populaire nous dit : « Qui vole un œuf, vole un bœuf. » En l'occurrence, elle ne se trompe pas. Dommage qu'elle oublie, en même temps, de nous dire : « Qui donne un œuf, donne un bœuf », histoire de ne pas voir le monde que par un côté de la lorgnette. Ces ressorts qui tantôt nous font glisser sur la mauvaise pente et tantôt nous aident à la remonter, on les connaît. Ils relèvent de la *psychologie de l'engagement*. Leur étude scientifique commence avec les années 50. C'est dire la masse de connaissances disponibles aujourd'hui. Et que nous apprennent ces connaissances qui, pour sentir un peu la poudre, n'ont guère été diffusées ? Elles nous apprennent que, pour transformer les mentalités et pour changer les comportements des gens, dans le bon sens ou dans le mauvais, la question n'est pas tant de savoir choisir ce que l'on va bien pouvoir leur dire, ses arguments donc, que de savoir choisir ce que l'on va bien pouvoir leur faire faire. Oh, d'abord, pas grand-chose, un petit rien le premier jour, un autre petit rien le lendemain. Il reste que ces petits riens vont les conduire, après-demain, à voler un bœuf, ou à en offrir un, ce qui n'est pas tout à fait la même chose.

Comme on s'en doute, cette psychologie de l'engagement sera mise, dans cet ouvrage, au service exclusif de causes parfaitement respectables : la lutte contre le chômage, les accidents de travail, le Sida, etc. On verra aussi qu'elle peut permettre d'optimaliser des pratiques sociales aussi diverses que la thérapie, le marketing ou le management.

Introduction

Les lecteurs du *Petit traité de manipulation à l'usage des honnêtes gens* connaissent bien Mme O., cette jeune femme dolmate, plus souvent manipulée qu'à son tour. Nous allons la retrouver quelques dix ans plus tard. Qui aurait pu imaginer qu'elle décide un jour de tourner la page du passé et de recommencer à zéro. Elle vient de quitter son mari et, avec lui, le confort bourgeois auquel elle s'était si bien habituée. Son mari ayant mis un point d'honneur à lui faire payer au prix fort son émancipation, il lui faut désormais gagner sa vie. La voilà donc institutrice dans une école de banlieue. Il se trouve qu'aujourd'hui il lui faut quitter sa classe quelques minutes avant l'heure. Ce sont donc les élèves qui devront, pour une fois, éteindre la lumière en partant. Le troisième choc pétrolier ayant sensibilisé les Dolmates aux économies d'énergie, Mme O., comme beaucoup de ses compatriotes, est toute acquise à cette bonne cause nationale. L'idée que la lumière puisse brûler toute la nuit la révolte. Aussi, réfléchit-elle à la meilleure façon de s'y prendre avec ses élèves pour partir l'esprit tranquille. Comme toute réflexion, celle de Mme O. s'appuie sur une « théorie » qui ne choquera personne. Cette théorie suppose que les gens qui sont convaincus de la nécessité de faire quelque chose le feront. Elle en vient donc tout naturellement à penser que le plus simple est encore de convaincre ses élèves de l'utilité des économies d'énergie. Sa réflexion n'aura duré que le temps d'un exercice de calcul. Après avoir pesé chacun de ses mots, elle leur tient à peu près ce langage : « Aujourd'hui, une fois n'est pas coutume, je vais devoir vous quitter à 5 heures moins le quart. Vous ferez donc seuls le prochain exercice de calcul en attendant la sonnerie de la cloche. Avant que je ne m'en aille, je voudrais vous dire quelque chose de très important : vous savez tous que la Dolmatie n'a pas beaucoup de ressources d'énergie. Je vous en ai parlé lors de notre dernière leçon de géographie. Elle doit par conséquent acheter de l'énergie, et l'énergie coûte très cher. Vous comprenez, si elle dépense tout son argent en énergie, elle ne peut plus en dépenser ailleurs, pour faire des routes ou des stades de football, par exemple. C'est vrai aussi pour notre école : plus on dépense d'électricité, moins on peut acheter de crayons, de livres, de ballons... Je suis sûre que vos parents vous ont appris qu'il ne faut pas gaspiller l'électricité. Je vous demande donc de ne pas oublier d'éteindre la lumière de la classe en partant. C'est bien compris ? Au revoir, mes enfants... et surtout n'oubliez pas d'éteindre la lumière. »

Convaincue d'avoir su trouver et les mots et le ton justes, Mme O. quitte l'école le front rasséréné. Elle doit déchanter le lendemain : les lumières de sa classe brillent de tous leurs feux. Si Mme O. pense, à l'instar des femmes dolmates de sa génération, qu'elle est une fine psychologue, elle n'en demeure pas moins sensible à la signification des faits. Ou elle n'a pas été suffisamment persuasive – ce dont elle doute – ou la persuasion n'est pas le meilleur moyen d'amener les gens à faire quelque chose. Peut-être, finit-elle par se dire, ai-je raisonné de façon trop simpliste. Certes, pour que quelqu'un fasse quelque chose, il doit être convaincu du bien-fondé de ce quelque chose. Mais cela est-il vraiment suffisant ? En un éclair, les cours de psychopédagogie dispensés durant sa formation à l'IUFMD (Institut universitaire de formation des maîtres dolmates) lui revinrent en mémoire. Motivation, motivation, combien de fois n'avait-elle pas entendu ses formateurs prononcer ce mot ? Mme O. en vint alors à penser qu'elle avait quelque peu négligé de motiver ses élèves. Elle les avait convaincus mais probablement pas motivés. Et là était la raison de son insuccès. Un dernier effort de mémoire fut récompensé. Elle se souvenait maintenant d'avoir appris lors d'un cours de psychopédagogie, plus captivant encore que les autres, que l'une des motivations essentielles des gens était la *responsabilité*. D'ailleurs, un récent sondage de l'IDSS (Institut dolmate de sondages subtils) ne montrait-il point que 93,8 % des adolescents de son pays voulaient avoir des responsabilités ? La prochaine fois, se dit-elle, je ne manquerai pas de faire appel à leur sens des responsabilités, et elle eut, en effaçant le tableau, une pensée pleine de reconnaissance pour ces enseignants de psychopédagogie qui lui avaient tant appris.

La prochaine fois devait être très proche. Un coup de téléphone de l'inspecteur Tourangeot allait conduire Mme O. à quitter le soir même la classe avant 5 heures.

« Je suis désolée, mes enfants, ce n'est pas dans mes habitudes, mais il me faut encore vous quitter précipitamment. Vous vous souvenez, hier, je vous avais demandé d'éteindre la lumière en partant. Eh bien, en arrivant ce matin j'ai dû constater que personne ne l'avait fait. Aujourd'hui, j'espère qu'il se trouvera parmi vous quelqu'un de suffisamment responsable pour y penser. Vous savez : une lampe qui brûle toute la nuit, c'est de l'argent jeté par les fenêtres. Je ne vais pas insister davantage, car je sais que vous avez tous, autant que vous êtes, le sens des responsabilités. Je compte sur vous. À demain. »

Un dernier coup d'œil en direction de sa classe, après avoir eu raison de sa ceinture de sécurité, et la voilà qui quitte à la hâte le parking. Il est 5 heures moins dix. Elle est cette fois convaincue, avec cet appel à une motivation d'ordre supérieur, d'avoir touché une corde sensible. Sa déception n'en fut donc que plus grande le lendemain matin.

Mes élèves sont-ils d'incurables énergumènes, des irresponsables fermés à tout argument ou m'y suis-je une nouvelle fois mal prise avec eux ? se demanda-t-elle, dépitée, en poussant la porte de sa classe. Elle avait beau éplucher le programme des enseignements qu'elle avait reçus à l'IUFMD, elle ne trouvait rien qui puisse l'aider à trancher, rien non plus qui puisse l'aider à surmonter ce nouvel échec. Elle était sur le point de désarmer quand un souvenir déjà ancien la submergea. Elle a dix ans de moins et les cheveux plus courts ; elle ne se déteste pas dans son petit maillot de bain. Une ambiance de vacances et de crèmes solaires. Elle se revoit sur la plage de San Valentino laissant un voleur emporter, sous ses yeux, le transistor d'une voisine. Elle se revoit aussi quelques heures plus tard, au restaurant, bondissant à la poursuite d'un individu sur le point de dérober une valise. Elle avait longtemps réfléchi à cette contradiction – dans un cas elle avait fait preuve d'une passivité presque honteuse, dans l'autre elle avait montré un courage exemplaire – et la conclusion avait fini par s'imposer d'elle-même : elle avait réagi dans la seconde situation, et dans la seconde situation seulement, parce que dans cette situation elle avait explicitement accepté de surveiller la valise. Au restaurant, quelqu'un l'avait priée de surveiller ses affaires et elle avait dit « oui » ; à la plage, personne ne l'avait sollicitée. Comme quoi un simple « oui », même lorsqu'on ne peut décemment pas dire non, peut transformer une femme passive en héroïne de roman (cf. Joule et Beauvois, 2002, p. 21 et s.).

C'est la morale de cette vieille histoire que Mme O. résolut de mettre à profit. Si un simple « oui » peut transformer à ce point le comportement d'une femme de ma trempe, se dit-elle, il doit pouvoir modifier aussi le comportement de jeunes banlieusards. Il lui tarde de pouvoir mettre à l'épreuve cette nouvelle idée. Il lui tarde tant qu'elle va provoquer elle-même l'événement. Bien qu'elle n'ait ce jour-là aucune espèce d'obligation, elle décide d'arrêter la classe, comme les jours précédents, à 5 heures moins le quart.

« Mes enfants, ne m'en veuillez pas... mais je dois encore partir ce soir avant l'heure. Qui veut bien éteindre les lumières en partant ? » Sans laisser le silence s'installer, elle poursuivit le plus naturellement du monde :

« Pierre, tu veux bien, n'est-ce pas ? » Pierre surpris ne peut que répondre un timide « Oui, M'dame ».

« Tu es bien d'accord, renchérit-elle, sinon je demande à quelqu'un d'autre. » À nouveau Pierre ne peut que répondre « oui ».

À 5 heures, les lumières étaient cette fois parfaitement éteintes.

Les trois tentatives mises en œuvre par Mme O. pour obtenir un comportement précis de la part de ses élèves (éteindre les lumières) sont sous-tendues par divers présupposés. Ces présupposés s'inscrivent du point de vue d'une approche psychologique dans deux grands cadres théoriques. Le premier est dans notre culture le plus naturel. Il donne lieu aux convictions les plus courantes et c'est probablement celui qu'ont transmis à Mme O. les formateurs de l'IUFMD : l'Homme agit en fonction de ses idées et de ses motivations. Pour changer le comportement de quelqu'un, il convient donc de jouer sur ses idées et d'aviver ses motivations.

Pour jouer sur les idées, le bon sens nous invite à recourir à l'argumentation et donc à la persuasion[1]. On s'efforcera alors de diffuser de nouveaux arguments ou d'insister sur d'anciens. L'homme étant supposé rationnel, on présume qu'il adhérera aux arguments qu'on lui soumet, pour peu évidemment que ces arguments soient raisonnables, cette adhésion se traduisant par une modification de ses idées. L'homme étant supposé consistant, on présume en outre que de nouvelles idées engendreront de nouveaux comportements. Mme O. présume ainsi dans sa première tentative que si elle parvient à trouver les bons arguments, elle parviendra aussi à convaincre ses élèves. Mais elle présume surtout que si ses élèves sont convaincus de la nécessité de faire des économies d'énergie, et en particulier des économies d'électricité, ils ne se comporteront pas comme s'ils n'en étaient pas convaincus.

Pour jouer sur les motivations, les stratégies ne manquent pas, des plus élémentaires aux plus sophistiquées. Les plus élémentaires sont pleinement adaptées aux gros bras, aux âmes peu sensibles, aussi bien qu'aux ânes et aux chiens. Il s'agit des stratégies qui reposent sur le maniement de la carotte et du bâton ou, pour le dire de façon plus policée, des stratégies fondées sur les récompenses et sur les punitions. Mme O. ayant retenu de son passage à l'IUFMD que les élèves ne sont

1. Comme nous sommes entre honnêtes gens nous nous interdirons de parler de propagande. À chacun son bon sens. (Pour une distinction entre persuasion et propagande, on se reportera à Pratkanis et Aronson, 1992, et à Beauvois, 2005.)

ni des ânes, ni des chiens, cette stratégie ne lui a même pas effleuré l'esprit. Nul doute que si elle avait promis à ses élèves de les emmener au cinéma, si elle avait trouvé les lumières éteintes le lendemain, elle eût obtenu satisfaction. Nul doute non plus qu'une menace de dix exercices de calcul supplémentaires eût été aussi efficace. Mais Mme O. ne veut pas de l'efficacité à n'importe quel prix, elle se fait une trop haute idée de sa mission éducative pour recourir à des pratiques que sa récente vocation réprouve.

Les stratégies de motivations les plus sophistiquées n'ont rien de commun avec les précédentes. Elles font appel à quelques principes internes permettant aux gens de se considérer comme automotivés. Les psychologues scientifiques parlent de motivation intrinsèque pour signifier que les déterminants du comportement sont à rechercher dans la personne elle-même (son caractère, sa personnalité, ses traits, ses valeurs, ses convictions...) et non dans la situation (pressions, récompenses, punitions, normes sociales, concours de circonstances...). Le sens des responsabilités est l'un de ces principes internes particulièrement prisés dans nos sociétés libérales et la Dolmatie n'échappe pas à la règle. Il en est d'autres, comme le plaisir que l'on peut prendre à faire ce que l'on a à faire. Ces stratégies de motivations ont un avantage non négligeable sur les précédentes : elles ne reposent pas sur les options fortes du pouvoir et ont de ce fait un coût relationnel plus faible. Malheureusement, on ne peut les appliquer qu'à des gens disposés à trouver quelque satisfaction personnelle dans la réalisation de valeurs abstraites. On comprendra qu'il soit plus osé de motiver intrinsèquement quelqu'un qui a tout dans les bras et rien dans la tête que quelqu'un qui a tout dans la tête et rien dans les bras ou, pour prendre un exemple, un docker plus qu'un informaticien.

Dans sa deuxième tentative, Mme O. a choisi cette stratégie de motivation. Ses élèves n'en ont pas davantage éteint les lumières. On peut toujours se dire qu'en faisant appel au sens des responsabilités Mme O. n'a pas choisi le registre de motivation le mieux adapté à ses élèves. Mais on peut aussi se dire que son choix d'une stratégie de motivation n'était tout simplement pas le bon.

Ce premier cadre théorique qui pose que l'homme agit dans le fil de ses idées et de ses motivations fournit de nos semblables une image plutôt réjouissante. Dommage qu'il n'ait pas permis à Mme O. d'arriver à ses fins. Dans ce cadre théorique, en effet, les gens apparaissent comme raisonnables, motivés et consistants. Et lorsqu'ils font ce qu'ils doivent faire, c'est surtout parce que cela leur convient. Ils sont donc parfaitement adaptés à la démocratie. Autant dire que ce cadre théorique trouvera toujours un excellent accueil auprès du public et, surtout, de ses porte-parole. La seule ombre au tableau est celle de la carotte et du bâton. Difficile de se voiler la face : carotte et bâton constituent des déterminants irrémédiablement externes du comportement humain et la simple évocation de leur ombre nous oblige à sortir de nos confortables habitudes de pensée qui dirigent ordinairement nos analyses vers les seules déterminations internes du comportement. Dont acte.

Le second grand cadre théorique permet de comprendre la dernière stratégie utilisée par Mme O. Ce cadre ne lui a probablement pas été transmis par les formateurs de l'IUFMD, tant il s'oppose aux idéologies ambiantes et aux idées reçues qui, dans les salons, attestent notre grand humanisme. Il est en profonde rupture avec le premier : l'homme agit et pense en fonction de ses actes antérieurs. Pour amener une personne à agir comme on le souhaite, il convient donc, avant toute chose, d'obtenir d'elle un acte, l'acte le plus à même de la prédisposer à faire ce qu'on attend d'elle. Comment s'y prend Mme O. dans sa dernière stratégie ? Elle obtient de Pierre un acte préalable, d'une banalité confondante : l'émission d'un simple « oui », acte que ni lui, ni ses camarades n'auraient pu lui refuser. Cet acte d'acceptation suffit pourtant à installer Pierre dans une voie comportementale qui va le conduire à 5 heures à éteindre les lumières de la classe. Qu'on ne s'y méprenne pas, si ce simple « oui » a débouché sur l'extinction des feux, ce n'est pas pour rien. Mme O. l'a sollicité de telle sorte qu'il ait les vertus d'un oui qui engage Pierre dans la décision qu'il a prise malgré lui d'éteindre la lumière. Revoyons la scène. Mme O. ne se contente pas de la timide acceptation de Pierre (« Oui, M'dame »). Elle en rajoute afin que Pierre soit véritablement lié à son acceptation : « Tu es bien d'accord, sinon je demande à quelqu'un d'autre ? » À coup sûr, pour agir comme elle agit, en allant bien au-delà d'une acceptation ordinaire à laquelle Pierre n'aurait probablement pas prêté cas, Mme O. dispose d'une sorte de théorie. Nous verrons bientôt que cette théorie n'est pas sans fondement, puisque, à bien la connaître, on peut transformer des actes banals et d'une quotidienneté désarmante en outils redoutables d'engagement et, le cas échéant, de manipulation.

Quoi qu'il en soit, dans ce second cadre théorique, le comportement humain est davantage le fait de conditions externes que de conditions internes. Ce n'est pas parce que Pierre est intimement convaincu de la nécessité de faire des économies d'électricité, ni parce que quelque motivation personnelle le pousse à le faire, qu'il éteint la lumière. C'est parce que sa maîtresse s'est arrangée pour obtenir de sa personne un acte d'acceptation qui ne lui serait même pas venu à l'esprit si elle ne s'était pas adressée à lui. À ce titre, ni convaincu, ni motivé, mais faisant malgré tout ce qu'on attendait de lui, Pierre a bel et bien été manipulé.

Avec ce nouveau cadre théorique, nous sommes donc confrontés aux déterminations externes du comportement. Certes, avec les stratégies de motivations fondées sur le maniement de la carotte et du bâton, nous avions déjà été confrontés à ce type de motivations. Mais ces nouvelles déterminations externes sont radicalement différentes des précédentes et ne sauraient d'ailleurs convenir aux ânes et aux chiens, si elles peuvent convenir aux gros bras et aux âmes peu sensibles. Si, à l'occasion, les sanctions peuvent s'avérer réellement efficaces, elles souffrent d'une limite majeure : arrêtez les sanctions et vous n'obtiendrez vite plus rien. Ceux qui les utilisent le savent bien, les sanctions ne sont pas porteuses d'avenir. Elles n'affectent, en effet, qu'assez peu – quand elles les affectent – les idées que les gens peuvent se faire de ce qu'ils aiment, de ce à quoi ils croient, de ce qui compte pour eux, bref de toutes ces déterminations internes que les gens peuvent trimbaler avec eux en tous lieux et en toutes saisons. La troisième stratégie utilisée par Mme O. ne connaît pas pareille limite. Même si son efficacité tient également à des sollicitations externes, elle implique, contrairement aux stratégies basées sur les sanctions, la création d'un lien entre la personne et son acte qui va désormais agir comme un facteur interne de réalisation comportementale. L'avenir est donc mieux assuré.

Ce livre a deux ambitions. La première est de familiariser le lecteur avec une des théories les plus représentatives de ce second cadre théorique : la théorie de l'engagement de Kiesler (1971), théorie qui n'est autre que la théorie du lien dont nous venons de parler entre un individu et ses comportements. Nous tenons cette théorie comme l'une des grandes théories de la psychologie sociale. Aussi, acceptons-nous mal qu'elle soit encore à ce point négligée, en France notamment. Cette négligence s'explique davantage – nous l'avons déjà souligné ailleurs – par sa déviance à l'égard des standards psychologiques diffusés par les maîtres à penser, les IUFM, les médias et autres feuilletons qui nourrissent nos démocraties, que par quelque faiblesse inhérente à la théorie elle-même. Cette première ambition, nous l'avions déjà en publiant en 1987 notre *Petit traité de manipulation à l'usage des honnêtes gens*. Le succès rencontré par cet ouvrage nous incite donc à réactualiser les connaissances qui se sont accumulées sans pour autant modifier, un tant soit peu, le fond de la théorie.

Notre seconde ambition est spécifique à ce nouveau livre. Nous voulons montrer que la théorie de l'engagement peut faire – et a fait – l'objet d'applications scientifiques socialement utiles. Les applications, qui seront décrites dans les chapitres qui suivent, touchent des causes aussi variées que les économies d'énergie, la prévention du Sida, la lutte contre les accidents de travail, la recherche d'emploi... Elles ont été conduites avec des exigences méthodologiques permettant d'administrer la preuve de l'efficacité des pratiques d'engagement. À côté de ces applications qu'il nous a été donné de réaliser ces dernières années ou dont nous avons assuré la responsabilité, nous évoquerons d'autres applications possibles de la théorie de l'engagement, dans le secteur de l'éducation, de la sécurité routière, de la thérapie, mais aussi du management et du marketing.

Nous éviterons dans le cours de notre présentation d'ouvrir un débat sur les questions idéologiques et morales que posent les applications de la théorie de l'engagement. Il va néanmoins de soi que nous ne terminerons pas ce livre sans réfléchir aux implications déontologiques de la recherche appliquée. Il apparaîtra que la question n'est pas tant de savoir si la manipulation au service des bonnes causes est encore de la manipulation, que de savoir si cette pratique-là de la manipulation est plus répréhensible que d'autres formes de pratiques sociales pour lesquelles il ne viendrait à l'idée de personne de parler de manipulation.

Chapitre 1

Trouver un emploi

DES CHÔMEURS DE LONGUE DURÉE

1989. Difficile de voir la vie en rose. L'économie s'enfonce dans la crise. Toutes les sonnettes d'alarme n'y ont rien changé, le nombre des demandeurs d'emploi vient d'atteindre 2 millions et demi ! Faute de mieux, le recours au traitement social du chômage s'impose en direction, notamment, des chômeurs de longue durée. Et les mesures ne manquent pas : incitations à l'embauche sous forme d'exonération des charges sociales pour les entreprises, aides à la recherche d'emploi, sans oublier, bien sûr, les actions de formation censées favoriser la réinsertion professionnelle.

Un contexte de formation

À Marseille, comme un peu partout en France, les organismes de formation ont vu dans cette dernière mesure l'occasion d'ajouter à leur arc la corde de la réinsertion professionnelle. Le dispositif national impose aux organismes désireux de jouer sur cette corde sensible de poursuivre plusieurs objectifs : sortir de l'isolement la population des chômeurs de longue durée et, comme on dit, la « remotiver », l'aider à compléter ou à améliorer sa pratique professionnelle, assurer, le temps d'un stage au moins, un revenu à des personnes qui en sont dépourvues. Concrètement, les choses se déroulent ainsi. L'agence locale pour l'emploi sort de ses fichiers les demandeurs d'emploi pénalisés par douze mois d'inactivité. Elle les convoque et, sans guère leur laisser le choix, les dirige vers un organisme de formation agréé. Ils en repartent, cependant, avec une bonne nouvelle : ils seront rémunérés durant toute la formation. Il va de soi que la rémunération dont ils seront gratifiés est liée au sérieux dont ils voudront bien faire preuve, en un mot, à leur assiduité. Les voilà donc en formation.

L'organisme de formation qui nous intéresse est un organisme marseillais. La maquette proposée aux stagiaires, en tout point conforme aux textes en vigueur, implique un parcours en quatre phases. La première est une phase de bilan et de réflexion sur le passé professionnel. Elle est l'occasion d'une évaluation des compétences et débouche sur l'élaboration d'un projet professionnel réaliste. Lors d'une seconde phase, les stagiaires vont se ressourcer en entreprise. Courte, cette phase est supposée permettre une reprise de contact avec le milieu et une première levée des résistances. Suit une phase, bien plus longue, d'actualisation des compétences et de perfectionnement. Durant cette troisième phase, les stagiaires retrouvent le rythme des trente-neuf heures par semaines : trente-deux heures de formation professionnelle et sept heures d'aide à la recherche d'emploi. La dernière phase permet aux stagiaires de retrouver l'entreprise, le moment étant venu de faire valoir leurs nouvelles compétences et, si possible, de se faire embaucher. Ce parcours se clôt par un bilan de trois jours permettant une évaluation de la formation et une ultime préparation aux recherches d'emploi.

Les formateurs marseillais n'étant ni meilleurs ni pires que les autres, leurs résultats, exprimés en termes de taux de placement, s'alignent sur les données nationales : autour de 30 % au sortir de la formation. S'ils ne sont ni meilleurs ni pires que les autres, les formateurs marseillais se sont pas réfractaires à l'innovation, pas plus qu'ils ne le sont à la psychologie sociale appliquée. C'est ce qui les conduisit à s'enquérir auprès de nous[1] de ce que cette discipline pouvait leur apporter. De ce contact naquit l'idée d'une petite expérience.

1. Notre *Petit traité de manipulation* venait de paraître.

Quelques mots mais qui changent tout

C'est de cette petite expérience que nous allons maintenant rendre compte. Sa logique nous est chère. Elle revient à continuer de procéder avec un groupe de stagiaires comme on procédait à l'accoutumée (groupe contrôle) et à s'y prendre différemment avec un autre groupe de stagiaires comparables aux précédents (groupe expérimental). La modification introduite peut paraître bien mince. Et pourtant... Voyons en quoi elle a consisté.

Dans le groupe contrôle, le formateur, après avoir présenté la formation dans ses grandes lignes aux nouveaux stagiaires, concluait sa présentation comme il le faisait habituellement. Il avait pour consigne de ne changer en rien son propos. Ainsi, disait-il à peu près ceci : « Vous connaissez à présent le déroulement de ce stage et son objectif. Il y a des règles strictes que nous tenons à faire observer, pour que les stages se passent au mieux et pour obtenir les meilleurs résultats. Je vous rappelle que les présences sont contrôlées. Je ferai donc circuler tous les jours les feuilles de présence. Je vous rappelle aussi que toute absence injustifiée donne lieu à une retenue sur votre salaire mensuel, conformément à la législation du travail. J'insiste donc sur le caractère obligatoire de votre présence. »

L'appel était effectivement effectué tous les jours et les absences injustifiées effectivement sanctionnées par des retenues de salaire. Cela ne surprenait d'ailleurs personne, puisque le règlement, pour draconien qu'il fût, était connu de tous.

Dans l'autre groupe, le groupe expérimental, les consignes étaient modifiées de telle sorte que les stagiaires entrent en formation, puis suivent la formation, dans un esprit différent. Pour cela, au lieu d'insister sur le caractère obligatoire de leur présence, on insistait, au contraire, sur la liberté dont chacun disposait pour, en son âme et conscience, décider de suivre, assidûment ou non, la formation. Le formateur disait alors : « Vous connaissez à présent le déroulement de ce stage et son objectif. Je suis normalement tenu à un contrôle des présences, puisque, vous le savez, chaque absence injustifiée donne normalement lieu à une retenue de salaire. Mais personnellement, je pense que les stages se passent mieux et que l'on obtient de meilleurs résultats si les participants sont des gens réellement motivés plutôt que s'ils suivent la formation par obligation. Aussi, c'est simple, je ne ferai pas d'appel et il n'y aura donc de retenue de salaire pour personne. Je prends sur moi de ne pas observer le règlement sur ce point. C'est à vous de voir si vous souhaitez ou non tirer profit de cette formation. »

Inutile de dire que cet appel à la liberté avait de quoi épouvanter nos interlocuteurs (vous ne connaissez pas cette population, il ne s'agit pas de vos étudiants. Si on ne fait pas l'appel, ça va être l'hécatombe...). Il n'y avait pas de quoi. Le taux d'absentéisme ne fut finalement pas plus fort dans le groupe expérimental que dans le groupe contrôle[1] : 15 % environ ce qui, somme toute, n'est pas très élevé. S'ils furent rassurés, nos interlocuteurs n'en furent pas moins désarmés : des stagiaires, livrés à eux-mêmes et n'encourant aucune représaille, suivirent la formation avec autant d'assiduité que les stagiaires « contrôlés » et dont les absences étaient immédiatement sanctionnées par des retenues de salaire. Le formateur, pour sa part, releva un petit rien qui aiguisa sa curiosité. Dans le groupe expérimental, anticipant une absence, les stagiaires s'en excusaient par avance, ce que ne faisaient pas les stagiaires du groupe contrôle qui le plaçaient systématiquement devant le fait accompli. Bizarre. On se serait plutôt attendu au contraire ; n'est-il pas, en effet, naturel de penser que les stagiaires de la condition contrôle seraient les premiers à présenter leurs excuses s'il leur arrivait de transgresser une règle institutionnelle particulièrement prégnante et, ce faisant, de prendre le risque d'une sanction fort peu symbolique ? La suite a montré que ce qui pouvait paraître comme de simples marques de politesse témoignaient, en fait, chez les stagiaires de la condition expérimentale, d'une tout autre façon de s'investir dans la formation et, sans doute, de donner du sens à leur action (nous

1. Rien de très étonnant à cela. Nombreuses sont les recherches qui montrent que les sujets déclarés « libres » par un agent avec lequel ils n'ont pas de contentieux se soumettent dans les mêmes proportions que les sujets déclarés « contraints » aux requêtes de cet agent. Nous y reviendrons.

dirons plus tard : de l'identifier). Les résultats sont là. À l'heure du bilan[1], les stagiaires du groupe expérimental portèrent une appréciation plus positive à l'endroit de la formation, formation qu'ils trouvèrent globalement plus intéressante et plus satisfaisante que les stagiaires du groupe contrôle. Mais le résultat le plus intéressant concerne évidemment le taux de placement au terme de la formation. Ce taux fut significativement (au sens statistique du terme) plus élevé dans la condition expérimentale, dans laquelle 56 % des stagiaires trouvèrent un emploi, que dans la condition contrôle, dans laquelle ce ne fut le cas que pour 25 % d'entre eux. Trois mois plus tard, le taux de placement était de 69 % dans la condition expérimentale et de 35 % dans la condition contrôle !

Qui aurait cru que quelques mots (une simple déclaration de liberté) permettraient de doubler le nombre de chômeurs de longue durée trouvant un emploi au terme d'une formation ? Ce phénomène est d'autant plus incroyable que le programme suivi par les stagiaires était, comme nous l'avions souhaité, et jusque dans ses moindres détails, strictement identique dans la condition expérimentale et dans la condition contrôle. Il en va de même pour la pédagogie, strictement identique, elle aussi, dans les deux conditions. La plus grande efficacité du dispositif de formation dans la condition expérimentale tient donc bien à ces quelques mots et à rien d'autre. Le lecteur pourrait nous croire doué de pouvoirs magiques que les dieux de la formation nous auraient transmis pour aider les hommes en période de crise économique à trouver un emploi. Qu'il se rassure, il n'en est rien. Nous ne sommes pas des magiciens. Le lecteur pourrait aussi croire qu'il s'agit là d'un miracle, comme il en advient quelquefois à Marseille. N'en déplaise à la Bonne Mère, il n'y a pas davantage de miracle. Qu'en est-il alors ? L'explication est finalement assez simple. Quand une personne est déclarée libre de faire ou de ne pas faire quelque chose, et qu'elle le fait, elle va se reconnaître dans cet acte et en assumer la signification.

1. En fin de formation, chaque stagiaire passait un questionnaire. Ce questionnaire était l'occasion d'obtenir une information anonyme sur la façon dont la formation avait été « ressentie » par chacun.

Les psychologues parleront volontiers de motivation intrinsèque dans la mesure où ce que fait la personne ne lui est pas dicté de l'extérieur et dans la mesure aussi où rien dans la situation (pas plus de menaces de punition que de promesses de récompense) n'a pu peser sur sa décision de se comporter comme elle l'a fait.

Que l'appel à la liberté des stagiaires ait pu affecter leur motivation ne fait pas de doute. Les indices d'un tel effet, sinon les preuves, ne manquent pas. Ils furent enregistrés par le formateur lui-même. Durant la formation, les stagiaires du groupe expérimental se portèrent plus souvent volontaires lorsqu'il s'agissait de faire un exposé, d'aller enquêter sur le terrain, de constituer un dossier ; ils posaient plus de questions, etc., autant d'initiatives personnelles qui, au fil du quotidien, perpétuaient le sens qu'ils avaient dû donner à leur décision de suivre, alors que personne ne les y obligeait, la formation. On peut alors penser que, s'impliquant davantage dans la formation, ces stagiaires en tirèrent meilleur profit. Sans doute. Un dernier indice toutefois éclaire, plus encore que les autres, les résultats : au terme de la formation, les stagiaires de la condition expérimentale prirent contact avec deux fois plus d'employeurs potentiels, se donnant ainsi – objectivement, c'est-à-dire indépendamment de ce qu'ils avaient pu apprendre de plus que les stagiaires de la condition contrôle – deux fois plus de chances de trouver un emploi. Il n'y a donc pas de mystère.

Dans l'histoire que nous venons de raconter, quelques mots ont suffi pour modifier le sens et la portée d'une formation. Dans celle qui va suivre, ces quelques mots vont être déclinés. L'idée de base était somme toute assez simple : le formateur devait faire en sorte, mais cette fois au coup par coup, que les stagiaires ne puissent que se reconnaître dans chacun de leurs actes. Il faut dire que les stagiaires dont on va s'occuper maintenant ne sont pas n'importe quels stagiaires. Aux grands maux, les grands remèdes. Nous allons donc passer à la vitesse supérieure, de l'homéopathie à l'allopathie en quelque sorte, et tant pis si c'est à coups de bélier qu'il nous faut enfoncer la porte de la Liberté.

AU SIXIÈME DESSOUS

Une population difficile

Lorsque M. Alain B., chargé d'études de l'AFPA, prit connaissance de cette histoire de chômeurs marseillais, il se demanda si de telles méthodes pouvaient convenir à un public encore plus démuni que le précédent. Alain B. réfléchissait alors à diverses façons d'optimaliser les formations de stagiaires du programme PAQUE. Ce programme concernait des jeunes de plus de seize ans, en situation d'échec complet. Par échec complet, nous voulons dire que ces jeunes – des enfants d'immigrés pour la plupart maghrébins – ont quitté l'école sans le moindre diplôme en poche et qu'ils n'ont jamais travaillé. C'est donc autant pour tenter de limiter la casse que pour donner à ce public défavorisé parmi les défavorisés une dernière chance que le gouvernement d'alors avait réagi. Cette réaction avait pris la forme de stages organisés, ici ou là, dans le cadre du programme PAQUE. C'est, pour ainsi dire, une mission réputée impossible qu'Alain B. nous confia lorsqu'il nous demanda d'assister des formateurs d'un centre de formation de la région toulonnaise. Après tout, nous avait-il dit, si une sardine peut boucher le port de Marseille, elle doit aussi bien pouvoir boucher celui de Toulon[1]. Ce en quoi il n'avait pas tout à fait tort. Foin de galéjade, voici comment nous nous y prîmes. Comme dans l'intervention conduite auprès des chômeurs de longue durée de Marseille, nous avons souhaité que la moitié des stagiaires soient soumis aux pratiques habituelles de formation. Ce souhait correspondait à notre volonté d'être en mesure de comparer les résultats des stagiaires bénéficiant de l'approche pédagogique qu'il nous était demandé de promouvoir (condition expérimentale) à ceux des stagiaires n'en bénéficiant pas (condition contrôle).

1. Que le lecteur marseillais, qui en a entendu d'autres, veuille bien lui pardonner ce trait d'humour.

Préparation des séances de formation

Chaque séance était préparée à l'avance avec les formateurs concernés. Durant cette préparation, les formateurs jouaient leur propre rôle en temps réel devant une classe imaginaire. Notre tâche consistait à modifier certains des propos qu'ils avaient pu tenir durant leur jeu de rôle, afin de les rendre, du point de vue qui était le nôtre, plus performants. Nous nous étions engagés à ne pas toucher aux contenus de formation. Il nous était d'ailleurs demandé de traiter la forme, mais pas le fond. Heureusement, car nous en aurions été bien incapables.

Il serait inutile et de surcroît fastidieux de retracer tout le travail accompli, semaine après semaine, avec les formateurs. Nous nous limiterons à celui destiné à améliorer la première séance d'un atelier de techniques de recherche d'emploi, atelier impliquant l'intervention de plusieurs formateurs. Sous la rubrique *jeu spontané du formateur,* on trouvera ci-après les interventions en quelque sorte spontanées qui avaient été celles des formateurs durant leur jeu de rôle et, sous la rubrique *modifications retenues,* les modifications que nous avons proposées et qui, après avoir été discutées, ont été retenues par les formateurs pour servir de modèles à leurs interventions effectives en formation.

1 / Démarrage de la séance

Jeu spontané du formateur :

« Il est neuf heures cinq. Je pense que tout le monde est à peu près là. Nous allons commencer. »

Modifications retenues :

« Il est neuf heures cinq. Je ne sais pas si tout le monde est là. Je voudrais savoir si vous préférez que nous commencions tout de suite ou si vous préférez qu'on attende encore un peu ? »

2 / Acceptation des objectifs

Ayant défini les objectifs de l'atelier de techniques de recherches d'emploi, le formateur poursuivait ainsi :

Jeu spontané du formateur :

« Maintenant que vous connaissez les objectifs de cet atelier et ce qu'il va vous apporter, on va se mettre au travail. Je vous demande donc de constituer... »

Modifications retenues :

« Maintenant que vous connaissez les objectifs de cet atelier et ce qu'il va vous apporter, je voudrais savoir si vous êtes d'accord avec ces objectifs, sinon c'est pas la peine d'aller plus loin. Je vais demander à ceux qui sont d'accord avec les objectifs de cet atelier de lever la main. »

Là, le formateur devait compter à haute voix les mains levées et dire : « Puisque vous êtes d'accord avec les objectifs vous allez prendre une feuille de papier et écrire : "Je suis d'accord avec les objectifs de l'atelier de techniques de recherche d'emploi. Je m'engage à rechercher par moi-même un stage en entreprise qui débouchera sur un contrat de travail." Écrivez la date, puis votre nom et votre prénom, mais surtout ne signez pas. Vous savez que vous avez la possibilité de ne pas faire cet atelier. Vous pouvez très bien faire, à la place, l'atelier perfectionnement. Je vais vous laisser seuls un moment afin que chacun puisse réfléchir tranquillement. Si vous êtes bien d'accord avec les objectifs de cet atelier, vous signez la feuille, si vous n'êtes pas d'accord vous la déchirez et vous allez vite rejoindre Mme X qui s'occupe du perfectionnement, je ne vous en voudrai pas. Je reviens dans cinq minutes. »

3 / Constitution des sous-groupes

Jeu spontané du formateur :

« Je vous demande donc de constituer des petits groupes de trois ou quatre. Allez-y, c'est parti ! »

Modifications retenues :

« Est-ce que vous seriez d'accord pour travailler en petits groupes de trois ou quatre ? Je pense que ce serait bien pour l'exercice, mais on peut aussi ne pas se répartir en petits groupes. Comment voulez-vous qu'on s'organise aujourd'hui ? »

4 / Démarches à entreprendre le lendemain

Jeu spontané du formateur :

« Je vais, maintenant, vous donner votre programme de demain qui sera votre première journée de recherche d'emploi. Vous allez d'abord... »

Modifications retenues :

« Je vais, maintenant, vous demander de faire votre programme de demain qui sera votre première journée de recherche d'emploi. Chacun va prendre une feuille de papier et écrire les démarches qu'il compte faire demain. Attention, il ne faut écrire sur le papier que les démarches que vous allez vraiment faire. C'est à vous de choisir », etc.

Groupe contrôle et groupe expérimental

La première séance préparée, les formateurs de ce qui devait être le groupe contrôle avaient pour consignes de ne strictement rien changer à leurs habitudes avec les stagiaires. Il leur était demandé de se comporter, face à ces stagiaires, exactement comme ils l'avaient spontanément fait lors du jeu de rôle. Afin d'éviter les confusions avec les comportements à tenir à l'égard des stagiaires du groupe expérimental, ils disposaient de fiches sur lesquelles toutes les interventions que nous avons regroupées dans la rubrique « Jeu spontané du formateur » étaient scrupuleusement notées. Avec les stagiaires du groupe expérimental, les formateurs avaient, évidemment, pour consigne de retoucher la façon dont ils procédaient ordinairement. Il leur était en effet demandé de s'en tenir strictement aux modifications retenues. Pratiquement, les formateurs disposaient également de fiches consignant toutes les interventions regroupées dans la rubrique « modifications retenues ». Il va sans dire qu'ils avaient été entraînés à recourir à ces modifications.

Après la première séance, un bilan était effectué avec les formateurs, la seconde séance étant préparée dans la foulée. À nouveau, les formateurs étaient invités, dans le cadre d'une simulation (deuxième jeu de rôle), à tenir leur propre rôle en temps réel et, à nouveau, notre travail consistait à proposer des modifications. Là encore, des fiches étaient rédigées afin que les formateurs sachent très précisément la conduite à tenir vis-à-vis des stagiaires de la condition contrôle et vis-à-vis des stagiaires de la condition expérimentale lors de la scéance suivante. Et ainsi de suite, séance après séance.

Le lecteur peut constater à quel point le travail effectué avec les formateurs entrait dans le détail des propos à tenir à l'endroit d'un groupe de stagiaires lors des différentes séances de l'atelier de techniques de recherches d'emploi. Le détail étant ici essentiel, rien n'était laissé au hasard. Chaque modification suggérée était, en fait, dictée par un principe de base incontournable : amener, aussi souvent que possible, les stagiaires à librement décider de faire ce qu'ils avaient à faire. Ainsi formulé, ce principe peut paraître passe-partout, voire tout simplement pédagogiquement correct. Il n'en était rien avec les stagiaires du programme PAQUE. Même la première intervention, *a priori* fort anodine (« Il est neuf heures cinq. Je ne sais pas si tout le monde est là. Je voudrais savoir si vous préférez que nous commencions tout de suite ou si vous préférez qu'on attende encore un peu ? »), suscita les réactions les plus vives chez les stagiaires du groupe expérimental. Ce public, peu habitué à la concertation et particulièrement rompu à la pratique des rapports de force et d'autorité, fut, à proprement parler, désarçonné par une telle question. Il réagit, comme il savait le faire en pareil cas, par de l'agression. Après l'agression, le doute, la défiance puis seulement alors les interrogations (« Pourquoi vous nous demandez ça ? », « À quoi ça sert, cette question ? »), voire les tentatives de retour à la case départ (« Nous, on en sait rien, c'est vous qui savez »). C'est dire qu'on touchait là, avec une question qui auprès d'un autre public serait sans doute passée inaperçue, à l'univers même de leurs repères relationnels sinon sociaux. Et cela se comprend puisque cette question les poussait à mettre le doigt dans l'engrenage de l'activité de décision, en même temps qu'elle les invitait à troquer – pour la première fois probablement – leur statut d'exécutant contre un statut de décideur et donc d'agent disposant d'un pouvoir même relatif, troc d'autant plus difficile que rien dans leur passé (familial et scolaire) ne les y avait préparés, bien au contraire. Devant l'opiniâtreté des formateurs, qui avaient appris à ne pas se laisser déborder, ils finirent cependant par jouer le jeu, c'est-à-dire par accepter que les choses se déroulent exactement comme prévu. La parade que les formateurs se devaient d'utiliser, face aux réactions d'étonnement des stagiaires ou face à leurs tentatives de demeurer de simples exécutants, était très simple. Elle revenait à s'arranger pour que les stagiaires ne puissent qu'endosser, au coup par coup, la responsabilité de leurs actions en commençant par les plus innocentes. Aussi, les formateurs avaient-ils appris à ne pas brûler les étapes et à ne jamais se lancer dans quelque phase de la formation avant d'avoir obtenu le plein accord des formés. À cette fin, les formateurs avaient été entraînés à recourir à des phrases toutes prêtes comme : « Pourquoi je vous pose cette question ? Parce, c'est vous que ça concerne, pardi, et pas moi ! » En des termes plus théoriques, toute la stratégie a consisté à armer les formateurs afin qu'ils ne manquent jamais une occasion de créer du lien entre les stagiaires et leurs actes et, ce lien étant créé, à le resserrer autant que faire se peut. Ainsi, les formateurs devaient-ils utiliser, le moment venu, des phrases susceptibles d'aider chaque stagiaire à progressivement établir une relation serrée entre les actes qu'il était amené à poser à la faveur des apprentissages les plus divers (comme par exemple : apprendre à se présenter à un employeur, à rédiger un *curriculum vitae*, à téléphoner, etc.) et ce qu'il était en tant que personne. À un stagiaire qui venait de simuler un entretien téléphonique avec un employeur potentiel, le formateur pouvait dire, par exemple : « Rachid, quand je te vois téléphoner comme ça, je réalise à quel point tu es déterminé à obtenir un emploi » ; ou encore, à quelqu'un qui venait de s'acquitter honorablement d'un exercice pratique particulier « Je te regardais pendant que tu t'exerçais à... et je me disais : vraiment, toi, tu en veux (ou "vraiment c'est ton truc" ou "ça, c'est vraiment toi", etc.) ».

Resserrer le lien entre la personne et ce qu'elle est amenée à faire

Vingt-six stagiaires avaient été retenus par les responsables du centre de formation pour prendre part à l'aventure et c'est par tirage au sort que treize d'entre eux avaient été affectés à la condition contrôle et les treize restant à la condition expérimentale. En fait, neuf seulement dans chaque condition suivirent l'atelier de techniques de recherche d'emploi, les autres ayant abandonné cet atelier dès le début. Ce taux de défection n'a surpris personne : il n'était ni plus, ni moins élevé qu'à l'ordinaire. Si les formateurs, en charge du programme PAQUE, avec lesquels nous avons eu le plaisir de travailler étaient tous de vrais professionnels, croyant dur comme fer à leur mission, ils n'en étaient pas moins réalistes quant à leurs chances de succès. Lorsque, dans un groupe d'une dizaine de stagiaires, ils parvenaient à obtenir un résultat avec l'un d'entre eux, cela n'était déjà pas si mal. C'est d'ailleurs à peu près ce qui fut observé dans le groupe contrôle dans lequel un stagiaire, sur les neuf rescapés, avait réussi à décrocher un stage. Dans le groupe expérimental, quatre sur neuf trouvèrent un emploi, un emploi à durée déterminée, certes, mais un emploi tout de même. Un stage d'un côté, quatre contrats de travail de l'autre, le jeu en valait donc la chandelle[1]. Alain B., les formateurs et les responsables

1. Il va de soi qu'il n'est pas question de faire des statistiques sur ces « données ». D'une façon générale, le psychologue social qui se risque à des applications, en tout cas le psychologue social appliqué qui a notre sympathie, essaie d'administrer la preuve que ses démarches ont de l'efficacité. Cette exigence se traduisait ici par la présence d'un groupe expérimental et par celle d'un groupe contrôle. Mais il est des situations où les comparaisons ne peuvent donner lieu à des décisions statistiques. C'est alors au commanditaire de juger de la valeur d'un écart comme celui que nous donnons ici.

du centre trouvèrent, pour leur part, ce résultat inespéré. Il ne tombe pourtant pas du ciel, mais relève d'une pratique d'intervention pédagogique visant à permettre aux stagiaires en bénéficiant, de s'attribuer la responsabilité des comportements que les formateurs ont su obtenir d'eux. Ce n'est pas la même chose, dans le cadre d'un atelier de la dernière chance, d'effectuer une démarche auprès d'une entreprise pour échapper à telle ou telle punition, ou pour obtenir telle ou telle récompense, et d'effectuer la même démarche après avoir été amené à en décider librement. Dans le premier cas, il est facile d'expliquer son comportement par des causes externes (crainte de représailles, gratifications convoitées, etc.). Dans le second cas, c'est rigoureusement impossible et il ne reste plus qu'à en appeler à des causes internes et donc à, peu à peu, inventer ce qu'on est. Là, on distend le lien entre la personne et ses actes, ici on le resserre. On comprend alors que quelqu'un qui peut se dire : « j'ai fait ceci parce qu'on m'a demandé de le faire » ne puisse retirer autant de sa formation que quelqu'un à qui on a su donner le sentiment qu'il était libre et finalement seul responsable de ses agissements (« J'ai fait ceci parce que je voulais vraiment le faire »,). Ce principe qui consiste à rapprocher le plus possible la personne des comportements qui ont pu être les siens fonde les bases d'une pédagogie de l'engagement.

Les deux chapitres qui vont suivre fourniront aux lecteurs les clés nécessaires à une compréhension plus théorique des pratiques d'engagement, qu'elles relèvent de la formation ou de tout autre secteur de la vie sociale.

Chapitre 2

Les procédures de soumission librement consentie

Le responsable que vous êtes souhaite faire perdre leurs mauvaises habitudes à ses employés (ne plus fumer devant la clientèle, ne pas se rendre au bureau en tenue de week-end...) ou leur en faire prendre de bonnes (arriver à l'heure, respecter les consignes de sécurité...). Comment vous y prenez-vous ? Certains pourraient évidemment se laisser tenter par les options fortes de l'exercice du pouvoir et ordonner, menacer, sanctionner, mais pas vous. Vous savez combien l'autoritarisme est peu compatible avec l'idéal démocratique et vous connaissez ses inconvénients majeurs. Ce n'est pas par hasard que les pratiques ouvertement autoritaires sont aujourd'hui délaissées. Elles sont source de tensions, voire de conflits, et conduisent souvent à des surenchères pour le moins fatigantes. C'est pourquoi, en responsable averti, vous préférerez sans doute les options douces de l'exercice du pouvoir. Bravo. Qui contesterait que la meilleure stratégie, en la matière, est celle qui consiste à s'arranger pour que les gens en arrivent à penser que ce qu'ils ont de mieux à faire est encore de faire ce qu'on attend d'eux ? Vos armes seront alors la persuasion, la séduction, l'exemple, sans négliger la recherche de consensus et autres dispositifs de groupe susceptibles de favoriser les « prises de conscience » escomptées. En cas d'échec ou de difficulté, vous ferez appel à un spécialiste, et pas à n'importe lequel. Si vous êtes bien le responsable éclairé que nous imaginons, vous ferez appel à un psychologue social. Une nouvelle fois bravo. Vous voilà donc en face d'un psychologue social. Il faut que vous sachiez que ce qu'un tel professionnel va bien pouvoir vous apporter dépend de ses orientations théoriques et de ses choix stratégiques. S'agissant de modifier le comportement des gens – et c'est bien ce dont il s'agit – le psychologue social, nous l'avons dit dès notre introduction, n'a guère le choix qu'entre deux grands types de stratégies. La première ambitionne de modifier l'homme pour modifier ses comportements. C'est la stratégie qui nous est la plus familière. L'important est alors de changer ce que les gens pensent, leurs attitudes, leurs croyances et finalement leur mentalité, en supposant que ces changements déboucheront sur les nouveaux comportements que l'on attend. Le second grand type de stratégies repose sur une inversion du lien qui unit traditionnellement les idées et les actes. Il ne s'agit plus cette fois de peser sur les idées pour modifier les comportements, mais de peser sur les comportements pour modifier les idées. En d'autres termes, on s'efforcera d'obtenir de nouveaux comportements en supposant que ces nouveaux comportements ne manqueront pas d'affecter l'homme lui-même.

Il est clair que les deux recherches-actions rapportées dans le chapitre précédent relèvent de ce second grand type de stratégies. L'intervenant, on s'en souvient, n'avait pas pour premier souci de changer les mentalités des chômeurs de longue durée ou des adolescents participant aux ateliers de techniques de recherche d'emploi. Il avait pour premier souci de créer des conditions dans lesquelles de nouveaux comportements pourraient apparaître (par exemple : décider de suivre un atelier de techniques de recherche d'emploi, signer une feuille attestant de son accord avec les objectifs de cet atelier...), comportements susceptibles d'en appeler d'autres correspondant aux objectifs de l'intervention (par exemple encore : « rechercher sérieusement un emploi plutôt que traîner dans la rue », pour reprendre les termes mêmes dans lesquels les objectifs étaient définis par le commanditaire d'une de ces recherches-actions) et susceptibles d'acquérir aux yeux de ceux qui les ont réalisés les significations nouvelles souhaitées (je suis personnellement très intéressé par les ateliers de techniques de recherche d'emploi ; je suis motivé ; j'ai vraiment envie de trouver un boulot...).

Le lecteur sait maintenant que ce sont ces stratégies-là qui ont notre faveur. Et si elles ont notre faveur, ce n'est pas pour rien : elles présentent l'avantage d'être efficaces aussi bien pour modifier les comportements que pour modifier les idées. Si nous ajoutons qu'elles sont, en outre, propices au processus d'internalisation, on comprendra que notre préférence n'est ni un caprice, ni une toquade. Il suffit ici de savoir que ce processus permet de faire siennes les exigences des autres pour comprendre toute son importance, notamment lorsque l'on souhaite que les gens ne reprennent pas aussi vite qu'ils les ont perdues leurs anciennes habitudes.

L'efficacité des stratégies qui relèvent du premier type est plus discutable. Si nous ne contestons pas qu'elles puissent être efficaces pour affecter les idées des gens, pour les amener, donc, à croire, à penser ou à rêver autrement, nous contestons qu'il suffise de changer les idées pour changer les comportements. Nous ne manquerons pas de revenir sur ce point dont l'importance pragmatique n'échappera à personne. Nous ne manquerons pas non plus de revenir, de façon plus générale, sur tout ce qui distingue les deux grands types de stratégies dont il vient d'être question. Mais, pour l'heure, nous voudrions poser les bases sur lesquelles reposent les stratégies du deuxième type. Ce chapitre sera consacré aux principales procédures de soumission librement consentie, procédures – que vouloir de plus ? – susceptibles de conduire les gens à faire de leur plein gré ce qu'on attend d'eux. Le chapitre suivant offrira aux lecteurs l'occasion de se familiariser avec la théorie permettant de comprendre l'efficacité de ces procédures, qu'il s'agisse de modifier les comportements ou qu'il s'agisse de modifier les idées d'autrui : la théorie de l'engagement.

MANIPULATION ET AUTOMANIPULATION

La découverte de l'effet de gel

Deuxième Guerre mondiale. Les Américains, comme les Dolmates, doivent modifier leurs habitudes alimentaires. L'économie de guerre, même pour la plus grande nation du monde, ne va pas sans quelques contraintes que les ménagères ont du mal à accepter. Il faut qu'elles en viennent à servir des bas morceaux de boucherie, que leur famille consomme davantage de lait en poudre, que leurs chères têtes blondes se fortifient à l'huile de foie de morue, etc. C'est dans ce contexte que le gouvernement américain, déplorant l'inefficacité des campagnes de communication conduites jusqu'alors, fit appel à Kurt Lewin. Mission : mettre son savoir au service de cette bonne cause nationale. En professionnel et chercheur irréprochable, Lewin inséra dans son dispositif d'intervention la stratégie supposée, à l'époque, la plus efficace. On se doute qu'il s'agissait d'une stratégie de persuasion, que Lewin s'était même attaché à optimaliser. De petits groupes de ménagères étaient conviés à une conférence. Là, on leur expliquait en long, en large et en travers pendant quarante-cinq minutes tout l'intérêt qu'il y avait à cuisiner des bas morceaux de boucherie plutôt que des steaks et autres pièces nobles qui faisaient défaut : intérêt économique, certes, culinaire aussi bien, mais surtout nutritionnel. Après avoir reçu une information scientifique sur la valeur diététique des bas morceaux, chaque ménagère se voyait remettre d'alléchantes recettes ronéotées. Malgré toute l'habileté du conférencier, cette stratégie s'avéra décevante. Si, dans l'ensemble, les ménagères furent parfaitement convaincues par les arguments avancés, 3 % seulement d'entre elles servirent des bas morceaux à leur maisonnée. En considérant ces résultats, Lewin dut admettre deux choses :

1 / une conférence pouvait, par-delà les informations données, faire naître les motivations et les attitudes attendues ;
2 / ces nouvelles motivations et attitudes ne débouchaient pas sur de nouveaux comportements.

Lewin en conclut donc, en bonne logique, que de tels changements de motivations et d'attitude étaient en tant que tels insuffisants. Il chercha alors ce qui pouvait bien relier attitudes et motivations, d'une part, et comportements, d'autre part. La seconde stratégie testée par Lewin nous informe sur ce que peut être ce lien. Les ménagères, toujours en petits groupes, recevaient les mêmes informations (intérêt économique et nutritionnel des abats), mais, cette fois, le conférencier avait cédé sa place à un animateur qui suscitait une discussion de groupe. Il s'efforçait de favoriser les échanges entre les participantes et distribuait les mêmes recettes de cuisine. Au terme de la réunion, il leur demandait d'indiquer à main levée si elles étaient disposées à cuisiner des bas morceaux au cours de la semaine qui suivait. Résultat : 32 % des ménagères servirent des abats ; 3 % d'un côté, 32 % de l'autre, les chiffres parlent d'eux-mêmes. Pour bien comprendre une telle différence, il faut savoir qu'elle ne saurait être attribuée à un processus de persuasion qui, après tout, aurait pu mieux opérer ici que là. Si les ménagères ont bien été sensibles aux arguments débattus durant la discussion, elles ne l'ont pas été davantage que celles qui avaient écouté la conférence. Le lien que cherchait Lewin entre motivation et action était donc trouvé. Il s'agit de cet acte banal et quotidien qu'on appelle la décision, ni plus ni moins. Écoutons ce que nous dit Lewin (1951, p. 233) : « Ce lien est fourni par la décision, mais n'est habituellement pas fourni par les conférences, voire les discussions. Là semble résider l'explication (...) de ce fait paradoxal qu'un processus, comme celui de la décision, qui ne prend que quelques minutes, soit à même d'affecter la conduite pendant plusieurs mois. La décision relie la motivation à l'action et semble avoir dans le même temps un "effet de gel" qui est dû en partie à la tendance de l'individu à "adhérer à sa décision" et en partie à son "engagement vis-à-vis du groupe". » Les propos de Lewin sont moins triviaux qu'ils pourraient le paraître. Ils signifient que cet effet de gel qui conduit l'individu à concrétiser sa décision, c'est-à-dire à faire ce qu'il a décidé de faire, et éventuellement ensuite à persévérer dans le même cours d'action (continuer à servir des bas morceaux par exemple), est imputable à l'acte même de décision et non pas aux raisons qui ont pu le conduire à décider. Tout se passe comme si un déterminisme nouveau apparaissait, dont l'acte de décision constituerait en quelque sorte le seul antécédent. Qu'on nous comprenne bien : en parlant de déterminisme nouveau nous voulons signifier que ce déterminisme n'a strictement rien à voir avec les raisons ayant pu motiver la décision. Que ces raisons soient bonnes ou mauvaises n'importe pas ici ; dans les deux cas, celui qui a décidé aura tendance à s'en tenir à sa décision et à ne plus en démordre. Les recherches qui le montrent foisonnent. Au nombre de ces recherches, celle que réalisa Moriarty (1975) est exemplaire. Elle nous donne à voir un effet de gel prototypique obtenu, qui plus est, dans une situation qui n'a rien de bien compliqué. Vous vous dorez aux rayons de l'été new-yorkais. La plage est grande, mais que de monde en cette fin de matinée ! Un vacancier vient s'installer près de vous. Sur sa serviette, à quelques centimètres de la vôtre, une magnifique radio diffuse les succès de l'été. Soudain, il s'adresse à vous. On ne sait jamais. La prudence sans doute l'incite à vous demander de surveiller ses affaires le temps d'un bain. Pouvez-vous l'envoyer promener ? Vous ne le pouvez évidemment pas. Vous répondez donc : « Oui, bien sûr, je vous en prie. » Sans vouloir vous offenser, nous sommes à peu près certains que ce « Oui, bien sûr, je vous en prie » ne reflète en rien votre sens de la propriété d'autrui ou votre détermination à la faire respecter. Il ne reflète guère que l'impossibilité qu'il y a dans cette situation à répondre « non ». Si vous ne nous croyez pas, posez dix fois, mot pour mot, la question qui vous a été adressée autour de vous, aucun de vos voisins de plage n'aura l'impudence de vous répondre « non ». Nous sommes là dans un de ces cas, cas d'ailleurs plus nombreux qu'on ne le croit, où la situation détermine entièrement le comportement (en l'occurrence votre comportement d'acceptation) et que les psychologues sociaux considéreraient comme un cas presque pur de *spécificité comportementale*. Mais revenons à l'essentiel. Vous avez donc pris cette décision minimale : surveiller les affaires de votre voisin en son absence. Un voleur survient. Vous avez beau être à New York, vous n'aviez pas prévu un tel scénario. Que faites-vous ? Vous réagissez, que diable, privant ainsi le délinquant de son butin. Vous prenez alors un air plutôt avantageux. Votre charmante voisine de droite, petit bikini et grosses lunettes de soleil, n'aura sans doute pas été insensible à votre bravoure. Vous lancez alors, fier de vous : « Heureusement qu'il y a encore des gens comme moi, sinon où irions-nous ! » Belle entrée en matière. Elle laisserait augurer d'une joyeuse soirée, si vous n'étiez tombé sur une brillante étudiante de psychologie sociale. Elle ne semble ni admirative, ni impressionnée et vous rétorque presque du tac au tac : « En vérité, mon bel Apollon des plages, tous nos concitoyens sont des gens comme vous. Vous pouvez prendre n'importe lequel de ces messieurs ou n'importe laquelle de ces dames, il ou elle se serait comporté exactement comme vous, si notre baigneur avait pris le soin, comme il l'a pris avec vous, de leur demander de surveiller ses affaires. Moriarty, un chercheur américain, a observé que dans cette situation 95, voire 100 % des gens s'interposent pour empêcher le larcin. »

N'étant pas né de la dernière pluie, vous ne vous laissez pas décontenancer : « Vous avez peut-être raison, Sirène des sables, mais qu'est-ce que cela prouve, sinon que les Américains sont des gens serviables et courageux ? » Vous vous rasseyez en savourant votre esprit de répartie. Mais votre voisine poursuit : « Cela ne prouve rien de tel. Si on ne vous avait rien demandé, il est probable que vous eussiez gardé le nez dans votre lecture en faisant celui qui ne voit rien ; car c'est bien ainsi que se comportent 80 à 90 % des personnes, toujours observées par le même Moriarty. Comme quoi le simple fait de vous avoir extorqué – passez-moi l'expression – la décision de garder les affaires de quelqu'un suffit à expliquer votre comportement héroïque ! »

Les pièges de l'automanipulation

Oublions ce dialogue de sourds mais n'oublions pas l'essentiel. Les résultats de Moriarty[1] vont plus loin qu'on ne l'imagine dans la mesure où le comportement des quidams qui interviennent pour mettre fin aux agissements d'un voleur ne peut en aucune manière s'expliquer par leur personnalité. S'il s'agit de héros, ce sont bel et bien des héros malgré eux. Nous voulons dire par là que ce n'est pas parce qu'ils sont plus serviables ou plus courageux que le commun des mortels qu'ils réagissent ainsi. S'ils réagissent ainsi, c'est tout simplement parce que les circonstances les ont amenés à accepter une requête

1. Moriarty (1975) étudiait la réaction de quidams, face au vol d'une radio sur une plage, mais aussi d'un cartable dans un restaurant, à qui la « victime » avait ou n'avait pas préalablement demandé de surveiller ses affaires.

a priori très anodine[1] (surveiller les affaires d'un vacancier). Nous sommes là en présence d'un effet de gel tout à fait exemplaire, le comportement observé (arrêter le voleur) n'étant que la conséquence de la décision préalablement prise de veiller aux affaires de quelqu'un. Dans la mesure où ce n'est que le simple fait d'avoir été amené à dire « oui » à un inconnu, ou de ne pas avoir été amené à le dire, qui permet de prédire ce que va faire notre sujet, dans la mesure également où nous savons que quiconque répondra « oui », nous pouvons sans prendre de grands risques affirmer que c'est bien cette décision minimale – et elle seule – qui explique le phénomène observé. Une fois encore, comme Lewin nous l'enseigne, ayant pris une décision, les gens ont tendance à s'y tenir. Il s'agit là d'une propriété indiscutable de la décision. Naturellement, les conséquences de cette propriété peuvent être favorables ou défavorables, avantageuses ou désastreuses. Cela tient bien sûr à la qualité de la décision au moment où elle est prise ; il y a de bonnes décisions comme il y en a de mauvaises. Si votre décision est bonne, tant mieux pour vous, vous aurez tendance à vous y cramponner, mais gare à vous si elle ne l'est pas car, dans ce cas aussi, vous aurez tendance à vous y accrocher. Maintenant, il y a des décisions qui sont bonnes au moment où elles sont prises et qui ne le sont plus quelque temps plus tard. Qui nierait que des événements advenus après qu'une décision soit prise rendent parfois cette décision inadéquate ou dysfonctionnelle ? Personne sans doute, tant il est facile de trouver ici ou là des exemples de décisions dont les conséquences imprévisibles sont autant d'effets pervers. Et il n'est pas utile d'aller chercher bien loin. Vous avez décidé de prendre le bus pour vous rendre au travail. Pourquoi pas ? C'est peut-être une sage décision. Mais voilà qu'il se met à pleuvoir... il tombe soudain des cataractes et vous n'avez pas votre parapluie. Votre décision est maintenant plus discutable. Si vous

1. On ne peut donc ici comprendre la personnalité à partir du comportement. Si on peut inférer quelques traits de personnalité à partir du comportement ce n'est guère que pour les rares quidams (entre 0 et 5 %) qui ne sont pas intervenus. Malheureusement notre psychologie naïve nous incite à ne prêter cas qu'à ce que font les gens au détriment de ce qu'ils ne font pas. Il s'agit d'un biais que les psychologues sociaux connaissent bien (Fazio, Sherman et Herr, 1982).

apprenez, comble de malchance, que le bus aura une demi-heure de retard, vous agripper à votre décision peut franchement vous gâcher la vie. Sachez alors que plus vous aurez attendu, plus vous serez mouillé donc, et plus il vous sera difficile de renoncer à prendre le bus. Vous aurez le sentiment d'être allé trop loin pour abandonner et il vous sera plus difficile que vous ne le supposez de changer votre fusil d'épaule (cf. Teger, 1979). Dommage, car voilà justement un taxi qui passe. Vous hésitez ? Tant pis pour vous, votre voisin l'arrête, lui, sans hésitation. Il est vrai qu'il n'attendait le bus que depuis quelques secondes. La différence entre vous et lui tient en peu de mots. Si vous êtes l'un et l'autre dans un piège (la situation d'attente), au moment où le taxi arrive, le piège s'est déjà refermé sur vous mais pas encore sur votre voisin. Nous avons qualifié ce piège de piège abscons (Joule et Beauvois, 2002) pour traduire toute la difficulté qu'il a à en appréhender les contours. Sachez-le bien : se faire gruger dans un piège abscons est encore la façon la plus sûre de faire nous-mêmes notre malheur (cf. Brockner, Shaw, Rubin, 1979) !

Un autre piège dans lequel peut vous entraîner le gel d'une décision peut être dramatique pour votre entreprise. Ce nouveau piège a fait l'objet de toute l'attention des chercheurs en Sciences du management. On l'appelle depuis Staw (1976) l'escalade d'engagement. De célèbres recherches montrent, en effet (voir Staw, 1981), l'extrême difficulté qu'il y a pour un manager à revenir sur une décision, sur une décision financière notamment. Ces recherches obéissent à la même logique. Les sujets ont une étude de cas à réaliser[1]. La consigne qu'ils se doivent de respecter au pied de la lettre est claire, nette et précise : prendre la meilleure décision financière possible. Ils disposent pour ce faire d'un dossier contenant toutes informations utiles. Les personnes qui participent à ces recherches sont des gens très respectables et précisément formés pour prendre des décisions rationnelles (étudiants des

1. L'escalade d'engagement est également étudiée non expérimentalement par des analyses en quelque sorte « cliniques » de dossier organisationnel (voir par ex. la belle analyse que nous proposent Ross et Staw, 1993, de la façon dont une grande entreprise américaine a géré l'un de ses programmes nucléaires).

grandes écoles de commerce notamment). Ils prennent donc probablement la décision qui s'impose, la meilleure donc. Cette décision prise, ils doivent en prendre une seconde, soi-disant deux ans plus tard. On leur fournit à cette fin un nouveau dossier les éclairant sur ce que sont devenues les choses (compte d'exploitation, analyse de marché, concurrence...). Ce n'est guère brillant. Les chiffres indiquent sans la moindre ambiguïté que la première décision n'était pas la bonne. Il serait par conséquent fort sage de revenir sur cette décision, comme le font sans sourciller les sujets d'un groupe contrôle qui ne l'ont pas prise eux-mêmes. Mais le phénomène d'escalade d'engagement étant ce qu'il est, les sujets qui ont pris la première décision s'entêtent au point de mettre leur entreprise en péril. La bonne décision qu'ils ont prise au temps t pèse à ce point sur la nouvelle qu'ils doivent prendre au temps $t + 1$ qu'on en arrive à un management absurde. Si vous voulez du bien à votre entreprise, ou si vous ne voulez pas tomber dans quelque piège dans vos négociations (Bazerman et Neale, 1992), il vous faudra apprendre à vous méfier de l'effet de gel comme de la gale, ou pire encore. Mais passons de l'entreprise à l'hôpital. Nous n'osons pas imaginer ce que pourrait être une escalade d'engagement dans le diagnostic médical et les thérapies qui en découlent. Sans parler de ce que peut être une escalade d'engagement dans un état-major. Pensons au Viêt-nam et à l'Afghanistan. Enlisement des GI d'un côté, enlisement de l'Armée rouge de l'autre. Pensons aussi à d'autres guerres plus contemporaines dans lesquelles les états-majors semblent trouver dans chaque revers militaire des raisons de continuer le combat.

L'escalade d'engagement est donc une nouvelle illustration de cette propriété de la décision que traduit la notion d'effet de gel si chère à Lewin. Encore une fois : les gens adhèrent plus au choix qu'ils ont fait qu'aux raisons ayant présidé à ce choix. Et ils y adhèrent donc au sens d'adhérence et non pas au sens d'adhésion. Qu'importe alors si le monde change au point de rendre ce choix déraisonnable, l'effet de gel les poussera néanmoins à persévérer dans leur décision.

Si le piège abscons et l'escalade d'engagement nous fournissent une bonne illustration de cette adhérence aux décisions prises, c'est l'amorçage[1], cet autre piège de la décision étudié par les psychologues sociaux, qui nous en fournit la meilleure preuve. Avec l'amorçage, nous en arrivons à proprement parler aux procédures de manipulation, les pièges précédents s'apparentant plutôt à de l'automanipulation.

L'AMORÇAGE

Le principe de l'amorçage est le suivant. On fait prendre à quelqu'un une décision sur une mauvaise base d'information, soit en lui cachant le coût réel de la décision qu'on souhaite qu'il prenne (première forme d'amorçage : on ne dit pas toute la vérité), soit en mettant en avant des avantages fictifs (deuxième forme d'amorçage : on ment carrément). La décision prise, on rétablit la vérité, vérité qui va faire apparaître cette décision comme étant moins avantageuse qu'elle ne le paraissait jusqu'alors. On demande enfin à la personne ainsi amorcée si elle maintient malgré tout sa décision. Le phénomène d'amorçage se traduit par une *persévération*[2] de la décision initiale. Ces deux formes d'amorçage ont été étudiées par Cialdini, Cacioppo, Basset et Miller (1978). Si la seconde forme repose sur un mensonge caractérisé, la première repose sur un mensonge par omission puisqu'on se contente de différer l'énoncé de la vérité. Deux expériences rapportées par Cialdini et ses collègues vont nous permettre de mieux appréhender ces deux formes d'amorçage.

Comment amener des étudiants à se rendre au laboratoire à sept heures du matin pour participer à une expérience ?

La réponse est simple. Il suffit de leur proposer de participer à une expérience sans les informer de l'heure matinale à laquelle elle est programmée. Ce n'est donc qu'après qu'ils aient pris la décision d'y par-

1. Traduction non littérale de l'expression anglo-saxonne *low-ball.*
2. Nous empruntons ce terme à la psychopathologie.

ticiper qu'on les informera de l'heure du rendez-vous : 7 heures du matin. Cette information communiquée, reste simplement à leur demander s'ils sont toujours bien d'accord. En procédant de la sorte (groupe expérimental) Cialdini et ses collègues parvinrent à amener deux fois plus d'étudiants au laboratoire aux premières lueurs du jour qu'en exposant d'entrée toute la vérité (groupe contrôle) ! Cette expérience met en jeu la première forme d'amorçage : l'expérimenteur n'a pas eu recours à un mensonge ; pour obtenir la décision dite d'amorçage il s'est seulement momentanément gardé de préciser l'heure du rendez-vous. L'expérience que nous allons évoquer maintenant met en jeu la seconde forme d'amorçage.

Comment amener des étudiants à choisir une tâche rébarbative plutôt que réjouissante ?

La réponse est tout aussi simple pour peu que l'on accepte de mentir pendant une poignée de secondes. Il suffit de leur demander de choisir entre deux tâches, l'une plutôt rébarbative, mais censée leur rapporter 40 €, et l'autre incontestablement plus attractive mais ne permettant de gagner que 5 €. Après qu'ils ont choisi la première, on rétablit la vérité, en leur faisant savoir que les deux tâches donnent finalement lieu à la même rémunération : 5 €. On laisse les étudiants choisir sur cette nouvelle base la tâche qui les intéresse le plus. En procédant ainsi (groupe expérimental), Cialdini et ses collègues parvinrent à amener deux fois plus d'étudiants à choisir en toute liberté la tâche rébarbative qu'en exposant d'entrée toute la vérité (groupe contrôle) ! La seconde forme d'amorçage a donc permis, tout comme la première, de doubler la probabilité que des étudiants fassent librement ce qu'on attendait d'eux. Encore une fois, ce que sont les gens ne nous aide pas à comprendre ce qu'ils font. Les étudiants amorcés qui viennent au laboratoire à 7 heures du matin ne sont pas plus lève-tôt que les étudiants de la condition contrôle. Il en va de même dans la seconde expérience, les étudiants amorcés qui choisissent de réaliser la tâche rébarbative ne sont assurément pas plus masochistes que les autres. Dans les deux recherches la différence entre les groupes expérimentaux et les groupes contrôle ne tient pas à la personnalité des étudiants mais à ceci : les étudiants amorcés, contrairement aux autres, ont été amenés par un concours de circonstances, qui reste à la discrétion de l'expérimentateur, à prendre une décision dont ils ignoraient le coût réel. Le fait qu'ils soient significativement plus nombreux à faire ce qu'on souhaite les voir faire quand on leur donne à nouveau le choix ne saurait être expliqué autrement que par cette décision, effet de gel oblige[1].

Une deuxième procédure de manipulation s'apparente à l'amorçage. Il s'agit d'un piège qui peut vous être tendu tous les jours, notamment si vous aimez le lèche-vitrines. Il s'agit du leurre, mis en évidence par l'un d'entre nous, il y a quelques années déjà (Joule, Gouilloux et Weber, 1989). Son principe consiste à inciter quelqu'un à prendre une décision qu'il juge avantageuse. On attend qu'il ait pris cette décision pour lui faire savoir que les choses ayant changé il ne pourra malheureusement pas concrétiser sa décision. On lui propose alors de prendre une décision de substitution nettement moins avantageuse. Vous entrez dans un magasin pour acheter une paire de mocassins soldée 40 €, convaincu de faire une bonne affaire. C'est qu'il s'agit de chaussures italiennes dont la souplesse du cuir laisse entrevoir tout le confort. Vous n'aurez toutefois pas l'occasion d'y goûter. La seule paire restante est du 38. Vous chaussez du 42. La pointure ne vous convient manifestement pas. La vendeuse vous propose alors d'essayer une autre paire de mocassins d'aussi belle facture mais... non soldée. Si vous repartez avec des chaussures payées au prix fort, vous avez été victime d'un leurre. Dans la mesure où vous ne seriez même pas entré dans le magasin si vous aviez su que les mocassins soldés, au devant de la vitrine, n'étaient pas disponibles dans votre pointure, vous avez bel et bien été piégé. Dans l'expérience de Joule *et al.*, des

1. Il n'est pas exclu qu'à cette adhésion à la décision initiale s'ajoute une sorte d'engagement personnel à l'égard de la personne qui vous a piégé. Il semble bien que les effets de l'amorçage soient plus importants lorsque c'est la même personne qui vous incite à prendre les deux décisions (Bunger et Petty, 1981).

étudiants prenaient la décision de participer à une recherche de psychologie des plus palpitantes, rémunérée de surcroît : visionner un petit film supposé faire naître des émotions intenses. C'est donc dans ce but qu'ils se rendaient au laboratoire. Là, on leur apprenait que la recherche en question avait été déprogrammée et qu'il ne leur restait plus qu'à rentrer chez eux. Ils l'auraient fait si un nouvel expérimentateur ne les avait arrêtés dans le couloir pour leur faire une proposition. On se doute de cette proposition : participer à une recherche de la même durée que la précédente mais bien moins folichonne (passer des tests de concentration) et non rémunérée. Cette façon de procéder s'avéra payante : dans la condition de leurre, les étudiants furent deux fois plus nombreux à accepter de réaliser gracieusement les tests de concentration que dans la condition de contrôle dans laquelle ils étaient directement invités à participer à la seconde recherche.

Ce piège, on le voit, diffère de l'amorçage. Ici la seconde décision ne porte plus sur le point de savoir si on maintient ou pas la première. La seconde décision est à proprement parler une nouvelle décision, une décision de remplacement, certes, mais une nouvelle décision. Ne vous en déplaise, vous n'avez pas la possibilité d'acheter la paire de mocassins convoitée. Il ne vous reste que la possibilité d'acheter ou de ne pas acheter une autre paire de chaussures. À ce titre, le leurre nous rapproche d'un nouveau piège qu'affectionnent énormément les psychologues sociaux, bien qu'il puisse être moins efficace (Hornik, Zaig et Shadmon, 1991) peut-être parce qu'il pose moins de problèmes éthiques que les deux précédents et peut-être aussi, à moins que ceci n'explique cela, parce qu'il est plus que les autres implémenté dans les recherches-actions et les interventions. Il s'agit de ce bon vieux pied-dans-la-porte.

LE PIED-DANS-LA-PORTE

Le principe du pied-dans-la-porte n'étonnera guère les amoureux d'adages populaires : « Tu mets la main et c'est le bras qui y passe » ; « Si tu lui donnes un peu, il te prendra tout », etc., autant de marques de notre sagesse ne signifiant pas autre chose que : gagner une petite faveur peut permettre d'en gagner de plus importantes. La technique du pied-dans-la-porte n'est donc, assurément, qu'une reprise d'une vieille stratégie de démarchage qui consiste, comme son nom l'indique, à mettre le pied-dans-la-porte avant de le mettre dans le salon ou, si l'on préfère, à demander peu pour obtenir beaucoup.

Vous avez besoin de 60 cts pour téléphoner et vous êtes sans le sou. Sachez que, si vous devez faire appel à la générosité des passants, vous aurez quatre fois plus de chance d'être dépanné si vous avez pris d'abord la précaution de leur demander l'heure (cf. Harris, 1972). N'allez pas penser que cette façon de procéder ne permette d'obtenir que des broutilles, 60 cts après tout, ce n'est pas grand-chose. Freedman et Fraser (1966), les premiers à avoir étudié expérimentalement le pied-dans-la-porte, ont montré que cette technique pouvait permettre d'obtenir des actes aussi coûteux que recevoir chez soi une équipe de plusieurs enquêteurs ayant carte blanche pour fouiller dans les placards ou que mettre dans son petit jardin un grand panneau exhortant les automobilistes à la prudence. Voyons comment Freedman et Fraser s'y sont pris.

Comment amener des ménagères à recevoir chez elles une équipe de plusieurs hommes prêts à fouiner partout ?

Dans une de leurs expériences, Freedman et Fraser avaient ainsi pour projet d'inciter des ménagères californiennes à recevoir chez elles, soi-disant dans le cadre d'une enquête portant sur les habitudes de consommation des ménages américains, une équipe de cinq ou six hommes après les avoir averties que l'enquête était relativement longue (deux heures environ) et surtout que les enquêteurs devaient avoir toute liberté pour fouiller dans les placards afin d'établir la liste complète des produits de consommation s'y trouvant. Dans la condition contrôle 22,2 % seulement des ménagères accédèrent à cette requête. Le recours à la technique du pied-dans-la-porte allait permettre de doubler ce pourcentage. La méthode utilisée revient à amener les ménagères de la condition expérimentale à participer à une courte enquête téléphonique (acte préparatoire) : répondre à huit questions anodines sur leurs habitudes de consommation. Trois jours plus tard, elles sont sollicitées pour recevoir chez elles l'équipe d'enquêteurs précédente. En procédant de la sorte, c'est-à-dire en faisant précéder la requête qui porte sur le comportement visé d'une requête prétexte moins coûteuse, Freedman et Fraser parvinrent à obtenir un taux d'acceptation de 52,8 %. De 22,2 % à 52,8 % le gain est appréciable.

Dans une autre expérience, Freedman et Fraser obtinrent des effets plus massifs encore. Il s'agissait cette fois d'inciter des ménagères à implanter dans leur jardin un encombrant panneau de sécurité routière. Dans la condition contrôle, 16,7 % acceptèrent. Il s'en trouva 76 % dans la condition expérimentale qui nous intéresse, quatre fois plus donc ! Dans cette condition les ménagères avaient tout simplement été amenées, dix jours auparavant, à coller une vignette de sécurité routière sur leur fenêtre. C'est dire l'efficacité de la technique du pied-dans-la-porte.

Il est à noter que dans ces deux expériences, rien ne différencie les sujets des conditions de contrôle des sujets des conditions de pied-dans-la-porte, rien hormis le fait d'avoir été amenés *par les circonstances* à réaliser un premier comportement aussi anodin que participer à une courte enquête téléphonique ou que coller une vignette. On admettra donc que si les sujets des conditions de pied-dans-la-porte se montrent plus coopératifs et mieux disposés à satisfaire à des requêtes incontestablement coûteuses, ce n'est pas parce que leur personnalité ou leur caractère les portent naturellement à le faire, mais parce qu'ils ont été préalablement conduits à accéder à une première requête si peu coûteuse qu'il n'est venu à personne l'idée de la refuser (dans les recherches relevant du pied-dans-la-porte l'acte préparatoire est presque toujours accepté par près de 100 % des sujets).

Les deux expériences que vous venons de rappeler montrent tout l'intérêt qu'il y a à miser sur la technique du pied-dans-la-porte pour conduire les gens à faire librement ce qu'on attend d'eux. Dans la plupart des recherches, les sujets sont, comme dans celles de Freedman et Fraser, des gens « adultes et vaccinés ». Il en est d'autres toutefois qui montrent que cette technique ne perd rien de son efficacité avec des enfants (Eisenberg, Cialdini, McCreath et Shell, 1987). Parmi ces recherches, celle récemment réalisée par Beauvois (2001) est très probante[1]. Il s'agissait d'amener des élèves de CP et de CM2 à baisser leur pantalon afin qu'une infirmière puisse tester sur eux de nouvelles aiguilles. Pour conduire le plus grand nombre de ces petites filles et petits garçons à accepter cette rude épreuve, on leur avait préalablement demandé de faire une première démonstration de courage en acceptant de goûter une soupe d'aspect peu ragoûtant, une démonstration donc bien moins coûteuse. Comme on l'imagine, ce pied-dans-la-porte permit d'augmenter très nettement le nombre de volontaires[2].

Dans les recherches qui viennent d'être évoquées, on constate qu'un premier comportement peu coûteux (répondre à quelques questions au téléphone, coller une vignette, goûter une soupe, donner l'heure) prédispose la personne, adulte ou enfant, à accepter un nouveau comportement plus coûteux. Dans tous les cas, le second comportement, en fait le comportement que l'on attend, fait l'objet d'une demande : « Est-ce que vous voulez bien recevoir notre équipe d'enquêteurs ? Est-ce que vous accepteriez de mettre ce panneau de sécurité routière dans votre jardin ? Es-tu d'accord pour essayer ces nouvelles aiguilles ? Pourriez-vous me donner 50 cts ? » C'est pourquoi nous disons qu'il relève d'un pied-dans-la-porte avec demande explicite. Une autre forme de pied-dans-la-porte, le pied-dans-la-porte avec demande implicite peut parfois s'avérer plus commode. Cette fois, on se gardera de demander le service dont on a besoin. On se contentera de créer les conditions susceptibles d'inciter la personne dont on recherche le concours à faire spontanément – sans que

1. Voir aussi Eisenberg, Cialdini, McCreath et Shell (1987).

2. Évidemment l'expérimentateur se limita à prendre acte du volontariat des élèves. Il est souvent question dans les recherches de psychologie sociale expérimentale de personnes acceptant de recevoir des chocs électriques, de manger des vers de terre, ou pire encore. Le lecteur doit savoir que l'expérimentateur arrête la recherche avant que les sujets n'aient eu à passer à l'acte. À notre connaissance, aucun sujet n'a dû aller jusqu'à l'ingestion d'un ver de terre. Il doit aussi savoir que les sujets seraient très probablement allés jusqu'au bout si l'expérimentateur n'avait mis fin au déroulement de l'action pour des raisons d'ordre éthique.

nul ne lui demande quoi que ce soit – ce qu'on espère bien la voir faire : aider quelqu'un à porter une lourde valise ou à ramasser par terre les feuilles d'un dossier, alerter un passant de la perte de son portefeuille, faire savoir à la personne qui vient de téléphoner qu'elle a oublié sa carte téléphonique dans la cabine, etc. Ces comportements sont indéniablement moins coûteux que ceux que permettent d'ordinaire d'obtenir les pieds-dans-la-porte avec demande explicite. Il reste que nous avons surpris plus d'une fois ceux qui en bénéficiaient en train de pousser des « ouf » de soulagement. Un scénario très écologique fut réalisé par Uranowitz (1975) aux caisses d'un supermarché. Un expérimentateur s'étant glissé dans la peau de Monsieur Tout-le-monde adresse une demande des plus courantes à la cliente qui le précède. Sous prétexte d'avoir oublié quelque argent à la boulangerie, il la prie de bien vouloir garder son sac à provisions. Sa demande est bien entendu honorée, aimablement et sans la moindre hésitation. Qui refuserait de rendre pareil service ? Le service n'aura pas duré longtemps. Voilà l'expérimentateur qui revient en brandissant l'argent retrouvé. Fin du premier épisode. Le second aura lieu un peu plus tard, après que l'aimable cliente aura payé ses emplettes. La caisse franchie, elle se retrouve dans la galerie marchande. C'est là que l'attend un second expérimentateur s'étant, lui aussi, glissé dans la peau de Monsieur Tout-le-monde. Il va feindre de perdre un lot de deux paquets de café. Que va faire notre cliente à laquelle personne ne demande plus rien ? Va-t-elle alerter le malchanceux ? Uranowitz observe que 80 % des ménagères ayant préalablement gardé le sac à provision du premier expérimentateur alerte le second. Ce n'est le cas que de 35 % des ménagères à qui il n'a pas été préalablement demandé de garder le sac à provisions (groupe contrôle). Nous sommes bien dans un schéma de pied-dans-la-porte, un premier comportement en appelant un second. La différence entre cette forme de pied-dans-la-porte avec demande implicite et les pieds-dans-la-porte plus classiques avec demande explicite tient au fait que le second comportement ne fait l'objet d'aucune requête.

La procédure du pied-dans-la-porte permet donc, par-delà les formes qu'elle peut revêtir (pied-dans-la-porte avec demande explicite, pied-dans-la-porte avec demande implicite, notamment), d'amener les gens à faire ce qu'on souhaite les voir faire et finalement à se soumettre. Pour utiliser la terminologie de l'analyse du pouvoir (cf. Beauvois, 1994, 2005), nous sommes bel et bien en présence d'une procédure ayant les mêmes fins que les prescriptions d'obligations (« Vous devez faire ceci ou cela »). La procédure du pied-dans-la-porte présente toutefois l'avantage d'être efficiente là où le pouvoir serait inopérant et parfaitement déplacé. Quel accueil réserveriez-vous à un enquêteur vous intimant l'ordre de recevoir chez vous cinq ou six de ses acolytes pour qu'ils fouinent où bon leur semble ? À coup sûr une telle prescription d'obligation serait vouée à l'échec. S'il avait commis l'erreur grossière de s'y prendre ainsi, notre malheureux enquêteur se serait vu envoyer sur les roses et pas sur n'importe lesquelles, vous auriez certainement choisi des roses de Picardie pour la réputation de leurs épines ! Ce que vous acceptez de votre chef, vous ne l'acceptez pas de n'importe qui. Voilà pourquoi, lorsqu'on est n'importe qui, on se doit d'utiliser avec vous d'autres méthodes. Maintenant, les prescriptions d'obligations ne sont pas les seules prescriptions susceptibles de venir fleurir votre quotidien professionnel. Votre chef ne se contente pas de vous prescrire de faire ceci ou cela, il lui arrive aussi de vous ordonner de ne pas faire ceci ou cela. Il vous interdit, par exemple, de grignoter en travaillant, de fumer ou de mâcher du *chewing-gum* devant la clientèle. Il ne s'agit donc plus de prescriptions d'obligations mais de prescriptions d'interdits. Or, on trouve dans la littérature scientifique des situations expérimentales qui ressemblent plus à des pieds-dans-la-porte que le Canada Dry à de l'alcool[1], mais dans lesquelles les comportements mis en scène n'ont pas un statut d'obligation mais d'interdit : ne pas faire ce que l'on a envie de faire. Ici encore nous trouvons des situations dans lesquelles ce qu'il ne faut pas faire donne lieu à des demandes explicites et des situations dans lesquelles ce qu'il ne faut pas faire donne lieu à des demandes implicites. Nous avons nous-mêmes montré (Joule, 1986)

1. Même si les chercheurs qui travaillent dans de telles situations ne les décrivent pas en termes de pieds-dans-la-porte.

que des fumeurs conduits à accepter une privation de tabac de deux heures se soumettaient volontiers à la demande explicite de ne pas fumer durant dix-huit heures qui leur était faite plus tard. Il a aussi été montré que des enfants s'étant abstenus de jouer avec un robot très attractif pendant quelques minutes à la suite de l'intervention d'un adulte se privaient eux-mêmes de ce jouet dix jours plus tard alors que plus personne ne le leur demandait (Freedman, 1965). Dans la situation dite du « jouet interdit », il fut même constaté que des enfants ayant dû s'abstenir de s'amuser avec un jouet passionnant pendant une dizaine de minutes trichaient moins par la suite que des enfants d'un groupe contrôle, alors même que leur droiture les pénalisait au point de perdre toute chance de gagner la récompense promise. Quel lien peut-il bien y avoir entre la première abstinence (ne pas s'amuser avec un jouet) et la seconde (ne pas tricher) ? Lepper (1973), qui réalisa cette mise en situation, apporte à cette question une réponse qui en vaut d'autres. Pour lui, l'enfant n'a pas seulement appris à s'abstenir de s'amuser avec un jouet, il a appris une règle de conduite plus générale : résister à la tentation, à la tentation de s'amuser avec un jouet, certes, mais aussi à la tentation de tricher. L'univers comportemental du pied-dans-la-porte est donc immense (voir tableau). Le recours à cette procédure est par ailleurs si naturelle que des pieds-dans-la-porte se pratiquent un peu partout à longueur de journée. Attention donc, car il ne faudrait pas croire qu'il suffise de connaître le principe de cette procédure pour en être une fois pour toutes immunisé. Katzev et Brownstein (1989) ont montré que des gens auxquels on avait donné de la documentation sur des techniques de soumission comme celles que nous évoquons ici (amorçage, porte-au-nez...) n'étaient pas moins enclins que les autres à se faire piéger.

Il n'est donc pas surprenant que le pied-dans-la-porte soit le chouchou des praticiens de l'engagement. Nous le verrons bientôt, toutes nos recherches-action mettent en œuvre un ou plusieurs pieds-dans-la-porte, c'est dire le crédit que nous-mêmes lui accordons. Les praticiens de l'engagement ne sont toutefois pas les seuls à utiliser des pieds-dans-la-porte. Tous les professionnels de l'intervention utilisent peu ou prou cette procédure. Qu'ils le fassent, pour la plupart, sans le

		Comportement préparatoire (premier comportement)	*Comportement attendu (second comportement)*
Obligations	Demande explicite	Poser un autocollant Répondre à 7 questions Goûter une soupe peu appétissante Donner l'heure	Mettre un panneau Recevoir 5 enquêteurs Accepter d'essayer des aiguilles Donner 1 €
	Demande implicite	Surveiller un sac	Aider quelqu'un à ramasser le contenu de son sac
Interdits	Demande explicite	Ne pas fumer deux heures	Ne pas fumer dix-huit heures
	Demande implicite	Ne pas jouer avec un robot	Ne pas tricher

savoir n'y change rien. Certains pieds-dans-la-porte sont d'ailleurs quasiment inévitables. Il faut bien que l'intervention commence. N'est-il pas d'usage avant toute intervention qui se respecte de réunir les principaux intéressés afin que les objectifs à atteindre puissent être « collectivement négociés » ? Or, l'acceptation de prendre part à cette première réunion constitue déjà, en tant que telle, un acte préparatoire. Et il ne s'agit pas de n'importe quel acte préparatoire, il s'agit de l'acte préparatoire d'un pied-dans-la-porte qui va prédisposer les participants à négocier comme il convient, les objectifs, c'est-à-dire presque toujours à les accepter tels quels. Mais ce n'est pas tout, cet acte préparatoire va les prédisposer ensuite à réaliser d'autres actes : accepter une seconde réunion, convaincre ses collaborateurs d'y participer ou de réserver le meilleur accueil à l'intervenant qui viendra quelques jours plus tard les interviewer, etc. Il va sans dire que ces nouveaux actes préparatoires vont à leur tour en appeler d'autres et ainsi de suite. En vérité, un professionnel averti qui refuserait de se commettre délibérément dans une telle manipulation n'aurait guère qu'un seul recours : exiger de son commanditaire qu'il impose purement et simplement l'intervention, ses objectifs et ses modalités. Si nous en connaissons qui se drapent dans leur dignité à la moindre occasion, nous ne connaissons personne qui serait prêt à aller jusque-là, et pour cause !

A côté de ces pieds-dans-la-porte involontaires par lesquels débute toute intervention, il en est d'autres tout aussi involontaires qui jalonnent le parcours de l'intervenant. Tout acte, en effet, sauf à être autoritairement imposé, a un statut d'acte préparatoire susceptible de se traduire par des effets de pied-dans-la-porte, c'est-à-dire par de nouveaux comportements, voire de nouvelles opinions. N'en déplaise aux Messieurs Jourdain de l'intervention qui pratiquent à tour de bras des pieds-dans-la-porte sans même s'en rendre compte, à ne pas prendre un acte pour ce qu'il est, en l'occurrence pour un acte préparatoire, on ne contrôle plus rien. La plupart du temps le risque n'est, il est vrai, pas bien gros, ces effets incontrôlés de pieds-dans-la-porte accompagnant le plus souvent avantageusement le processus d'intervention. Le fait, par exemple, de procéder à une étude sur les représentations du danger chez les travailleurs afin de comprendre pourquoi ils ne respectent guère les consignes de sécurité ne va pas sans quelques entretiens. Les salariés qui auront accepté de se prêter à l'exercice en répondant de bonne grâce aux questions d'un interviewer auront réalisé un acte qui, pour être anodin, n'en est pas moins l'acte préparatoire d'un pied-dans-la-porte avec demande implicite. Il n'est donc pas exclu qu'il ait pour premier effet de rendre plus probable le port d'un casque ou d'une paire de lunettes de sécurité. Si tel est bien le cas, personne ne s'en plaindra[1]. Mais on ne nous enlèvera pas de l'esprit que, pour ne pas être gros, le risque de voir apparaître des effets pervers de pieds-dans-la-porte non maîtrisés existent bel et bien. Imaginons que les salariés ayant accepté l'entretien précédent aient interprété leur acceptation, non plus comme une preuve de l'intérêt qu'ils portent aux questions de sécurité dans l'entreprise, mais comme une preuve de leur

1. Cet effet n'étant pas attendu, il est probable que personne ne s'en rende compte. À supposer qu'on s'en rende compte, l'intervenant pourra toujours l'interpréter avec délectation et crânerie en invoquant, par exemple, quelque soudaine prise de conscience induite par la situation d'entretien, et en faisant donc l'économie du concept de pied-dans-la-porte.

aptitude à interrompre leur travail pour répondre aux questions de qui les sollicite. Les effets de ce pied-dans-la-porte ne seront certainement pas aussi avantageux. Pour l'intervenant, ce n'est pas bien grave, d'accord. Mais pensons à l'entreprise... Quelle allure pourrait bien prendre le cours des choses si chacun s'arrêtait de travailler à la moindre occasion pour bavarder avec celui ou celle qui a pu les interrompre ?

Pratiquer des pieds-dans-la-porte sans en être conscient est à la portée de chacun ; les pratiquer délibérément, c'est une autre paire de manches. Et que signifie pour un intervenant le fait de pratiquer délibérément un pied-dans-la-porte ? Rien de moins que ceci : utiliser, en toute connaissance de cause, un dispositif ayant fait la preuve de son efficacité dans un but précis et en étant capable d'en maîtriser les effets.

L'amorçage, le leurre et le pied-dans-la-porte constituent les trois principales procédures d'engagement. Nous avons ici négligé la « porte-au-nez » que nous ne pratiquons guère dans les interventions[1] et autres « mais-ce-n'est-pas-tout » (Burger, 1986) qui ressemblent par trop à une astuce de camelot[2]. Nous avons également négligé divers adjuvants qu'on regroupe habituellement sous le titre de l'*intimité* et qui, dans certaines conditions, optimalisent les effets des procédures classiques. Nous voulons ici parler du « toucher » et des « yeux dans les yeux » qui, sans être dénués d'intérêt (Goldman et Fordyce, 1983), ne sont que des détails incontrôlables dans une stratégie d'intervention. Les recherches n'ont pas manqué qui ont essayé soit de dédoubler l'une ou l'autre de ces procédures pour essayer de gagner en efficacité, soit de juxtaposer deux d'entre elles pour atteindre le même but. Ainsi a-t-on vu tester, notamment par Goldman et ses collaborateurs, des doubles pieds-dans-la-porte (Goldman, Creason et McCall, 1981), des doubles-porte-au-nez (Goldman et Creason, 1981), des emboîtements

1. La porte-au-nez consiste à faire précéder la requête de l'acte attendu d'une requête exorbitante qui ne peut être que refusée.

2. Cette technique consiste à baisser le coût d'une proposition (ou à augmenter ses avantages) juste avant que la personne ne prenne la décision de vous satisfaire ou non.

de pied-dans-la-porte et de porte-au-nez (Goldman, 1986), d'amorçage et de pied-dans-la-porte (Joule, 1987 ; Hornik, Zaig et Shadmon, 1991)... Il semble bien que deux procédures soient plus efficaces qu'une seule (Joule et Beauvois, 2002).

Ces procédures permettent, nous l'avons vu, d'amener les gens à faire librement quelque chose qu'ils n'auraient pas fait spontanément ou à ne pas faire, tout aussi librement, quelque chose qu'ils auraient bien aimé faire. Il ne faudrait pas oublier cependant qu'ils en arrivent à faire ce qu'on attend d'eux à la suite de l'intervention de quelqu'un. C'est la raison pour laquelle nous parlons de « soumission librement consentie » (Joule et Beauvois, 1987), soumission dans la mesure où le comportement réalisé est bien celui que l'intervenant attendait, librement consentie dans la mesure où les gens n'ont subi aucune pression et qu'ils ont, à juste titre, le sentiment d'avoir agi de leur plein gré. Tout donne à penser qu'ils ont même agi avec moins d'anxiété que ceux qui ont fait la même chose qu'eux sans y avoir été ainsi « préparés » (Swanson, Sherman et Sherman, 1982). Ils attribuent d'ailleurs moins de pouvoir à la personne dont ils satisfont la requête qu'ils ne le font lorsque celle-ci use d'autres procédures (Stahelski et Patch, 1993). Le terme de soumission convient parfaitement pour une autre raison et cette raison le lecteur la connaît : les idées et la personnalité de ceux qui se soumettent ainsi librement n'affectent pas leur comportement. Impossible d'en appeler à des différences entre les personnes qui composent les groupes expérimentaux, qui se soumettent donc, et les personnes qui composent les conditions contrôle qui refusent, quant à elles, de se laisser conduire là où on veut les faire aller. Un dernier exemple pour s'en convaincre une fois pour toutes. Les enfants auxquels on a demandé de bien vouloir permettre à l'infirmière de l'école d'essayer sur eux de nouvelles aiguilles n'ont pas des personnalités différentes dans le groupe expérimental et dans le groupe contrôle. Que les premiers acceptent lorsque refusent les seconds ne peut s'expliquer par quelque différence individuelle. C'est l'acte préparatoire (le fait d'avoir ou de n'avoir pas été amené auparavant à goûter une soupe plutôt écœurante) – et lui seul – qui doit être tenu pour déterminant. Ceci n'empêche pas les enfants ayant fait ce qu'on attendait d'eux, et plus généralement les personnes des conditions expérimentales en étant passé par où l'on souhaitait qu'elles passent, de voir dans leurs prédispositions personnelles, leur caractère ou leur personnalité les raisons de leurs agissements : « Je suis quelqu'un de courageux », « Je suis une honnête personne », « Je suis profondément serviable », etc. On a même vu dans cette façon de s'attribuer un trait avantageux l'explication de l'effet de pied-dans-la-porte. Ce fut même longtemps l'explication préférée des psychologues sociaux (Dejong, 1979). La personne venant de réaliser un « petit » acte bienveillant quoique parfaitement préparatoire (elle a surveillé le sac de la vieille dame) va subitement se voir comme étant une personne « serviable », voire « généreuse ». Aussitôt que l'occasion se présentera, elle voudra à tout prix justifier cette nouvelle vision d'elle-même ; et c'est pour cela qu'elle acceptera librement de réaliser un second comportement pourtant plus coûteux. Personne n'est vraiment satisfait de cette théorie du pied-dans-la-porte (cf. Joule, 1987). On a bien observé des changements dans l'image que les sujets ont d'eux-mêmes après avoir réalisé l'acte préparatoire, mais ces changements s'avèrent inefficaces si l'on veut prédire qui acceptera et qui n'acceptera pas la seconde requête (on s'en rendra compte dans une recherche de Gorassini et Olson, 1995). Aussi, nous en tiendrons-nous, pour ce qui est d'une compréhension théorique, au concept d'engagement que nous déploierons dans le prochain chapitre.

Sans doute disposons-nous là de quelques clés permettant de comprendre les phénomènes que nous venons de décrire et, par-delà, d'entrevoir tout l'intérêt des procédures d'engagement en matière d'intervention. Il faut bien, en effet, pour être durables, que les changements comportementaux que l'intervenant a su enclencher s'accompagnent des changements de mentalité susceptibles de les garantir. Le chapitre suivant va nous permettre d'aller plus avant dans la compréhension théorique des phénomènes d'engagement.

Chapitre 3

La psychologie de l'engagement

Il y aurait quelque prétention à parler d'une théorie de l'engagement. L'idée d'engagement renvoie, en effet, pour les psychologues sociaux à des réalités fort diverses, même s'il s'avère loisible de mettre un peu d'ordre dans la maison. Il y a, en fait, deux grandes façons d'évoquer le concept d'engagement. Certains psychologues du travail – les plus représentatifs sont de ce point de vue Becker (1960) et Buchanan (1974) – utilisent ce concept dans un sens assez proche de celui qu'il a dans le public, être engagé ne signifiant pas autre chose qu'être impliqué. Ainsi, l'engagement dans le travail fait-il intervenir les attitudes que l'on peut avoir à l'égard du travail proprement dit (on l'aime ou on ne l'aime pas), le désir que l'on a de rester ou non dans l'organisation, les attentes qui sont les nôtres et la valeur qu'on leur accorde (importance attribuée au salaire, aux perspectives de promotion, etc.), autant d'éléments inhérents aux travailleurs eux-mêmes. On peut à ce titre parler d'engagement interne dans la mesure où l'engagement dépend de ce que sont les gens. Au bout du compte, ce sont eux qui s'engagent (ou qui sont engagés) en fonction de leurs propres attitudes, désirs ou attentes. D'autres psychologues sociaux ont une approche très différente. Cette approche, on la sentait poindre dans les chapitres précédents, puisqu'à aucun moment nous n'avons eu à faire appel aux attitudes, désirs et attentes de quiconque. Nous y avons longuement insisté, l'efficacité de la procédure d'amorçage, de leurre et de pied-dans-la-porte tient exclusivement à des facteurs apportés par la situation elle-même. Aussi, si le concept d'engagement peut nous aider à avancer dans la compréhension théorique de ces procédures, il ne peut concerner qu'un engagement de type externe puisque c'est la situation qui engage, ou n'engage pas, la personne dans ses actes. L'opposition entre ces deux approches apparaîtra encore plus nettement si l'on veut bien rapprocher un instant l'idée d'engagement et celle d'importance de l'acte. Pour certains psychologues sociaux, et notamment pour les psychologues du travail, l'importance de l'acte n'est autre que celle que lui confère l'individu qui l'a commis. Ce sont ses attitudes, désirs ou attentes qui comptent et qui lui donnent finalement sa signification. Pour un antiraciste, par exemple, intervenir avec véhémence à l'encontre d'un propos raciste tenu dans le métro est un acte incontestablement plus important que donner l'heure à son voisin de compartiment. Ce sont ses convictions antiracistes qui permettent d'apprécier combien l'acte réalisé est important. D'ailleurs on peut s'enorgueillir de s'être engagé dans de tels actes, alors qu'on ne le peut lorsque les actes en question sont de peu d'importance. Qui pourrait se vanter d'avoir donné l'heure à quelqu'un qui en avait besoin ? L'engagement dans des actes importants est finalement assez proche de l'engagement militant. On milite pour les causes auxquelles on adhère et nul doute que l'engagement militant soit un bon reflet du niveau de vie politique d'un État[1].

Pour d'autres psychologues sociaux, dont nous sommes, l'idée d'importance de l'acte revêt un tout autre sens. L'engagement étant, avons-nous dit, de type externe, c'est dans la situation qu'il convient de chercher les indices permettant de se prononcer sur l'importance de l'acte réalisé. On ne sera donc pas surpris d'apprendre que cette importance est définie du point de vue d'un observateur extérieur qui, de par sa position, ne sait rien des attitudes, désirs et attentes de l'acteur. N'en sachant rien, il devra s'abreuver à d'autres sources d'infor-

1. Ce n'est pas un hasard si les psychologues sociaux qui en France ont opté pour cette acception du concept d'engagement avaient la vie politique pour objet. Nous pensons en particulier à l'équipe dirigée par Jeannine Larrue à Toulouse.

mation. Mettez-vous à la place de cet observateur extérieur. S'il vous est donné de voir quelqu'un défendre une position, une position morale par exemple, sans y avoir été contraint le moins du monde, vous en arrivez à penser que cet acte revêt une certaine importance. Maintenant, si la même personne avait défendu semblable position sous la menace, ou par pure obligation, vous auriez à coup sûr accordé moins d'importance à son acte. À nouveau, l'opposition interne/externe s'avère pertinente. Tantôt l'individu s'engage en fonction de ses convictions dans des actes importants du point de vue de ses convictions, tantôt la situation engage la personne dans des actes dont l'importance peut être appréhendée en adoptant le point de vue d'un observateur. Engagement subjectif d'un côté, engagement objectif de l'autre. De la façon dont on tranchera entre ces deux acceptions dépendront la philosophie, les modalités et certainement la portée de l'intervention dont le psychologue social est en charge. C'est dire l'enjeu.

Dans l'ouvrage le plus important jamais consacré à la psychologie de l'engagement, on retrouve l'opposition qui vient de nous occuper. Son auteur, Kiesler (1971), le principal théoricien de l'engagement, ne manque pas, en effet, d'évoquer, au nombre des facteurs d'engagement, un facteur entièrement compatible avec la première acception : l'importance subjective de l'acte. Mais il en évoque plusieurs autres qui relèvent indiscutablement d'un engagement de type externe : la liberté de choix, le caractère explicite de l'acte, son irrévocabilité, etc. Or, il se trouve que dans l'énorme dossier expérimental présenté par Kiesler à l'appui de sa théorisation, seuls ces derniers facteurs trouvent place, le facteur relatif à l'importance subjective de l'acte étant curieusement absent[1]. Aussi bien, feronsnous ici le choix de présenter la psychologie de l'engagement telle que sa pratique expérimentale la donne à voir, en adoptant finalement le point de vue privilégié par Kiesler dans ses recherches expérimentales, et par nous-mêmes dans notre travail à la fois de cher-

1. Nous voulons dire par là que, contrairement aux autres, le facteur relatif à l'importance subjective de l'acte ne fait l'objet d'aucune validation empirique.

cheurs fondamentalistes et de professionnels de l'intervention. Ce point de vue revient à faire reposer toute la psychologie de l'engagement sur son versant externe.

QU'EST-CE QUE L'ENGAGEMENT ?

Kiesler et Sakumura proposent en 1966 une définition de l'engagement sur laquelle Kiesler tablera encore en 1971. Pourtant cette définition a de quoi en laisser plus d'un sur sa faim : *l'engagement est le lien qui unit l'individu à ses actes comportementaux*. Passons sur le fait que l'expression d' « actes comportementaux » n'a rien de pléonastique. On pourrait après tout concevoir des actes de pensée qui ne concernent pas la psychologie de l'engagement. Les actes dont il s'agit sont des actes observables comme le sont en psychologie scientifique les comportements. La pire des pensées (désir de mort, d'inceste, etc.) ne saurait donc être engageante. C'est en fait, dans cette définition, l'idée d'un lien entre l'individu et ses actes comportementaux qui n'est pas totalement satisfaisante. Nous en avons nous-mêmes, en son temps (Beauvois et Joule, 1981, p. 136), fourni une explicitation en évoquant la « représentation qu'a l'individu d'être le producteur de son comportement ». Très imagée, cette idée d'un lien s'avère d'ailleurs particulièrement commode lorsqu'il s'agit de donner une compréhension intuitive de ce qu'est l'engagement, et nous y avons eu recours dans notre tout premier chapitre, chapitre portant sur la formation des jeunes demandeurs d'emploi. Pourtant, si nous ne renions pas l'explicitation que nous avons fournie en 1981 de la définition de Kiesler, nous n'en sommes pas pour autant fiers aujourd'hui. Elle peut incontestablement prêter à confusion. Sans doute, à l'instar de Kiesler lui-même, n'avions-nous pas pris suffisamment au sérieux, à l'époque, l'opposition engagement interne/engagement externe. Or, à prendre cette opposition au sérieux, on se rend compte de deux choses. On se rend compte d'abord que la définition de Kiesler et Sakumura, tout comme notre explicitation, néglige la situation dans laquelle l'acte est réalisé. On se rend compte ensuite que ce qui est défini est davantage une conséquence de l'engagement que l'engagement proprement dit. C'est parce qu'il y a engagement qu'un lien va pouvoir être établi entre l'individu et l'acte qu'il a pu réaliser, celui-ci pouvant alors avoir le sentiment d'être le producteur de celui-là. Autant dire que l'engagement reste à définir. Kiesler (1971) nous y aide quelque peu lorsqu'il rapproche sa psychologie de l'engagement des théories de l'attribution[1]. Dommage que l'ambiance théorique et surtout idéologique des années 70 – et ce serait pire par les temps qui courent – ne lui aient pas permis de résister aux charmes d'un engagement de type interne. À en croire Kiesler, l'engagement ne serait alors rien d'autre qu'une forme d'auto-attribution causale interne (auto-attribution de traits, de dispositions...). L'interprétation théorique la plus fréquemment avancée des effets de pied-dans-la-porte est de ce tonneau (cf. Dejong, 1979 ; Joule, 1987). La plupart des auteurs présupposent ainsi que l'acte préparatoire – l'acte engageant donc – offre à celui qui l'a réalisé l'opportunité de s'auto-attribuer un trait (par exemple, il est dans ma nature de me battre pour les causes auxquelles je crois) et/ou une disposition spécifique (par exemple, je suis finalement très sensible aux problèmes écologiques), trait ou disposition qu'on lui donnera l'occasion de « valider » en réalisant un nouvel acte plus coûteux. Nous ne contestons pas la réalité de ces auto-attributions, la littérature scientifique abonde de résultats expérimentaux attestant de leur existence. Nous contestons

1. Les théories de l'attribution causale (cf. Deschamps et Beauvois, 1996 ; Beauvois, Deschamps et Schadron, 2005) s'attachent à rendre compte de la façon dont les gens expliquent les conduites et autres événements psychologiques (émotions, opinions, renforcements) par des facteurs supposés causaux. Lorsque ces événements sont expliqués par le sujet lui-même on parle d'auto-attribution, lorsqu'ils le sont par un autre que le sujet lui-même (un observateur) on parle d'hétéro-attribution. Depuis Heider (1958), les théories de l'attribution sont particulièrement concernées par la classification des facteurs causaux. Un critère important répartit les causes en causes internes et causes externes. Les premières relèvent de la personne elle-même (ses dispositions, ses intentions, son comportement antérieur : Jacques a aimé le dernier Spielberg parce que c'est un amateur d'émotions fortes), les secondes, moins homogènes, relèvent de l'environnement (la situation : Jacques a aimé le dernier Spielberg parce qu'il l'a vu avec des copains dans une bonne ambiance) ou de l'incontrôlable (destin, chance...). Les sujets des sociétés occidentales apprennent à devenir amateurs de causes internes qui font l'objet d'une valorisation sociale (cf. Dubois, 2009, 2005).

toutefois que ces auto-attributions suffisent à définir l'engagement. Nous avons de bonnes raisons de penser qu'elles ne sont que des conséquences, parmi d'autres, de l'engagement, conséquences qui adviennent, ou qui n'adviennent pas, dans une situation donnée. Ce n'est que lorsqu'elles adviennent que l'individu pourra établir un lien entre lui-même et ses actes comportementaux ou encore avoir le sentiment d'être le producteur de son comportement. Mais n'allons pas trop vite. La référence à une longue tradition de recherches réalisées dans la situation de surjustification (Deci, 1971) va nous permettre d'argumenter notre position. Dans cette situation des personnes sont invitées à s'adonner à une activité plutôt intéressante : puzzles, récréations mathématiques, etc. Tantôt elles sont confortablement rémunérées, tantôt elles le sont moins bien, voire pas du tout. Comme on ne tardera pas à le voir dans ce chapitre, un acte, peu et *a fortiori* non rémunéré, est plus engageant qu'un acte bien rémunéré. Les personnes participant à ces recherches diffèrent donc quant à leur engagement dans l'activité qui leur est proposée. Cet engagement peut avoir deux types de conséquences. Les premières sont de nature cognitive et sont généralement des auto-attributions causales. Les personnes peu ou pas rémunérées s'auto-attribuent quelques dispositions personnelles (cette tâche m'intéresse beaucoup, j'aime les puzzles...), ce que ne font pas des personnes bien rémunérées[1]. Les secondes conséquences sont de nature comportementale. Plus que les autres, les personnes les plus engagées – ou, si l'on préfère, les moins rémunérées – poursuivent leur activité, la recherche supposée terminée, alors qu'elles pourraient faire tout autre chose. S'il y avait bien, comme le propos de Kiesler le donne à croire, équivalence entre engagement et auto-attribution, on devrait observer deux choses. *Primo,* on devrait observer de façon plus systématique les effets cognitifs que les effets comportementaux, les premiers étant la cause des seconds. Ce n'est pas le cas, bien au contraire (cf. Wilson,

1. Les théoriciens de l'attribution expliqueraient ces effets cognitifs en évoquant un principe d'élimination : si je peux expliquer mon comportement par une cause (l'importante récompense que j'ai pu recevoir), je n'ai pas besoin d'en appeler à mes dispositions personnelles.

Hull et Johnson, 1981). On ne compte plus les recherches dans lesquelles les effets comportementaux sont massifs alors que les effets cognitifs font cruellement défaut. *Secundo,* on devrait observer une corrélation entre effets cognitifs et effets comportementaux. Nous voulons dire par là que les personnes s'étant déclarées les plus intéressées par l'activité devraient s'y adonner « par plaisir » davantage que les personnes s'étant déclarées les moins intéressées. Il n'en est rien (cf. Nisbett et Wilson, 1977 ; Wilson, Hull et Johnson, 1981 ; Joule, 1989). La leçon à tirer de tout cela est claire : on ne peut pas assimiler les auto-attributions auxquelles quelqu'un peut se livrer après avoir posé un acte à son engagement dans cet acte. Ces auto-attributions doivent être tenues pour ce quelles sont, et uniquement pour ce qu'elles sont, à savoir des conséquences, au demeurant non systématiques, de l'engagement. Doit-on pour autant renoncer à rechercher ce qu'est l'engagement dans le domaine des attributions ? Bien qu'une réponse négative à cette question ne nous incommode guère, ni sur le plan philosophique, ni sur le plan épistémologique, nous ne voyons guère pour l'heure d'autre possibilité que de rechercher dans une instance attributive la définition même de l'engagement. Ce que nous venons de dire nous invite néanmoins à porter notre regard bien au-delà des simples auto-attributions de causalité. Tout nous incite à croire que les attributions, si attributions il y a, doivent être envisagées, non pas du point de vue exclusif de l'acteur (ce qui est nécessairement le cas dans l'engagement interne), mais du point de vue d'un observateur, en l'occurrence d'un observateur social générique, ou encore, pour reprendre la formule de Mead (1934), du point de vue d'un « autrui généralisé ». Rien ne prouve d'ailleurs que ces attributions se poursuivent d'elles-mêmes jusqu'à devenir des explications causales comme le sont les auto-attributions de traits ou de dispositions. Peut-être suffit-il que soit faite une imputation associant la personne à son comportement, et pas une imputation bien compliquée, une imputation du genre : « c'est lui qui a fait ceci » (s'il s'agit de l'observateur) – par exemple, jeter une bouteille en verre dans un container afin d'en assurer le recyclage – ou « c'est moi qui ai fait ceci (s'il s'agit de l'acteur lui-même) et il convient d'en prendre acte ». Pourquoi y aurait-il nécessairement besoin d'aller plus loin, d'aller jusqu'à en appeler à des explications causales comme par exemple : « il est finalement très sensible aux problèmes écologiques » (s'il s'agit de l'observateur) ou « je suis finalement très sensible aux problèmes écologiques » (s'il s'agit de l'acteur). Bien que nous ne présupposions pas une imputation bien compliquée, nous avons de bonnes raisons de penser que cette imputation, en tant qu'elle associe la personne à son acte, possède toutes les propriétés de l'internalité[1]. Il en découle que les personnes internes devraient être, plus que les autres, disposées à établir un lien entre elles-mêmes et leurs comportements. L'établissement de ce lien correspond, en effet, à une négligence de la spécificité comportementale et des déterminismes situationnels. Force données expérimentales sont là pour en attester. Les résultats obtenus par Desrumaux (1996) dans une situation de pied-dans-la-porte et ceux obtenus par Channouf (1991) dans une situation d'amorçage sont parmi les plus illustratifs. Desrumaux a pu, par exemple, montrer que des sujets internes, mais aussi des sujets qui ne l'étaient pas, mais auxquels on avait fait croire qu'ils l'étaient, s'avéraient plus prompts que d'autres à réaliser un acte coûteux (tenir une permanence pour le don du sang, tenir un stand contre l'illettrisme) après avoir réalisé un premier comportement, moins coûteux (rédiger un texte pour le don du sang, mettre une affichette s'insurgeant contre l'illettrisme). Channouf, pour sa part, a pu montrer que la mise en avant de représentations internalisantes (par opposition à des représentations externalisantes) conduisait les sujets à persévérer dans leur décision d'aider un expérimentateur, quand bien même cette décision prenait des proportions exorbitantes (boire cinq tasses de café !).

Ces recherches montrent donc que l'internalité prédispose les gens aux effets de l'engagement, notamment dans les situations de pied-dans-la-porte (acceptation d'une requête coûteuse après avoir accepté une

1. L'internalité consiste à privilégier, lorsqu'on s'efforce d'expliquer ce que font les gens et ce qui leur arrive, les facteurs qui accentuent le rôle causal de l'acteur (sa personnalité, ses intentions). Certaines personnes sont de ce point de vue plus internes que d'autres. Il est maintenant classique d'opposer les « sujets internes » aux « sujets externes » qui au contraire minimisent le poids de l'acteur et en appellent plus volontiers au hasard, à la chance et aux circonstances (cf. Dubois, 1987).

requête de moindre coût) et dans les situations d'amorçage (acceptation d'une requête s'avérant plus coûteuse que prévu). Elles accréditent l'idée selon laquelle l'instance attributive sollicitée par l'engagement, pour être rustique, n'en serait pas moins déjà une instance internalisante.

Définition de l'engagement

Nous sommes donc conduits à définir l'engagement par la sollicitation d'une instance attributive mettant en jeu un « attributeur » (acteur et/ou observateur) et une imputation telle que l'acte ne puisse être dissocié de celui qui l'a perpétré. Si l'on veut bien accepter que l'engagement qui nous intéresse est un engagement externe, et donc entièrement porté par des caractéristiques de la situation elle-même, on acceptera certainement la définition minimale suivante : « L'engagement correspond, dans une situation donnée, aux conditions dans lesquelles la réalisation d'un acte ne peut être imputable qu'à celui qui l'a réalisé. » Dans un langage plus juridique, notre définition pourrait se décliner ainsi : « L'engagement correspond aux conditions de réalisation d'un acte qui, dans une situation donnée, permettent à un attributeur d'opposer cet acte à l'individu qui l'a réalisé. »

Nous avons dit, dans notre chapitre 1, que les formateurs du programme PAQUE faisaient tout pour resserrer le lien entre les formés et les actes qu'ils avaient pu obtenir d'eux. On comprend mieux maintenant le sens de cette formule. Ainsi, dire que ces formateurs faisaient tout pour resserrer un tel lien ne doit pas aller sans qu'on entende aussi que leurs propos sollicitaient une instance attributive signifiant clairement aux formés que ce qu'ils venaient de faire, on se souviendrait que c'était eux – et personne d'autre – qui l'avaient fait. Leurs actes, en quelque sorte, pourraient leur être opposés, et c'est cela qui créait le lien entre eux-mêmes et leurs actes.

Un schéma va nous permettre d'illustrer ces considérations qui nous démarquent quelque peu des autres théoriciens de l'engagement. Il déroule le processus d'engagement tel qu'il vient d'être présenté et tel que nous le théorisons aujourd'hui.

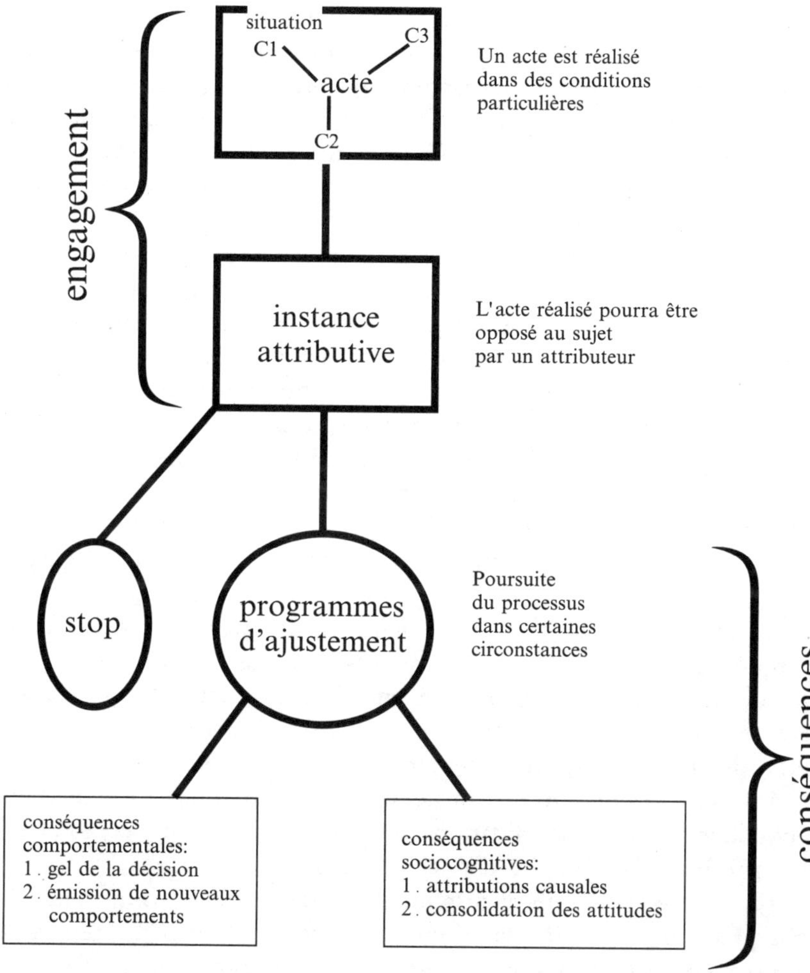
situation
C1
C3
acte
C2
Un acte est réalisé dans des conditions particulières
engagement
instance attributive
L'acte réalisé pourra être opposé au sujet par un attributeur
stop
programmes d'ajustement
Poursuite du processus dans certaines circonstances
conséquences
conséquences comportementales:
1. gel de la décision
2. émission de nouveaux comportements
conséquences sociocognitives:
1. attributions causales
2. consolidation des attitudes

1 / Au départ du processus d'engagement : un acte réalisé dans des conditions particulières (C1 = libre choix, C2 = caractère public, C3 = irrévocabilité, etc.).

2 / Les conditions de réalisation de cet acte sont telles qu'une instance attributive est mobilisée : l'acte pourra être ultérieurement opposé à celui qui l'a réalisé par un attributeur, qu'il s'agisse de l'acteur lui-même, d'un témoin oculaire, ou d'un autrui qui aurait eu connaissance de ce qui s'est passé (acte réalisé et conditions particulières de réalisation de cet acte). À ce niveau l'acteur est déjà bel et bien engagé.

3 / Les choses peuvent s'arrêter là (stop). Il est même probable que la plupart du temps elles s'arrêtent là. Vous avez donné 20 cts au guitariste se produisant dans le métro. Vous l'avez fait librement (libre choix), au vu de tous (caractère public de l'acte), vous n'irez pas le lui réclamer demain (irrévocabilité). Cet acte pourrait vous être opposé (j'ai bien vu que tu donnais 20 cts à un guitariste crasseux). Le plus probable reste malgré tout que vous vous replongiez dans votre journal et que votre geste aille rapidement se nicher dans des zones de votre mémoire très proches de l'oubli.

4 / Pourtant, dans certaines circonstances, le processus d'engagement aurait pu se poursuivre. Imaginez que votre voisin de compartiment, irrité par votre obole, se soit mis à déblatérer sur cette faune glauque et malodorante qui vous persécute jusque dans le métro. Quelqu'un vient donc de mettre en cause une attitude qui justifie l'acte de générosité que vous venez de réaliser. Engagé comme vous l'êtes, des programmes d'ajustement vont se trouver activés.

4 *a* / Un programme d'ajustement sociocognitif pourrait bien déboucher sur une consolidation de cette attitude (vous serez encore plus sensible à la nécessité d'aider les malheureux).

4 *b* / Un programme d'ajustement comportemental risque, lui, de vous précipiter dans une vive discussion, vous amenant à prendre le parti des nécessiteux, voire des musiciens, sans lesquels le métro et ses longs couloirs seraient plutôt tristounets, discussion dans laquelle vous ne vous seriez jamais laissé entraîner si les circonstances et votre humeur du jour n'avaient pas été propices à un petit geste de solida-

rité. Il se peut aussi que vous vous surpreniez un peu plus tard à aider un voyageur à porter sa valise, le premier service rendu (donner 20 cts), vous ayant prédisposé à en rendre d'autres (effet de pied-dans-la-porte avec demande implicite).

Résumons-nous. Le processus d'engagement est enclenché lorsqu'un acte, réalisé dans certaines conditions, a sollicité une instance attributive.

Ce processus peut, selon les circonstances, s'interrompre ou se poursuivre. S'il se poursuit, les attitudes (conséquences sociocognitives) et/ou les agissements ultérieurs (conséquences comportementales) de l'acteur s'en trouveront affectés.

Comment produire de l'engagement ?

La question « Comment produire de l'engagement ? » revient à se demander quelles sont ces conditions situationnelles qui feront d'un acte donné un acte engageant, c'est-à-dire un acte qui pourra être opposé à celui qui l'a réalisé par un quelconque attributeur (qu'il s'agisse de l'acteur lui-même ou d'un observateur). Ces conditions sont maintenant bien établies. Nous avons pris l'option de les regrouper en deux grandes catégories. La première correspond à l'idée intuitive de « taille »[1] de l'acte, la seconde regroupe les facteurs ayant trait aux raisons de l'acte.

1 / La taille de l'acte

L'engagement augmente avec la taille de l'acte.

Plusieurs facteurs donneront de la substance à cette idée intuitive de taille de l'acte. Ils peuvent être regroupés en deux sous-catégories : la visibilité de l'acte et l'importance de l'acte.

1. Nous préférons parler de *taille de l'acte* plutôt que de *grandeur de l'acte,* expression qui sémantiquement peut prêter à confusion. Il reste qu'avec l'idée de taille de l'acte, nous sommes assez proche de ce que Moles et Rohmer (1977, p. 71) appellent « grandeur de l'acte » lorsqu'ils cherchent, dans leur théorie des actes, des critères pour étudier les actes indépendamment de leur signification.

a) La visibilité de l'acte : un acte est d'autant plus engageant qu'il est socialement visible. Cette visibilité est fonction de quatre facteurs qui ont fait l'objet de recherches spécifiques[1].

— *Le caractère public (par opposition à anonyme) de l'acte.* Vous serez, évidemment, moins engagé par la signature d'une pétition si le militant se satisfait d'un gribouillage parfaitement illisible, que s'il se montre exigeant au point de s'assurer que vous avez bien fait figurer dans les colonnes réservées à cet effet vos nom, prénoms, adresse et profession.

Imaginez que vous trouvant dans une manifestation contre la politique salariale de M. Brède, premier ministre de la République dolmate, il vous advienne de scander, avec quelques amis, un slogan bien frappé : « Avec Brède, c'est trop raide, avec Brède, c'est trop raide... » Vous serez plus engagé si une caméra de la télévision dolmate a son œil braqué sur vous que si vous êtes perdu, anonyme parmi les anonymes, au cœur de la cohorte.

— *Le caractère explicite (par opposition à ambigu) de l'acte.* Qu'il est loin le temps des manifestations. Vous avez quelques années de plus et ce soir-là vous dînez chez des amis BCBG. On ne parle que du second tour des élections présidentielles dolmates qui s'annonce plutôt serré. Il fallait s'y attendre, la discussion porte maintenant sur l'opportunité de voter pour M. Brède, premier ministre de choc du gouvernement sortant. L'ambiance feutrée et chaleureuse prête à opiner aux propos des uns et des autres. Près de vous quelqu'un lance avec conviction : « Croyez-moi, Brède serait le meilleur Président. »

Comme il se doit vous opinez, comme vous auriez opiné si cet invité avait lancé : « Croyez-moi, Brède ne serait pas le plus mauvais Président. »

Vous êtes pourtant plus engagé par votre conviviale approbation que vous ne l'auriez été dans le second cas. En effet, la proposition que vous venez de valider en opinant du chef est claire et ne souffre d'au-

1. Nous n'évoquerons pas ces recherches. Elles sont bien connues des psychologues sociaux. Le lecteur voudra bien nous faire ici confiance ou se reporter à l'un de nos écrits précédents (Beauvois et Joule, 1981 ; Joule, 1999) ou à Kiesler (1971).

cune ambiguïté. La seconde proposition, celle que les circonstances ne vous ont pas demandé d'approuver, est, quant à elle, plus ambiguë ; elle permet toute une palette d'interprétations, des interprétations favorables à M. Brède, mais aussi des interprétations plus tièdes et pouvant même aller jusqu'à la réserve.

— *L'irrévocabilité de l'acte.* On est plus engagé par des actes irrévocables que par des actes qui ne le sont pas. Cet acte peut consister, par exemple, à prendre en pension complète les enfants d'une voisine durant un week-end. Par un beau vendredi soir, Frédérique et Benjamin, trois et cinq ans, se retrouvent donc chez vous. Vous serez moins engagé dans cet acte d'assistance à mère célibataire en détresse si vous savez que, votre voisine étant là, vous avez la possibilité de ramener les gosses à la maison à n'importe quelle heure du jour ou de la nuit, si d'aventure ils se montraient insupportables, que si vous savez que, maman étant partie skier à Courchevel, il vous faudra boire le calice jusqu'à la lie. Si la dimension irrévocabilité/révocabilité porte, ici, sur un acte à proprement parler (les enfants étant là, il faut bien les garder), elle peut aussi porter sur la décision de faire ou de ne pas faire quelque chose. S'il s'agit encore d'actes, c'est d'actes décisionnels dont cette fois il est question. Il va sans dire, qu'ayant pris une décision, vous serez moins engagé si vous pouvez revenir sur votre décision que si vous ne le pouvez pas. La loi sur le crédit est, de ce point de vue, désengageante puisqu'elle impose dix jours de réflexion avant l'acceptation des offres proposées. La loi permet aussi de dénoncer pendant plusieurs jours certains contrats de vente qu'on a pu être amené à signer.

Un facteur essentiel de révocabilité est le temps. Qui douterait que le temps qui passe permette de légitimer les retournements les plus spectaculaires ? Aussi, serez-vous plus engagé par une promesse à court terme (« Je te promets de m'arrêter de fumer demain ») que par une promesse dont le terme est plus lointain (« Je te promets de m'arrêter de fumer le mois prochain, à Pâques ou encore à la Trinité »). Chacun sait que, comme le dit le proverbe, « mieux vaut tenir que courir ».

— *La répétition de l'acte.* Un acte vous engagera d'autant plus que vous l'aurez réalisé plusieurs fois. Votre voisin vient vous emprunter votre tronçonneuse. Vous pourriez refuser (les arguments ne manquent pas) mais vous acceptez. Une semaine plus tard, il vous prie de la lui prêter à nouveau. Vous acceptez encore. Voilà qu'il vous dérange quinze jours plus tard pour la même raison. Chaque fois vous êtes un peu plus engagé, au point qu'il vous devient de plus en plus difficile de refuser. Vous continuez donc à vous montrer serviable. Gageons que d'ici peu votre voisin rangera la tronçonneuse dans son atelier afin de ne plus avoir à vous déranger. Ne faites pas votre mauvaise tête, en cas de besoin – si toutefois vous ne craignez pas d'entraver vos relations de bon voisinage – vous pourrez toujours aller la lui emprunter. Mais si vous avez cette crainte, il ne vous restera plus qu'à aller vous en racheter une, en vous disant que le nouveau modèle maintenant disponible sur le marché est plus performant que le précédent.

Les quatre facteurs que nous venons d'évoquer (caractère public, caractère explicite, irrévocabilité et répétition) concourent à la visibilité sociale de l'acte et permettent donc de produire de l'engagement. Ils peuvent évidemment aller ensemble et on se doute que l'acte réalisé sera d'autant plus engageant que plusieurs de ces facteurs lui sont associés. Ainsi, un acte public, explicite, irrévocable et répété est-il particulièrement visible et, conséquemment, particulièrement engageant.

b) L'importance de l'acte : un acte est d'autant plus engageant qu'il est important. Nous avons regroupé ici deux facteurs rarement associés dans la littérature : les conséquences de l'acte et le coût de l'acte.

— *Les conséquences de l'acte.* Ce premier facteur a fait l'objet de très nombreuses recherches dans l'une des situations les plus étudiées par les psychologues sociaux : la situation de *soumission forcée* (voir Beauvois et Joule, 1996). Dans cette situation, les sujets sont conduits à réaliser des actes allant à l'encontre de leurs attitudes ou de leurs motivations. Ils sont conduits, par exemple, à dire le contraire de ce qu'ils pensent, à se priver de tabac, de boisson ou de nourriture alors qu'ils n'en ont nulle envie, à manger un plat qu'ils n'aiment pas, etc. On ne compte plus les recherches qui montrent que de tels actes sont plus engageants si on peut leur associer des conséquences réelles ou prévisibles. Dans une célèbre recherche, les sujets devaient rédiger un plaidoyer pour la légalisation de la marijuana alors qu'ils y étaient opposés. On faisait savoir à certains d'entre eux que leur plaidoyer serait entendu par des adolescents facilement influençables et à d'autres qu'il serait entendu par des adolescents qui ne l'étaient pas. L'enjeu n'était donc pas mince. Ce n'est pas la même chose de pousser des ados à consommer de la drogue en sachant qu'ils n'attendent que cela pour se laisser glisser sur la mauvaise pente que de le faire en sachant qu'ils sont suffisamment matures pour résister à votre invite. On comprend que le plaidoyer puisse être plus engageant dans le premier cas que dans le second.

Dans une recherche plus célèbre encore, des sujets venant de se livrer à une longue tâche des plus rébarbatives étaient conduits à convaincre quelqu'un qui s'apprêtait à la réaliser de son attrait. La conséquence, pour être moins dramatique que précédemment, n'en était pas moins indiscutable : une personne à qui je ne veux aucun mal pourrait bien, par ma faute, en baver. Dans ces deux recherches, l'engagement est lié aux conséquences que l'acte du sujet (le plaidoyer) risque d'avoir pour autrui (consommer de la marijuana dans un cas, en baver dans l'autre). Mais l'engagement peut aussi bien être lié aux conséquences de l'acte pour le sujet lui-même. Dans l'une des recherches qui en témoignent, des enfants étaient conduits à manger des épinards, légumes qu'ils n'aimaient guère. Les conséquences (devoir en manger à la maison) étaient introduites par l'expérimentateur lorsqu'il leur faisait savoir que leurs parents en seraient informés. La portée écologique de cette recherche n'échappera à personne. Pensons à toutes ces situations dans lesquelles quelqu'un (grand ou petit) dit à un enfant : « Si tu fais ceci (ou si tu continues à faire ceci) je le dirai à ton père (ou à ta mère) ». Cette façon de mettre en avant les conséquences qu'un acte peut avoir pour celui qui l'a réalisé est donc plutôt classique et les maîtres chanteurs savent les avantages qu'ils peuvent en retirer. D'ailleurs, de nombreux théoriciens tiennent les conséquences de l'acte comme l'un des facteurs d'engagement les plus importants[1].

1. Cooper et Fazio (1984) considèrent que l'on ne doit rien attendre d'un acte sans conséquence, autre façon de dire qu'un acte sans conséquence ne peut être tenu pour engageant.

— *Le coût de l'acte.* Le coût de l'acte est le second facteur déterminant l'importance de l'acte. Il a été particulièrement étudié dans la situation de pied-dans-la-porte, tant il est facile, dans cette situation, de faire varier le coût de l'acte préparatoire sur quelques critères quantitatifs. Répondre à deux, cinq ou quinze questions, porter la valise d'un inconnu sur quelques mètres ou sur plusieurs centaines de mètres, aider un touriste à trouver son chemin pendant une minute ou pendant cinq, donner 20 cts ou 2 €... constituent à l'évidence des actes de coûts différents. Il en ressort que l'engagement augmente avec le coût de l'acte.

Il est clair que le critère quantitatif utilisé ici (nombre de questions, distance, temps, argent) confère au coût de l'acte un caractère objectif. Mais il est tout aussi clair que ce caractère objectif doit être relativisé, un même coût objectif pouvant donner lieu à des variations subjectives. Nous ne disons pas : imaginaires ou irrationnelles. Répondre à quinze questions quand on est pressé ou quand on dispose de tout son temps, ce n'est pas pareil. Ce n'est pas pareil non plus de donner 2 € selon qu'il vous reste 80 € ou 800 € pour finir le mois. Pour être subjectives (nous avons emprunté ce terme à Kiesler), ces variations ne sont pas le fait de distorsions fantaisistes qui renverraient l'engagement à une individualité insaisissable. Elles peuvent être appréciées objectivement, au point que des observateurs disposant des mêmes informations que l'acteur lui-même (le temps, l'argent dont il dispose...) et ayant, en quelque sorte, le rôle d'attributeur seraient en mesure d'apprécier le coût de l'acte pour déterminer s'il peut ou non être opposé à l'acteur. Vous voyez deux personnes donner 2 € à un SDF qui fait la manche dans la rue. Vous savez que la première vit chichement alors que la seconde ne sait que faire de son argent. Attributeur externe, vous jugerez que l'acte est plus coûteux pour la première personne que pour la seconde et vous imputerez un lien entre l'acteur et son acte plus fort ici que là.

Nous venons de répertorier les facteurs d'engagement correspondant à l'idée de « taille » de l'acte. Reste donc à nous intéresser aux facteurs ayant trait aux raisons de l'acte.

2 / Les raisons de l'acte

a) Les raisons d'ordre externe désengagent. Deux grands types de raisons d'ordre externe retiendront notre attention : les récompenses et les punitions. Tant pis si les managers et les pédagogues sursautent, mais nous devons à la vérité de dire que les récompenses désengagent. Ainsi, à faire le même travail, une personne bien rémunérée sera moins engagée qu'une personne peu et *a fortiori* pas rémunérée du tout. Ce dernier cas est bien celui des bénévoles donc chacun s'accorde à reconnaître l'extrême dévouement. Les justifications monétaires, et de façon plus générale les récompenses, constituent d'un point de vue purement hédoniste des motifs de satisfaction. Les théoriciens de l'apprentissage évoqueraient à leur propos le concept de renforcement positif. Les menaces, quant à elles, correspondent à la volonté d'éviter des renforcements négatifs. C'est le cas lorsqu'un enfant est conduit sous la menace à en passer par où l'adulte souhaite qu'il en passe. Rien d'étonnant alors à ce que les menaces aient exactement les mêmes effets que les récompenses : plus elles sont importantes, plus elles désengagent. Soit deux enfants se brossant les dents avant d'aller se coucher. Cela n'a pas été chose facile, mais l'un et l'autre ont fini par obtempérer. Ne pas obéir à papa, c'était pour Pierre encourir le risque d'être grondé et pour Paul de prendre une bonne raclée. Évidemment, l'engagement de Pierre est plus fort que celui de Paul, tout comme si papa avait promis, à l'heure de la toilette, des clopinettes au premier et une bicyclette au second.

À côté des récompenses et des punitions, un troisième type de raisons d'ordre externe mérite d'être évoqué. Il s'agit des raisons purement fonctionnelles et qui peuvent le plus souvent être formulées en termes de moyens/but. Comme il en va des récompenses et des punitions, plus elles sont fortes, moins elles engagent. Vous serez donc peu engagé par un acte si sa réalisation est indispensable à l'atteinte d'un but important pour autrui. Ainsi, des sujets qui ont accepté, pour aider un expérimentateur, de faire une certaine tâche seront-ils moins engagés dans cette tâche s'ils savent que la recherche à laquelle ils participent est susceptible de conduire à un prix Nobel, que s'ils savent au contraire que cette recherche est scientifiquement peu féconde.

b) Les raisons d'ordre interne engagent. À l'inverse des raisons d'ordre externe qui, aux yeux de l'attributeur, créent de la distance entre l'acteur et son acte, les raisons d'ordre interne, lorsqu'il s'en trouve, réduisent cette distance. La plupart du temps la personne qui se comporte est assez grande pour s'autodistribuer des attributions internes, y compris dans les situations extrêmes. C'est d'ailleurs dans ces situations que le caractère potentiellement pervers de l'internalité va pouvoir apparaître. Un comble en guise d'exemple : les sujets de Comer et Lair (1975) se trouvèrent des raisons internes au fait d'avoir été tirés au sort pour manger des vers de terre ! Incroyable, dans une situation de pur hasard, ils en arrivent encore à voir en eux-mêmes, dans leurs caractéristiques personnelles, les justifications de ce qui leur arrive. Si les uns aiment à penser « ça ne pouvait tomber que sur moi, je suis un pauvre mec qui attire les tuiles », là où les autres préfèrent croire : « heureusement que c'est tombé sur moi, je suis le genre de gars qui peut assumer ça », il reste que les uns comme les autres font leur miel de ce qu'il faut bien appeler des explications internes. Maintenant, lorsque la personne qui vient d'agir, ou qui s'apprête à le faire, ne produit pas spontanément ces explications internes, on peut toujours les lui signifier afin de mieux l'engager dans son acte. C'est précisément ce qu'a fait avec succès Grusec (1983). Après s'être arrangée pour qu'un enfant aide un petit copain dans l'embarras, elle commentait le service rendu en disant : « Tu es vraiment quelqu'un de généreux », mettant ainsi en avant une explication interne. Ces quelques mots suffisent à démultiplier les effets de l'engagement induits par le comportement d'entraide. Cette façon de procéder n'est pas sans intérêt, les explications internes renforçant l'association acteur/acte aux yeux de l'attributeur, on va pouvoir produire de l'engagement à peu de frais. Quelques mots bien sentis peuvent suffire (« Je reconnais bien là ta gentillesse, ou ton courage, ou ta détermination, etc. »), quelques mots qui vont d'ailleurs aussitôt trouver chez l'acteur toute la connivence à laquelle le prédispose une norme sociale ô combien prégnante dans les sociétés libérales : la norme d'internalité (cf. Dubois, 1994 ; 1998). Il n'en demeure pas moins que les explications internes ont un prérequis. Ce prérequis correspond à ce que les Anglo-Saxons appellent le *libre choix* et à ce que nous appelons, plus volontiers, la *déclaration de liberté* ou, plus volontiers encore, le *contexte de liberté.*

c) Le contexte de liberté. Pour qu'un attributeur puisse élaborer des raisons internes (ce qu'il fait par défaut) il doit présupposer que l'acte sur lequel il se prononce a été réalisé par une personne libre. Dans le cas inverse, en effet, la soumission du sujet suffisant à expliquer son acte, il n'y aurait plus aucune légitimité à rechercher dans sa nature les ressorts de sa conduite. Or, rien de plus facile que de créer un contexte de liberté. Il suffit d'assortir la requête faite à l'acteur d'une phrase affirmant qu'il est libre de faire ou de ne pas faire ce qu'on attend de lui. Nous tenons cette phrase pour l'une des plus fascinantes de la littérature scientifique (voir Beauvois, 2005). Cinquante années de recherches nous montrent qu'elle est un puissant facteur d'engagement des gens dans leurs actes, certainement même le facteur d'engagement le plus puissant. D'ailleurs la plupart des théoriciens font du *libre choix* une condition nécessaire à l'engagement, qu'il soit énoncé sous une forme explicite ou, plus subtilement, sous une forme implicite. Il ne faudrait surtout pas croire que les gens déclarés libres se comportent comme s'ils étaient effectivement libres en refusant de se soumettre. Ces mêmes cinquante années de recherches nous montrent exactement le contraire. Vous pouvez être rassuré, la déclaration de liberté n'affecte en rien la probabilité que quelqu'un accède à votre demande, pour peu évidemment que vous sachiez vous y prendre. Cela n'a rien de bien sorcier. Un acte préparatoire judicieusement choisi, éventuellement deux, et le tour est joué, voilà votre femme ou votre maîtresse, votre mari ou votre amant, votre fils, votre voisin ou votre employé prédisposés à se comporter comme il vous plaît. Pourquoi alors se priver d'une petite formule du genre « Maintenant Chérie, c'est à toi de voir, ne te crois surtout pas obligée » ou « Je te laisse carte blanche, fiston, fais comme tu veux » ou encore « Cher Monsieur, je comprendrais très bien que vous refusiez, vous êtes naturellement libre d'agir comme il vous plaira », lorsque l'on sait d'abord qu'elle ne réduit pas nos chances d'obtenir satisfaction et lorsque l'on sait ensuite que cette formule, sitôt prononcée, va faire du comportement obtenu le principe actif des effets d'engagement et donc des modifications à venir de la pensée et de l'action. De là à penser qu'il s'agit, dans les cultures humanistes et libérales qui sont les nôtres, d'une formule magique, d'un véritable *abracadabra*, il n'y a qu'un pas que, pour notre part, nous n'avons plus guère d'hésitation à franchir.

Résumons-nous. Pour obtenir l'engagement d'un partenaire dans un acte :

— le déclarer libre ;
— mettre en relief les conséquences de son acte ;
— choisir un acte de coût élevé (rechercher le coût maximum de l'acte qui sera accepté) ;
— rendre l'acte le plus visible possible :
  - lui donner un caractère public ;
  - souligner le caractère explicite de sa signification ;
  - faire en sorte que tout retour en arrière soit impossible ;
  - ne pas hésiter à faire réaliser cet acte plusieurs fois (ou, s'il s'agit de décision, à faire réitérer la décision prise) ;
— éviter toute justification d'ordre externe (pas plus de promesses de récompense que de menaces de punition) ;
— avancer une explication interne.

Si vous parvenez à tenir compte de toutes ces recommandations, votre partenaire sera engagé jusqu'au cou. Soit. Mais, le mieux étant parfois l'ennemi du bien, vous vous satisferez le plus souvent d'un clavier plus restreint. Si vous obtenez que votre partenaire, déclaré libre, réalise un acte ayant quelques conséquences palpables, sans disposer pour cela de justification d'ordre externe, vous pourrez néanmoins tabler sur d'importants effets d'engagement sur le plan cognitif, comme sur le plan comportemental.

Le moment est venu d'évoquer ces effets de façon plus systématique que nous ne l'avons fait jusqu'à présent. Certains d'entre eux nous sont déjà familiers, le chapitre précédent nous ayant donné l'occasion d'en illustrer plus d'un ; mais d'autres ne le sont pas et justifieront que l'on s'y arrête plus longuement.

QUELS SONT LES EFFETS DE L'ENGAGEMENT ?

Il est, avant toute chose, nécessaire de faire une distinction entre deux types d'actes qui peuvent vous engager. Les premiers sont des actes *non problématiques*, en ceci qu'ils ne vont à l'encontre d'aucune de vos attitudes ou motivations. Ainsi, en est-il lorsque vous acceptez de répondre aux questions d'un enquêteur, lorsque vous signez une pétition pour défendre quelque noble cause, lorsque vous consacrez un peu de votre temps pour aider un touriste à retrouver son chemin, lorsque vous défendez haut et fort votre point de vue, etc. Les seconds sont, à l'inverse, des actes *problématiques* dans la mesure où ils vont à l'encontre de vos attitudes ou de vos motivations. On peut donc supposer que la personne qui parvient à les obtenir de vous n'est pas un simple enquêteur, un simple militant ou un simple touriste. Il s'agit plutôt d'un chef, d'un parent, d'un enseignant, d'un chercheur, bref de quelqu'un qui dispose d'un certain pouvoir formel et auquel il est moins aisé de dire non. Il peut s'agir aussi d'un intervenant dont chacun sait qu'il n'est jamais considéré comme un pair par les membres de l'organisation ayant fait appel à ses bons services. Comme le donne à attendre une analyse du pouvoir (Beauvois, 1994, 2005), ces actes problématiques sont eux-mêmes de deux types. Le premier type ressemble aux prescriptions d'obligations. Les gens sont amenés à faire quelque chose qu'ils n'auraient pas fait spontanément (manger un plat répugnant, réaliser une tâche rébarbative, défendre une cause à laquelle ils n'adhèrent pas, etc.). Le second type ressemble aux prescriptions d'interdits. Cette fois, les gens sont amenés à ne pas faire ce qu'ils feraient volontiers (se priver de boisson, de nourriture ou de tabac, s'amuser avec un jouet passionnant, etc.). Tous ces actes, problématiques ou pas, pour peu qu'ils aient été réalisés dans un contexte d'engagement, vont affecter les attitudes et les comportements à venir. Le lecteur connaît les effets comportementaux de l'engagement. Il sait notamment que l'engagement dans un acte rend cet acte plus stable (effet de gel, d'amorçage) et rend plus probable l'émission ultérieure d'actes plus coûteux allant dans le même sens (effet de pied-dans-la-porte, de leurre). Il ne sait rien en revanche, ou presque, sur les effets cognitifs de l'engagement. Mais cessons de ménager le suspense et venons-en au fait.

Les effets de l'engagement dans un acte non problématique

Dans son ouvrage de 1971, Kiesler rapporte une recherche conduite sur le terrain qui illustre parfaitement les effets de l'engagement dans un acte non problématique des plus faciles à obtenir et des plus typiques des pratiques militantes ayant cours dans nos démocraties : la signature d'une pétition à l'appui d'une cause à laquelle on croit. Cette recherche, que l'on doit à Kiesler lui-même, Mathog, Pool et Howenstine, fut réalisée auprès de jeunes femmes « libérales » d'un campus de New Haven, favorables à l'instauration d'une information sur le contrôle des naissances dans les *high schools*. Elle se déroula en trois phases.

— *Phase 1*. La moitié de ces jeunes femmes étaient sollicitées à leur domicile. Le chercheur, qui se présentait comme un militant bon teint, les invitait à signer une pétition (acte engageant) en faveur de l'instauration d'une information sur le contrôle des naissances dans les *high schools* de la communauté. Cette pétition allait donc dans le sens de leurs idées et, en bonne logique, elles acceptèrent de la signer. On n'a aucune raison de penser que les jeunes femmes n'ayant pas été sollicitées – l'autre moitié donc – se seraient comportées différemment. Si ces dernières ne signèrent pas la pétition, c'est tout simplement parce que personne ne leur avait demandé de le faire. Ce qui compte ici ce ne sont point les idées que les unes et les autres peuvent avoir, mais l'émission ou la non-émission d'un acte engageant, engageant parce que public, conséquent, irrévocable, explicite, décidé en toute liberté et en dehors de toute sanction (ni punition, ni récompense).

— *Phase 2*. Le jour suivant, 50 % des femmes constituant l'échantillon initial (une moitié d'entre elles ayant été sollicitées pour signer la pétition, l'autre ne l'ayant pas été) trouvèrent, glissé sous leur porte, un tract s'élevant avec vigueur contre l'instauration d'une information sur le contrôle des naissances dans les *high schools* (contre-propagande). Ce tract allait donc à l'encontre des convictions personnelles de chacune d'entre elles.

— *Phase 3.* Toutes les femmes recevaient la visite d'un second chercheur. Il se présentait comme un enquêteur réalisant une étude sur la vie communautaire dans New Haven. C'est donc dans le cadre de cette étude fictive que l'ensemble des sujets furent amenés à répondre à plusieurs questions permettant de connaître leur position à l'égard de l'instauration d'une information sur le contrôle des naissances. Ces questions posées, l'enquêteur leur demandait si elles accepteraient de s'adonner à certaines activités militantes (appels téléphoniques, distribution de tracts, etc.) en faveur d'une meilleure information sur le contrôle des naissances. Cette façon de procéder permettait d'obtenir une double information. Une information sur les opinions (pour ou contre l'instauration d'une information sur le contrôle des naissances) et une information sur les comportements à venir (activités militantes auxquelles on souhaite prendre part).

Les résultats montrent que le simple fait d'avoir été amené à signer une pétition (acte préparatoire engageant) modifie à la fois les opinions et les conduites ultérieures. D'une part, les femmes engagées (celles ayant signé la pétition) sont les plus favorables à l'instauration d'une information sur le contrôle des naissances ; d'autre part, elles se montrent plus enclines que les autres à s'investir dans des activités militantes. Mais on constate aussi un phénomène qui, pour être curieux, n'en est pas moins totalement compatible avec la théorie de l'engagement. La contre-propagande a pour effet de donner aux sujets engagés encore plus envie de s'adonner à des activités militantes (effet boomerang). Elle a l'effet inverse pour les sujets qui ne le sont pas : lorsque les jeunes femmes n'ont pas été sollicitées pour signer la pétition, elles se laissent influencer par la contre-propagande au point d'être moins disposées à faire du prosélytisme.

L'effet boomerang (changement dans le sens inverse de celui que la contre-propagande était censée engendrer) obtenu par Kiesler, Mathog, Pool et Howenstine sur le plan des comportements a pu aussi être observé sur le plan des attitudes. Ainsi, non seulement l'engagement rend plus résistant aux contre-propagandes, attaques et agressions idéologiques en tous genres, mais encore peut-il arriver que les défenses mises en œuvre par les individus pour résister se traduisent par une « extrémisation » de leur opinion initiale. La portée de ces considérations est considérable dans le champ du combat politique et de la lutte idéologique. Nous avons de bonnes raisons de penser qu'une argumentation antiraciste, par exemple, a pour effet de rendre une personne raciste, pour peu qu'elle soit engagée dans un acte raciste, encore plus raciste ! La personne dont nous parlons n'a rien d'hypothétique. Pensons au quotidien à un militant raciste : affiches que l'on colle, tracts que l'on distribue, rassemblements auxquels on participe, insignes que l'on arbore, etc., autant d'actes racistes (publics, conséquents, librement décidés...) qui évidemment engagent. Pensons aussi à toutes ces personnes, ni meilleures, ni pires que les autres, s'étant, pour des raisons qui leur appartiennent, laissé aller, à la faveur de quelque élection, à voter pour un parti raciste. Le débat d'idées, s'il grandit toujours la démocratie, est donc, hélas, porteur d'effets pervers.

Une nouvelle recherche conduite auprès d'étudiants, va nous permettre de mieux cerner à quoi tient l'engagement. Deux dollars de plus ou de moins, cela peut paraître dérisoire. Dérisoire ? Oui et non. Oui, si l'on n'a pas besoin d'argent, mais si on est étudiant... Dans ce cas, sachant que l'engagement dans un acte décroît avec les justifications qui lui sont associées, il faut bien s'attendre à quelques différences. Et en matière de différence, on va être servi. La recherche en question a encore été réalisée par Kiesler (cf. Kiesler, 1977). Ses sujets – des étudiants donc – sont, comme on s'en doute, favorables à une cogestion étudiants-professeurs des programmes universitaires d'enseignement. Kiesler a d'ailleurs préalablement pris le soin de s'en assurer (mesures préexpérimentales d'attitude). Pas de surprise, les étudiants concernés sont bien pour une telle cogestion. Sans entrer dans le détail des trois temps de cette recherche, nous rappellerons que tous étaient d'abord conduits à rédiger le texte d'une page prônant les avantages de la cogestion étudiants-professeurs, un texte donc parfaitement conforme à leurs idées (1er temps : réalisation d'un acte non problématique). Leur acceptation étant obtenue dans un contexte de liberté, les uns recevaient la modique somme d'un demi-dollar, les autres la somme plus rondelette de deux dollars et demi. Un peu plus tard, ils étaient tous soumis à une contre-propagande (2e temps : agression idéologique). Cette contre-propagande avait la forme d'un texte s'opposant violemment au principe même d'une cogestion étudiants-enseignants des programmes universitaires. On laissait les étudiants prendre connaissance de ce texte avant de mesurer à nouveau leur attitude à l'égard de la cogestion étudiants-professeurs (3e temps : mesures postexpérimentales). Comme attendu, les effets de la contre-propagande furent très différents chez les sujets ayant reçu un demi-dollar et chez les sujets en ayant reçu deux et demi. Les étudiants les moins rémunérés (et par conséquent les plus engagés) résistèrent à la propagande. La vigueur de cette résistance est telle qu'ils modifièrent même leur attitude initiale dans le sens contraire à la contre-propagande. Ainsi, étaient-ils, après la recherche, plus favorables à la cogestion qu'ils ne l'étaient avant (effet boomerang). À l'inverse, les étudiants les mieux rémunérés (les moins engagés) furent influencés par leur lecture et modifièrent, quant à eux, leur attitude dans le sens de la contre-propagande. On voit donc que les justifications externes (ici l'argent) peuvent réduire les effets de l'engagement jusqu'à les annuler complètement.

Dans la recherche que nous venons de rapporter, tout se passe un peu comme si la rémunération diminuait le coût de l'acte pour le sujet. À rebours, on peut se demander, en prenant au pied de la lettre l'idée de coût, si le fait de perdre de l'argent n'aurait pas pour conséquence d'engager plus avant un sujet dans son acte ? Tout ce que nous savons de l'engagement nous incite à croire qu'il ne peut qu'en être ainsi. Imaginons une personne antiraciste, connue pour ses actes militants, répétés, publics, librement décidés, donc parfaitement engagée par ces actes. Imaginons encore que cette personne se voie un jour privée de quelque avantage (par exemple monétaire), précisément parce qu'elle est antiraciste. On peut s'attendre à ce qu'un tel manque à gagner renforce encore son engagement militant au point de la conduire à redoubler d'effort dans son combat. C'est ce qu'il adviendrait si l'employeur qui devait vous embaucher vous fermait soudainement la porte de son entreprise après que vous l'ayiez informé de vos opinions. Pour preuve, cette recherche de Marlowe, Frager et Nuttall (1965). Des étudiants antiracistes étaient d'abord invités à exprimer leurs attitudes à l'égard des Noirs. S'étant exécutés, ils avaient la désagréable surprise d'apprendre que leurs attitudes antiracistes étaient incompatibles avec le job qu'ils convoitaient. Cette information ôtait chez certains tout espoir de gagner les 20 $ qu'était censé leur rapporter ce travail et à d'autres l'espoir, bien plus dérisoire, de gagner 1 $ et demi. Comme attendu, les premiers – c'est-à-dire ceux qui avaient le plus pâti de leurs attitudes antiracistes – acceptèrent en plus grand nombre de servir bénévolement de guide à des Noirs en visite à Harvard ! On le voit, on est non seulement engagé par des actes qui nous rapportent peu, mais encore par des actes qui nous font perdre beaucoup. Et cela se comprend bien.

Dans les deux recherches que nous venons d'évoquer, les chercheurs, en jouant sur la rémunération, jouent en fait sur le lien que l'acteur est susceptible d'établir entre lui-même et son acte. Dans certaines circonstances, ce lien se trouve distendu (fortes récompenses, faibles pertes) et dans d'autres il se trouve, au contraire, renforcé (faibles récompenses, fortes pertes). Ainsi, l'acteur se sert-il des informations dont il dispose (ce qu'il a fait, les conditions dans lesquelles il a fait ce qu'il a fait) pour établir un lien entre lui et ses actes et finalement se reconnaître ou non dans ces agissements. Mais il peut aussi bien s'abreuver à d'autres sources d'information. On sait, notamment que, pour connaître leurs états internes (ce qu'ils pensent ou ce qu'ils ressentent), les gens se fient volontiers à ce que font d'autres personnes placées dans la même situation qu'eux. Schachter et Singer (1962) ont pu ainsi montrer que des personnes chez qui on avait éveillé un état émotionnel particulier (accélération du cœur, tremblements, rougeur du visage, etc.) par injection d'une substance chimique se fiaient aux comportements d'un pair pour interpréter ce qu'ils pouvaient bien ressentir. Ce pair (en fait un compère) avait pour consigne de se montrer, avec certains, nerveux et en proie à des accès incontrôlés de colère et, avec d'autres, guilleret et en proie à des crises de fou rire. Bien que le même état émotionnel ait été éveillé chez tout le monde, les premiers exprimèrent des réactions très différentes des seconds, les uns et les autres calquant finalement leur humeur sur celle du compère.

Si une émotion, un état interne donc, peut être induit par un « modèle », il devrait en aller de même des autres états internes. On peut alors se demander si l'engagement ne pourrait pas être, sinon induit, du moins affecté par un modèle. Restons dans le cadre des activités militantes. Supposons qu'une personne venant de réaliser un acte militant soit confrontée à un modèle s'étant comporté comme elle, mais faisant valoir tantôt qu'il existe un lien indéfectible entre ce qu'il a fait et ce qu'il est, et tantôt que ce lien est plutôt distendu. C'est très opportunément ce qu'a fait Kiesler (Kiesler, Nisbett et Zanna, 1969) dans une recherche déjà ancienne. Pour aider les chercheurs, tous les sujets avaient accepté de réaliser un acte militant. Il s'agissait de défendre une « bonne cause » : convaincre un passant de signer une pétition contre la pollution atmosphérique. Un compère, censé avoir accepté de réaliser un acte militant analogue, faisait savoir à la moitié d'entre eux qu'il était heureux de le faire, parce qu'il croyait en la cause à défendre (justification interne) et à l'autre moitié, qu'il était heureux de le faire parce qu'il croyait que la recherche était scientifiquement importante (justification externe). En procédant de cette façon, Kiesler espérait que le compère servirait de modèle aux sujets en leur donnant à croire que leur comportement militant et leurs convictions personnelles étaient liés dans un cas mais pas dans l'autre. Comme attendu, les effets de l'engagement ne furent observés que chez les sujets induits par le modèle à penser que leur acte militant reflétait leurs idées, ces sujets se montrant, au terme de la recherche, plus opposés à la pollution qu'ils ne l'étaient avant. Rien de tel chez les sujets induits à penser que leur acte militant s'expliquait par l'importance scientifique de la recherche, ces derniers ne modifiant pas d'un iota leurs idées. Les effets de l'engagement se firent également sentir sur le plan comportemental, les sujets soumis à une justification interne se révélant plus disposés que les autres à lutter contre la pollution atmosphérique[1].

Les quelques recherches qui viennent d'être rapportées, nous montrent à quel point il est finalement aisé de créer des circonstances qui engagent les gens dans des actes conformes à leurs convictions, c'est-à-dire dans des actes non problématiques. Aisé, mais pas sans conséquence, puisqu'il en va, nous l'avons vu, des attitudes et des comportements à venir. Les attitudes en sortent systématiquement renforcées. Elles peuvent même l'être au point de devenir plus extrêmes, si d'aventure elles se trouvaient menacées. C'est la raison pour laquelle il est le plus souvent vain de s'attacher à convaincre un militant que la cause qu'il sert n'est pas juste. De telles tentatives persuasives ne peuvent que le conduire à plus d'extrémisme. Il serait tout aussi vain, et peut-être pire encore, de recourir à des arguments plus musclés ; la bastonnade d'un militant ne peut que renforcer, plus encore, le lien qui existe entre lui et ses actes. Sans doute en va-t-il pareillement des diverses formes de punitions dont les familles ont le secret. « Une bonne correction n'a jamais fait de mal à personne » se plaît à dire la sagesse populaire. Si la sagesse populaire veut signifier par là qu'une bonne correction peut faire comprendre à qui la reçoit qu'il n'a pas intérêt à recommencer, elle présuppose en même temps qu'il est dans sa nature de recommencer. D'où la grande sagesse de la sagesse populaire. De deux choses l'une. Ou la personne punie était engagée dans l'acte ayant entraîné la punition, auquel cas la correction n'aura d'autre effet que de renforcer le lien entre elle et ses actes. Elle recommencera donc, à ceci près – pas folle – qu'elle évitera d'être prise en recommençant. Ou la personne punie n'était pas engagée dans son acte (« Je ne l'ai pas fait exprès », « Ce n'est pas moi », « C'est pas de ma faute », etc.), auquel cas il est probable que la punition ait bien les effets escomptés, à ceci près que les enfants passant leur temps à faire

1. La *théorie de l'identification* de l'action qui va être évoquée à la fin de ce chapitre nous aidera à comprendre ces résultats. En fait, le compère a permis aux sujets d'« identifier » leur action dans un cas comme un acte militant et dans un autre comme un service à un chercheur. Et cela fait toute la différence.

des choses « sans faire exprès », une nouvelle correction risque de s'avérer imminente, puis une autre et une autre encore, pour des raisons chaque fois différentes. Dans les deux cas la correction ne peut donc être tenue pour une panacée.

Mais refermons cette parenthèse et revenons aux effets de l'engagement dans des actes non problématiques. En fait, ce n'est pas tant sur le plan des attitudes que l'engagement dans de tels actes a les effets les plus spectaculaires, c'est bien plutôt sur le plan comportemental : consolidation des décisions, persévération dans un cours d'actions, répétitions de comportements anciens, production de nouveaux comportements, y compris plus coûteux. Voilà pourquoi la théorie de l'engagement n'a pas sa pareille pour un intervenant soucieux de favoriser l'émergence de comportements nouveaux dans la cité.

Les effets de l'engagement dans un acte problématique

Nous venons de le dire, il est aisé d'amener quelqu'un à se comporter conformément à ses idées. Il est évidemment plus difficile d'amener quelqu'un à faire des choses allant à l'encontre de ses idées ou à tourner le dos à ses désirs, bref de l'amener à réaliser des actes problématiques. Plus difficile, certes, mais n'exagérons rien. Il suffit généralement d'un brin de pouvoir pour obtenir, par exemple, de son enfant qu'il range sa chambre ou qu'il apprenne sa récitation, de son subordonné qu'il se charge d'un travail fastidieux, peut-être même qu'il vous raccompagne chez vous lorsque votre voiture est en panne, autant d'actes problématiques que les circonstances peuvent rendre plus ou moins engageants, exactement comme les circonstances pouvaient rendre plus ou moins engageants les actes non problématiques.

Les effets de l'engagement dans un acte problématique, comme les effets de l'engagement dans un acte non problématique peuvent être observés sur le plan des attitudes et sur le plan des comportements (Beauvois et Joule, 1996 ; Joule et Beauvois, 1998). Pour mettre de l'ordre dans la grande famille des comportements problématiques que peuvent obtenir les agents de pouvoir, nous tiendrons compte des deux critères que nous avons déjà eu l'occasion d'évoquer. Ces actes peuvent être problématiques, soit parce qu'ils heurtent nos idées (attitudes, convictions...), soit parce qu'ils s'opposent à nos motivations, ceci pour un premier critère. Mais il peut s'agir également, et c'est là le second critère, de prescriptions d'obligations ou de prescriptions d'interdits.

La première recherche que nous évoquerons pour illustrer les effets de l'engagement dans un acte problématique met en scène une prescription d'obligation qui débouche sur la réalisation d'un acte allant à l'encontre d'une attitude des sujets : rédiger un texte prenant fait et cause pour la police dans une récente affaire. Il faut dire que les sujets sont des étudiants et que l'affaire en question avait fait grand bruit dans le microcosme estudiantin. Et pour cause, ce n'est pas tous les jours que les forces de l'ordre interviennent sur les campus universitaires et, cette fois-là, les policiers n'y étaient pas allés avec le dos de la cuillère pour maîtriser les manifestations étudiantes. Les étudiants avaient, comme on l'imagine, trouvé cette intervention choquante et injustifiée. C'est dans ce contexte explosif que Cohen demanda à des étudiants de New Haven, où l'intervention policière venait d'avoir lieu, d'écrire un texte justifiant l'action de la police[1]. En contrepartie, ils percevaient une rémunération. Certains recevaient un demi-dollar, d'autres un dollar, d'autres encore cinq dollars, d'autres enfin dix dollars. L'essai rédigé, ils se voyaient demander ce qu'ils pensaient personnellement de l'intervention de la police. Comme attendu, leurs réponses furent tributaires de la rémunération touchée, les étudiants trouvant cette façon policière d'en finir avec les manifestations étudiantes d'autant plus justifiée que la rémunération dont ils avaient pu bénéficier était faible. Au terme du plaidoyer, si les étudiants ayant reçu dix dollars avaient campé sur leur position, les étudiants les moins rémunérés avaient, pour leur part, considérablement modifié leur attitude, au point de trouver maintenant l'intervention des forces de l'ordre « assez

1. Cette recherche de 1959 est décrite dans Brehm et Cohen (1962). Comme c'est le cas dans la plupart des recherches portant sur cette situation expérimentale (situation de « jeu de rôle contre-attitudinel »), le nombre de refus est très faible, avoisinant 0 %.

justifiée » ! Comme quoi, l'engagement dans un acte problématique peut, dans certaines conditions, affecter les attitudes – et même les attitudes idéologiquement marquées. Que le changement d'attitude diminue lorsque les justifications externes (ici l'argent) augmentent a de quoi surprendre. Sans doute s'agit-il là d'une découverte des plus troublantes de la psychologie sociale expérimentale. Nos intuitions ne nous incitent-elles pas à penser qu'une personne croira d'autant plus à ce qu'elle a fait que cela lui a rapporté gros ? Pourtant, la récompense, en tant que justification externe, « fonctionne » ici exactement comme nous l'avons vu fonctionner avec les actes non problématiques : les effets de l'engagement s'estompent, jusqu'à disparaître lorsqu'on fournit aux gens de fortes justifications, et 10 $, en 1959, lorsque l'on est étudiant, c'est énorme.

Les résultats de Cohen ne doivent pas être pris à la légère. Ils ne tiennent pas du miracle. Depuis la fin des années 50, en effet, de très nombreuses recherches sont venues les confirmer, montrant, elles aussi, que quelqu'un croit d'autant moins à ce qu'il est amené à dire que la récompense qu'il reçoit en échange est élevée. Ce phénomène n'est toutefois pas systématique. Il n'est observé que lorsque les gens peuvent être considérés comme engagés dans leur conduite, et notamment lorsqu'ils ont été laissés libres d'accepter ou de refuser d'agir comme il le leur était demandé.

L'expérience de Cohen mettait en scène une obligation de type *attitudinel,* les gens devant réaliser un acte contraire à l'une de leurs attitudes. D'autres expériences mettent en scène des obligations de type *motivationnel,* les actes dont il est cette fois question étant contraires aux motivations des gens. Ainsi, en est-il lorsque quelqu'un est conduit à se livrer à un travail fastidieux dont il se serait bien volontiers dispensé. Pour peu que son acceptation ait été obtenue dans un contexte de liberté – d'engagement donc – il en vient à trouver son labeur intéressant. Dans une de nos propres recherches, par exemple, des étudiants ayant librement accepté de coller des confettis sur toutes les lettres « *a* » d'un texte trouvaient cette tâche intéressante au point de lui attribuer une note supérieure à 9 sur 11, alors que les étudiants auxquels la même tâche avait été imposée ne lui attribuaient guère que la note de 2 (Beauvois, Michel, Py, Rainis et Somat, 1996). Dans d'autres recherches, des sujets acceptèrent de manger des plats aussi peu appétissants, dans nos cultures, que des sauterelles grillées ou des vers de terre. À nouveau, les sujets déclarés libres en arrivaient à trouver « mangeables » ces mets qu'ils trouvaient franchement dégoûtants quelques heures auparavant.

Les gens soumis à une obligation sont conduits à faire ce qu'il n'ont nulle envie de faire. Les gens soumis à un interdit vont être conduits à ne pas faire ce qu'ils ont envie de faire. Pour peu que cet interdit leur ait été notifié dans un contexte d'engagement (contexte de liberté, faibles justifications externes), ils en arrivent, comme on va le voir, à moins désirer faire ce qu'ils se sont abstenus de faire. Là encore les psychologues sociaux ont donné libre cours à leur imagination. Dans une expérience qui allait être au point de départ d'une longue série, Aronson et Carlsmith (1963) demandèrent à des enfants d'une école maternelle de classer plusieurs jouets par ordre de préférence. Ce classement établi, l'expérimentateur prétendait devoir s'absenter quelques instants. Il signifiait alors clairement aux enfants qu'en son absence, il leur était défendu de s'amuser avec l'un des jouets. L'interdit portait sur un jouet très attractif, en fait, sur le jouet classé par l'enfant en deuxième position. Il assortissait son injonction, soit d'une menace très légère (« Si tu jouais avec, je serais fâché »), soit d'une menace plus sévère (« Si tu jouais avec, je serais très en colère, j'emporterais tous les jouets chez moi... »). À son retour, dix minutes plus tard, les enfants étaient invités à procéder à un nouveau classement. Il fut conforme aux attentes des chercheurs, la menace légère conduisant à une dépréciation du jouet interdit, contrairement à la menace sévère avec laquelle le jouet interdit conservait tout son attrait.

Que personne ne s'y trompe, les adultes ne sont pas moins sensibles que les enfants aux circonstances dans lesquelles ils sont amenés à ne pas faire ce qu'ils aimeraient bien faire, qu'il s'agisse de se priver de tabac, de boisson, de nourriture ou de tout autre chose. À nouveau, les effets de l'engagement (ici, le fait d'avoir moins envie de faire ce qui vient d'être interdit) dépendent des circonstances : ces effets diminuent lorsqu'augmentent les justifications dont on dispose (sanctions en tous genres, menaces de représailles ou de punitions, promesses de récompense, etc.).

Ce rapide tour d'horizon nous montre que les gens, petits ou grands, modifient après coup leurs attitudes ou leurs motivations afin de les rendre plus conformes à ce qu'ils ont pu faire ou à ce qu'ils se sont interdit de faire. Nous sommes là en présence d'un processus bien connu des psychologues sociaux : le processus de rationalisation. La rationalisation est précisément le processus par lequel une personne ajuste *a posteriori* ce qu'elle pense (ses attitudes) ou ce qu'elle ressent (ses motivations) à l'acte qu'un agent de pouvoir a su obtenir d'elle. La rationalisation se traduit donc par la modification d'états internes que la personne dévoile à l'occasion des réponses qu'elle peut fournir à la faveur de quelque questionnaire ou de quelque entretien. De ce point de vue, la rationalisation d'un acte problématique est un phénomène équivalent au phénomène de consolidation des attitudes qu'on a vu faire suite à l'engagement dans un acte non problématique. Si différents facteurs affectent l'importance du processus de rationalisation, il en est un cependant qui prend le pas sur tous les autres : avoir ou n'avoir pas été déclaré libre d'agir comme on l'entend. La rationalisation, en effet, ne s'observe, répétons-le, que dans les contextes de liberté. Revenons à l'effet de la récompense. On ne compte plus les recherches qui montrent que les gens déclarés libres modifient d'autant moins leurs attitudes dans le sens d'un meilleur accord avec ce qu'ils ont pu faire que la récompense perçue en échange est forte. On a coutume d'appeler cet effet des plus contre intuitifs : *effet de rationalisation*. Mais on ne compte pas davantage les recherches qui montrent, au contraire, que les gens contraints modifient d'autant plus leurs attitudes dans le sens d'un meilleur accord avec ce qu'ils font qu'ils sont fortement récompensés, l'effet de rationalisation cédant alors tout bonnement le pas à l'effet classique de renforcement (voir figure ci-après).

Mais l'engagement dans des actes problématiques ne débouche pas seulement sur des effets de rationalisation ; l'engagement dans de tels actes peut aussi donner lieu à de beaux effets comportementaux. Et les effets observés par Freedman (1965) peuvent effectivement être quali-

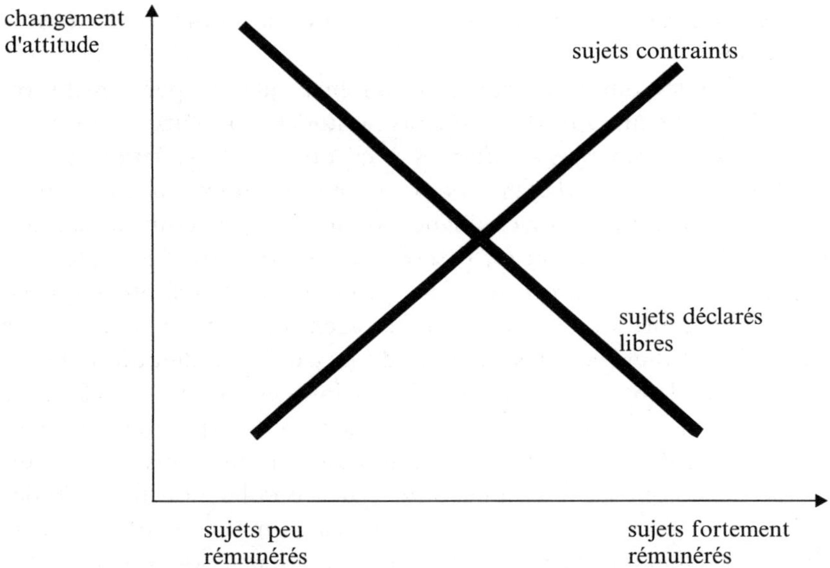

Effet de dissonance (chez les sujets déclarés libres)
et effet de renforcement (chez les sujets contraints)
dans la situation de soumission forcée

fiés de beaux. Son observation concerne des enfants placés dans la « situation du jouet interdit ». On se souvient que dans cette situation un adulte s'arrange pour que des enfants s'abstiennent de s'amuser avec un jouet attrayant. On se souvient aussi que l'adulte assortit sa demande, soit d'une forte menace, soit d'une faible menace, l'effet de rationalisation (dépréciation du jouet interdit) n'étant observé que dans le second cas. L'expérience de Freedman va plus loin. Plusieurs semaines plus tard, dans un cadre différent, les enfants étaient laissés entièrement libres de s'amuser avec tous les jouets, y compris avec le jouet sur lequel avait porté l'interdit lors de la phase précédente. Pour tous les enfants, l'interdit avait porté sur le même jouet : un robot. Les résultats ont de quoi laisser songeurs parents et éducateurs : si 67 % des enfants qui avaient fait l'objet de la forte menace jouèrent cette fois-ci avec le robot, il ne s'en trouva que 29 % parmi les enfants qui avaient été faiblement menacés. La conclusion qui s'impose est claire. Si vous avez obtenu quelque chose sous la menace, vous avez peu de chance de voir votre enfant continuer de se comporter en votre absence comme vous souhaitez qu'il le fasse. Mais si vous avez obtenu la même chose en ayant recours à une menace, à ce point dérisoire qu'on peut se demander s'il s'agit encore d'une menace, vous pouvez partir tranquille, les chances que votre enfant tienne compte de vos recommandations sont maximales. Qu'on le déplore ou qu'on s'en félicite, en matière d'intériorisation des normes parentales, les pédagogies « libérales » surpassent en efficacité les pédagogies traditionnelles qui font de l'autorité leur credo et des sanctions leurs choux gras. La recherche de Freedman n'est pas unique en son genre. À notre avis, toutefois, celle qui illustre le mieux ce que l'on peut attendre d'une pédagogie engageante est encore celle de Lepper (1973). L'expérience de Lepper ressemble à s'y méprendre aux précédentes, des enfants étant encore placés dans la « situation du jouet interdit ». La première phase n'a rien de neuf. Voilà des enfants qui à nouveau sont conduits à ne pas toucher à un jouet très attirant, l'adulte ayant recours à une forte menace avec certains et à une faible menace avec d'autres. Ce qui nous intéresse va se dérouler quelques semaines plus tard lors d'une seconde phase. Un autre adulte propose à ces enfants de réaliser un test susceptible de leur permettre de gagner des prix intéressants. Mais le score à atteindre pour gagner est tel que les enfants ne peuvent y parvenir qu'en trichant. Naturellement tout est fait pour leur donner le sentiment que les risques d'être pris sont à peu près nuls. Il fut observé que les enfants qui s'étaient montrés obéissants en ne jouant pas avec le jouet interdit trichaient bien moins lorsque leur obéissance avait été obtenue dans un contexte de faible menace que lorsqu'elle avait été obtenue dans un contexte de forte menace. On admettra donc que les premiers ont mieux appris que les seconds à résister à la tentation.

L'expérience de Freedman nous a montré que les enfants les plus engagés (les moins menacés) résistaient mieux que les autres à la tentation de s'amuser ultérieurement avec le jouet interdit ; l'expérience de Lepper montre, elle, que les enfants les plus engagés résistent ultérieurement mieux que les autres aux tentations en général et, notamment, à celle de tricher. C'est dire à quel point une pédagogie de l'engagement peut faciliter l'intériorisation des normes et des valeurs inscrites dans les rapports éducatifs et, de façon plus générale, des normes et valeurs socialement utiles.

Les enfants ne sont pas les seuls à être sensibles aux effets de l'engagement dans un interdit. De tels effets ont pu également être observés chez des adultes conduits à se priver de nourriture, de boisson, de tabac, etc. Encore une fois, les personnes disposant de peu de justifications (celles, par exemple, qui se sont vu offrir les plus faibles récompenses) ne se contentent pas de rationaliser leur privation en trouvant celle-ci plus facile que les autres. Au terme de la privation, elles se comportent exactement comme si elles avaient moins faim, moins soif, comme si elles avaient moins envie de fumer, etc. Nous voulons dire par là qu'elles mangent moins, boivent moins et fument moins alors qu'elles sont totalement dégagées de l'interdit et qu'elles peuvent satisfaire, comme elles l'entendent, leurs envies. On a même pu observer, au terme de la privation, que le taux de glycémie des personnes s'étant privées de nourriture était tributaire de la rémunération qu'elles avaient perçue, ces mesures attestant d'un niveau physiologique d'inanition d'autant plus faible que la rémunération, elle-même, l'était. Mais ce n'est pas tout, elles peuvent aussi se montrer plus enclines à faire par la suite des choses encore plus coûteuses pour peu que ces choses cadrent avec la logique comportementale dans laquelle elles ont été engagées. Ainsi, de véritables effets de pied-dans-la-porte ont-ils pu être obtenus, une courte privation (de nourriture, de boisson ou de tabac) prédisposant celles et ceux qui ont bien voulu s'y adonner à s'en infliger de plus longues. Pour notre part, nous avons pu montrer que des fumeurs, dont la consommation moyenne dépassait un paquet par jour, acceptaient volontiers de se priver de tabac durant une vingtaine d'heures (en fait de dix-sept ou dix-huit heures jusqu'au lendemain midi), après avoir été amenés à s'abstenir de fumer pendant deux petites heures, ce que refusaient naturellement des fumeurs d'un groupe contrôle à qui on n'avait pas demandé au préalable de suspendre deux heures durant leur consommation de tabac (cf. Joule, 1987).

Les divers effets comportementaux dont il vient d'être question font suite à des interdits. Mais l'engagement dans des obligations peut aussi avoir des effets tout aussi spectaculaires. En matière de résultats spectaculaires, difficile d'aller plus loin que Comer et Laird (1975). Les effets observés par ces chercheurs sont à proprement parler ahurissants : des personnes, comme vous et nous, parfaitement normales donc, se portèrent volontaires dans des proportions que nul n'oserait imaginer (un sur trois) pour manger un ver de terre ! L'explication ? Elles avaient simplement auparavant accepté de prendre part à une expérience dans laquelle un tirage au sort les avait désignées pour ingérer un ver de terre. Si les choses en étaient restées là, ces résultats, pourraient encore s'expliquer par la volonté des sujets de respecter, coûte que coûte les règles du jeu. Mais elles n'en restaient pas là. Le tirage au sort effectué, on changeait les règles du jeu, afin que les malchanceux aient finalement le choix entre manger le ver ou faire autre chose de parfaitement anodin, en l'occurrence, se livrer à une tâche insignifiante. Malgré cela, et alors donc qu'ils auraient pu s'en dispenser, un tiers d'entre eux choisit néanmoins d'en baver. Il s'en trouva même quelques-uns pour préférer des chocs électriques à une tâche insignifiante[1]. Engagement, engagement, quand tu nous tiens... Cet exemple d'effets comportementaux de l'engagement dans une obligation n'a rien de réjouissant, puisqu'il nous montre combien les gens sont prompts à profiter des occasions qui se présentent pour en baver un peu. On se doute que l'engagement dans les obligations peut aussi avoir des effets plus sympathiques. S'il peut conduire les gens à décider d'en baver un peu, il doit pouvoir également les conduire à devenir des personnes bien sous tous rapports, bref des enfants ou des gendres parfaits. Vous venez d'obtenir de Damien, votre cadet, qu'il se lave les mains avant de passer à table. Vous avez soigneusement évité toute affirmation de pouvoir, vous vous êtes gardé de parler de punitions

1. Cette situation est identique à la précédente à ceci près, qu'après avoir été tirés au sort pour manger un ver, les sujets expérimentaux, n'ont plus le choix entre manger un ver et faire une tâche insignifiante. Ils ont le choix entre recevoir des chocs électriques et faire une telle tâche.

comme de récompenses[1]. Ce serait un comble si, ayant obtenu un tel acte, dans un tel contexte d'engagement, cet acte restait sans effet. Sur le plan cognitif, votre enfant devait en arriver à penser, la première fois, que ne n'est pas désagréable de se laver les mains et, au bout d'un certain temps, qu'il aime avoir les mains propres pour manger. Sur le plan comportemental, votre fiston pourrait bien vous surprendre en prenant lui-même l'initiative de se laver les mains avant le prochain repas, voire même en adoptant bientôt de nouvelles habitudes d'hygiène, comme par exemple, se laver les dents après les repas.

Sur le plan des comportements, l'engagement dans des actes problématiques a donc des effets assez semblables aux effets de l'engagement dans des actes non problématiques : stabilisation de l'acte, réalisation de nouveaux comportements plus coûteux, généralisation à d'autres comportements. Sur le plan des attitudes, les effets de l'engagement dans des actes problématiques sont, en revanche, plus spécifiques, l'engagement dans de tels actes conduisant souvent à des changements d'attitude et à leur rationalisation.

Nous conclurons ces développements sur les effets qui sont ceux de l'engagement sur le plan cognitif et sur le plan comportemental par un schéma récapitulatif.

Un acte étant obtenu dans des conditions particulières assimilables à des facteurs d'engagement (libre choix, caractère public, irrévocabilité, etc.), on doit s'attendre :

— sur le plan cognitif, s'il s'agit d'un acte non problématique, à une consolidation des attitudes, à une plus grande résistance aux agressions idéologiques, voire à une extrémisation de l'attitude initiale en cas d'agressions (effet boomerang) et, s'il s'agit d'un acte

1. Qu'on ne nous pense pas plus naïfs que nous ne le sommes. Si un Monsieur (l'expérimentateur), pour peu qu'il soit introduit par le Directeur de l'École, obtient assez facilement d'écoliers qu'ils se soumettent en toute liberté, c'est dans un contexte dépourvu d'histoire, l'autorité pouvant en quelque sorte s'exercer *ex nihilo*. C'est la raison pour laquelle une institutrice, et *a fortiori* une maman, aura plus de difficulté à être aussi bien entendue. Dans le même ordre d'idée, un intervenant extérieur peut avoir plus de facilité qu'un chef pour obtenir d'un salarié de nouveaux comportements.

problématique, à un ajustement de l'attitude à cet acte (effet de rationalisation) ;

— sur le plan comportemental, qu'il s'agisse d'actes non problématiques ou qu'il s'agisse d'actes problématiques, à une stabilisation du comportement (effet de gel, effet d'amorçage), à la réalisation de nouveaux comportements plus coûteux (effet de pied-dans-la-porte, de leurre), ainsi qu'à une généralisation à d'autres comportements (effet de pied-dans-la-porte et de leurre également).

IDENTIFICATION DE L'ACTION ET ENGAGEMENT

Il ne nous reste plus, pour clore ce chapitre, qu'à introduire une nouvelle idée qu'il convient d'associer au concept d'engagement. Cette idée est importante sur le plan théorique aussi bien que pratique. Pour que l'engagement dans un acte, problématique ou non, ait bien les effets que nous venons de décrire, il faut, certes, qu'il ait bien produit un lien entre la personne et son acte, mais encore que cet acte puisse être considéré comme représentatif d'une catégorie d'actes. Ainsi, pourra-t-on s'attendre à ce que l'engagement dans un acte prédispose non seulement à la reproduction de cet acte particulier, mais encore à la réalisation d'autres actes pour peu qu'ils appartiennent à la catégorie que cet acte évoque. Prenons un exemple. Quelqu'un vous demande de distribuer des tracts contre la pollution atmosphérique. Vous acceptez. Toute la question est de savoir comment vous allez catégoriser votre acte ou encore, comme le disent Wegner, Vallacher et leurs collaborateurs (1984), comment vous allez l'identifier. Vous pouvez bien sûr l'identifier comme un acte militant écologiste et dans ce cas vous serez prédisposé à coller des affiches contre les centrales atomiques. Vous pouvez aussi l'identifier comme un acte militant tout court. Vous serez alors prédisposé à coller des affiches pour toutes les causes militantes qui ont votre faveur, et non plus seulement pour les causes écologistes. Mais vous pouvez aussi bien identifier votre acte comme un acte serviable, comme un service rendu à quelqu'un qui en avait tout simplement besoin. Dans ce cas, vous serez plutôt prédisposé à rendre d'autres services, comme prêter votre voiture, signaler la perte d'un objet, donner un coup de main, etc., ce qui est très différent. Il importe donc de savoir que les gens sont engagés dans des *actes identifiés* et que c'est cette identification qui détermine la nature des conséquences de l'engagement[1]. La théorie de l'identification de l'action contient quelques propositions que tout praticien de l'engagement se doit de ne jamais perdre de vue. La proposition de base revient à considérer que les gens peuvent identifier une action donnée à des niveaux hiérarchiques différents. Soit une ménagère cassant un œuf. Demandez-lui ce qu'elle est en train de faire. Elle n'utilisera pas, pour vous répondre, le niveau d'identification le plus bas, celui-ci n'étant que très exceptionnellement utilisé. On n'a jamais vu une ménagère répondre à une telle question : « Tu le vois, je frappe un œuf sur un bol. » De même, vous n'obtiendrez que rarement la réponse de niveau immédiatement supérieur : « Je casse un œuf. » Elle préférera vous dire : « Je fais une omelette », réponse de niveau quelque peu plus élevé, ou plus probablement : « Je fais la cuisine » ou « Je prépare le repas ». À de tels niveaux d'identification, en vérité, pas très élevés, les catégorisations comportementales sont finalement bien circonscrites et ne donnent lieu qu'à peu d'incertitude. Si la réponse est « Je fais une omelette », on imaginera aisément tous les autres actes catégorisés par cette identification : battre les œufs, prendre une poêle, allumer le gaz, etc. Il en aurait été tout autrement, si la ménagère vous avait répondu : « Je m'emploie à essayer de faire plaisir à mon petit mari qui ne va pas tarder à rentrer », réponse de niveau déjà très supérieur aux précédents, ou si la ménagère était allée jusqu'à vous dire : « Je participe à

1. Une histoire drôle : chacun sait que Léo Durond fut élevé de façon fort libérale. Son père le découvrit un jour se lavant les pieds avant de partir pour une promenade à vélo. S'étant étonné de cet étrange comportement, il obtint de Léo la réponse suivante : « Tu m'as appris libéralement, Papa, à me laver les mains avant de m'en servir pour manger. Je veux te montrer à quel point je suis sensible aux effets comportementaux de l'engagement en me lavant les pieds avant de m'en servir pour pédaler. » Ceux qui connaissent le jeune Léo connaissent aussi les côtés caustiques de son intelligence. Sans doute a-t-il voulu par ce pied de nez sensibiliser son père à l'importance de l'identification de l'action dans les pédagogies libérales.

l'entretien de la force de travail du prolétariat », réponse à ce point élevé qu'elle exige des contextes très particuliers (seule une militante après une manifestation pourrait sans doute tenir un tel propos). Toujours est-il que, plus le niveau d'identification est élevé, plus la catégorisation comportementale sollicitée suscite de l'incertitude. Ainsi, aurait-on beaucoup de mal, en voyant une ménagère casser un œuf, à imaginer les actes catégorisés par une identification comme : « Je m'emploie à essayer de faire plaisir à mon petit mari qui ne va pas tarder à rentrer », ou encore comme : « Je participe à l'entretien de la force de travail du prolétariat. » Or, et c'est là une autre proposition de la théorie de l'identification de l'action, les gens préfèrent identifier leurs actes à des niveaux élevés, à des niveaux donc n'allant pas sans incertitude.

Admettre que l'engagement dans un acte est aussi un engagement dans un acte identifié ou, si l'on préfère, dans l'identification de cet acte, a de sérieuses conséquences sur le plan de la pratique, un intervenant se devant de veiller tout particulièrement à ce que les actes qu'il a su obtenir débouchent sur les identifications dont il a besoin et ne débouchent surtout pas sur des identifications dysfonctionnelles. Lors des campagnes destinées à promouvoir l'usage du préservatif chez les lycéens, on a quelquefois demandé à certains d'entre eux de réaliser un petit film. Comment ne pas s'en féliciter ? Cette façon de procéder, qui puise ses racines dans la psychologie de l'engagement, devrait s'avérer efficace, au moins pour les adolescents ayant directement pris part au tournage, ce qui après tout n'est déjà pas si mal. Ces metteurs en scène, comédiens, scénaristes en herbe étant, en effet, bel et bien engagés, on devrait pouvoir tabler sur les effets de l'engagement en matière de prévention et s'attendre donc à ce qu'ils se montrent désormais plus prompts à utiliser des préservatifs. Ce n'est, hélas, que rarement le cas. Pourquoi ? Pour le savoir, la prochaine fois que vous verrez des lycéens faire leur cinéma, vous n'aurez qu'à leur demander ce qu'ils sont en train de faire. S'ils vous répondent : « On fait du cinéma », « On apprend à faire un film », « On réalise une œuvre artistique » ou encore « On s'exprime » ou « On prend notre pied », vous pouvez être sûr que l'intervention est ratée. Si l'équipe de tournage est engagée, elle n'est en rien prédisposée à se prémunir contre les risques de Sida. Elle est plutôt prédisposée à faire d'autres films, des montages diapos et peut-être même à animer le ciné-club du lycée, ce qui, s'agissant de prévention, n'est probablement pas le plus efficace. Les choses auraient été très différentes s'il vous avait été répondu : « Nous luttons contre le Sida », seule identification porteuse des effets attendus. N'en déplaise à certains, nous craignons que quelques campagnes anti-Sida, réalisées ici ou là, dans tel ou tel lycée, par telle ou telle bonne volonté, à trop vouloir caresser les jeunes dans le sens du poil, les aient conduits à des identifications pour le moins inutiles. La bonne volonté n'est malheureusement pas davantage que les bons sentiments un gage d'efficacité.

Chapitre 4

Économiser l'énergie

PRÉALABLE

Le lecteur connaît maintenant la théorie de l'engagement et les principales procédures testées par les psychologues sociaux qui permettent de peser efficacement sur les comportements et sur les attitudes des gens. Ces procédures nous les avons vues à l'œuvre dans le laboratoire, aussi bien que sur le terrain, dans le cadre de recherches à caractère expérimental visant à administrer la preuve de leur efficience. Nous allons les retrouver, mais cette fois c'est de leurs applications scientifiques dont il va être question. Ces applications portent sur des domaines critiques de la vie sociale où leur utilité pratique apparaîtra clairement. Nous verrons ainsi comment ces procédures peuvent permettre de faire de substantielles économies d'énergie. Nous verrons aussi qu'elles peuvent se montrer particulièrement performantes dans la lutte contre les accidents de travail. Nous verrons enfin comment elles peuvent conduire des lycéens à adopter des comportements de prévention à l'endroit du Sida.

C'est donc à un parcours au sein de la psychologie sociale appliquée aux bonnes causes que nous convions le lecteur. Celui-ci doit d'ailleurs savoir que toutes les applications que nous venons d'évoquer ont été réalisées par les auteurs eux-mêmes ou sous leur responsabilité. C'est uniquement à ce titre qu'elles seront privilégiées dans cet ouvrage. Il va sans dire que les mêmes techniques d'engagement ont été mises au service d'autres causes tout aussi nobles (don du sang, aide aux associations caritatives, recyclage des déchets, etc., cf. Katzev et Wang, 1994), ainsi qu'à des causes dont la noblesse est toute libérale (promotion des ventes, management, etc.).

Mais avant de nous engager dans ce parcours, nous souhaiterions nous arrêter au contexte général de nos interventions. Pourquoi cacher qu'il nous a toujours été demandé d'intervenir dans un domaine dans lequel d'autres professionnels (experts en communication, psychologues, psychologues sociaux, etc.) avaient déjà travaillé. C'est ainsi que dans le domaine des économies d'énergie, l'institution dans laquelle nous sommes intervenus avait déjà abrité plusieurs opérations. Ces opérations antérieures peuvent être qualifiées d'opérations de sensibilisation, les personnels hospitaliers concernés s'étant vu remettre des brochures, présenter des films, inviter à des débats, autant d'actions destinées à les sensibiliser à la nécessité d'économiser l'énergie. Nos commanditaires avaient donc des points de comparaison concernant les différentes pratiques d'intervention et leurs effets. Le contexte dans lequel nous sommes intervenus pour promouvoir l'usage des préservatifs dans une population de lycéennes et de lycéens n'est pas différent. Là encore cette population avait été la cible d'opérations diverses se voulant parfaitement adaptées à la jeunesse, opérations de sensibilisation bien sûr (distribution de bandes dessinées dans lesquelles le héros sort ses préservatifs aussi vite que Lucky Lucke ses revolvers), mais aussi opérations de persuasion (distribution de tracts, invitations à des conférences). Il en va de même dans le milieu de l'entreprise où l'on ne nous avait pas davantage attendus pour promouvoir la sécurité et le respect des consignes (affiches sanguinolentes, livret-sécurité, etc.). Nous ne sommes donc jamais intervenus sur des terrains particulièrement vierges. Bien souvent les commanditaires avaient apprécié quelques effets d'opérations antérieures sur les représentations, les attitudes et les savoirs. Ainsi, les personnels hospitaliers soumis aux campagnes anti-gaspi, avaient-ils modifié certaines de leurs idées sur les économies d'énergie. Ils les jugeaient, semble-t-il, plus utiles et plus légitimes qu'auparavant. Quant aux lycéens, ayant été la cible de campagnes de prévention contre le Sida, ils en étaient venus à avoir des vues moins péjoratives du préservatif, et même à trouver ces campagnes intéressantes. Mais tous les commanditaires qui se sont adressés à nous déploraient le peu d'efficacité des opérations conduites jusqu'alors sur le plan des actes. Et de fait, ce qu'attendent les commanditaires de telles opérations se mesure aux actes plus qu'aux paroles ou aux croyances. Ils souhaitent que des économies d'énergie soient bien réalisées, et cela s'observe au compteur, ou encore que des travailleurs mettent leur harnais, leur casque et leurs lunettes de sécurité, et cela se voit, ou enfin que les lycéens utilisent des préservatifs, ce qui est moins commodément observable. Les changements de mentalité sont intéressants s'ils accompagnent un véritable changement comportemental. En son absence, ils ne peuvent guère satisfaire que l'intervenant. Seuls, en effet, des changements effectifs de pratiques peuvent réduire la consommation d'électricité, éviter les accidents du travail, enrayer la propagation du Sida. Nous touchons là un aspect assez général des recherches-actions que nous avons conduites et dans lesquelles on nous a finalement demandé de réussir là où les autres avaient échoué. Elles portent sur des causes où des changements d'attitudes, de représentations ou de croyances, sont possibles, parfois même faciles à obtenir, mais où l'enjeu reste fondamentalement un enjeu comportemental (éteindre la lumière, mettre ses lunettes de sécurité, utiliser un préservatif...). D'ailleurs, c'est délibérément que la plupart de ces commanditaires ont fait appel à nous. Ils avaient lu notre *Petit traité de manipulation à l'usage des honnêtes gens* ou notre article sur la *Psychologie de la soumission* paru dans *La Recherche,* en 1988, ou d'autres textes moins grand public. Ils nous demandaient donc explicitement, de mettre les théories et les techniques évoquées dans ces écrits au service de leur propre cause. Il nous était évidemment agréable de penser que leur cause était d'intérêt général, quand il n'en allait pas de la vie même des gens.

Dans les recherches-actions qui vont être rapportées, l'objectif était donc d'obtenir de nouveaux comportements, comportements probablement coûteux, puisqu'ils n'avaient pu être obtenus par les voies traditionnelles de l'information, de la persuasion ou de la sensibilisation. Les voies traditionnelles tablent sur la modification de ce que les gens ont dans la tête (croyances, motivation, savoirs, attitudes). Malheureusement, il ne suffit pas de changer les idées des gens pour changer leurs comportements. La théorie de l'engagement nous incite bien plutôt à tabler sur la réalisation d'actes préparatoires susceptibles de prédisposer ceux qui les réalisent à faire par la suite ce qu'on attend d'eux.

En quoi consiste donc une intervention basée sur la théorie de l'engagement ? Elle consiste, pour l'essentiel, à offrir aux gens des opportunités de réaliser des actes qui les engagent dans un cours d'actions débouchant sur le (ou les) comportement(s) attendu(s). L'observation de ce qui se passe dans un groupe contrôle dans lequel ces opportunités n'ont pas été offertes, ou de ce qui se passait avant qu'elles ne soient offertes, permet de s'assurer que c'est bien à nos interventions, et à elles seules, que l'on peut imputer les effets observés. Une telle démarche trouve sa première illustration dans la recherche-action dont nous allons rendre compte maintenant. Il s'agissait d'amener les personnels d'un service hospitalier à économiser l'énergie.

LE CADRE DE L'INTERVENTION

Le choc pétrolier et la montée du dollar, à la fin des années 70 et au début des années 80, ont conduit les Dolmates, comme les Français, à retirer le tigre qu'ils avaient mis dans leur moteur et à faire quelques infidélités à la fée électricité. Il faut désormais faire des économies d'énergie.

Souvenons-nous : si le pétrole manquait, les idées, elles, ne manquaient pas. La plus naturelle consistait à faire des campagnes d'information visant à persuader le public de la nécessité nationale qu'il y avait désormais à moins chauffer les appartements (à 17° avec un bon pull, on est bien !), de rouler en douceur, d'arrêter le moteur dans les embouteillages, de partager son bain, d'isoler les maisons du sol au plafond, etc. Mais était-ce une si bonne idée ? Non. Des chercheurs américains avaient, en effet, pu montrer que de telles campagnes étaient d'une efficacité très limitée, en tout cas d'une efficacité bien moindre que des interventions basées sur la théorie de l'engagement. C'est le cas notamment de Pallak (Pallak et Cummings, 1976 ; Pallak, Cook et Sullivan, 1980) qui compara l'efficacité d'une campagne d'information auprès d'un groupe d'usagers à celle d'un engagement pris dans le même temps par un autre groupe d'usagers. La recherche de Pallak et ses collègues (1980) vaut un détour car elle montre que, pour être efficaces, les stratégies d'engagement se doivent d'être effectivement engageantes, l'obtention de simples petits « oui », nous le savons, pouvant n'être jamais suivie d'effets. Il s'agissait donc d'inciter les citoyens américains à faire des économies d'énergie. La recherche commença au début de l'hiver. Dans une condition expérimentale on prit contact avec les habitants de l'Iowa, qui chauffaient leur maison au gaz, pour les inviter à faire des économies de gaz durant l'hiver. Dans ce but les chercheurs prodiguaient quelques conseils. Il s'agissait donc d'obtenir une décision à la manière de Lewin. Bien que toutes les personnes sollicitées fussent d'accord, à la lecture des relevés de compteur effectués un mois après, et à la fin de l'hiver, il apparut qu'aucune économie n'avait été réalisée. Les bonnes intentions assorties de conseils sur la façon de réaliser des économies n'avaient donc servi à rien. Dans une autre condition expérimentale, celle qui nous intéresse, Pallak et ses collaborateurs appliquèrent une stratégie d'engagement quelque peu différente : la stratégie de l'amorçage dont le principe consiste, rappelons-le, à amener quelqu'un à prendre une décision sans en connaître le coût véritable, la vérité n'étant dévoilée qu'ultérieurement. Les gens furent également contactés par des chercheurs qui leur prodiguèrent les mêmes conseils que dans la condition précédente après leur avoir demandé de faire un effort pour réduire leur facture de gaz. Mais cette fois les chercheurs ajoutèrent que les habitants qui voudraient bien faire cet effort verraient leur nom publié dans un journal local en hommage à leur civisme. Un mois plus tard, à la lecture des relevés des compteurs, il apparut que les ménages avaient économisé en moyenne 10 m^3 de gaz. Tout se passe donc comme si la promesse de voir leur nom publié dans le journal avait motivé les habitants au point de corriger leurs mauvaises habitudes durant un mois. Mais il y a plus. Lorsque les chercheurs les informèrent de l'impossibilité de publier leur nom, ils continuèrent à faire des économies d'énergie et – qui l'eût cru ? – les économies furent même plus importantes après avoir reçu cette information qu'avant. La consommation qui avait diminué de 12,2 % durant le premier mois fut moindre de 15,5 % durant le reste de l'hiver ! Cela se comprend. Avoir fait des économies dans le but de voir son nom publié dans la presse locale est une chose. Avoir fait des économies pour rien en est une toute autre. L'engagement n'est évidemment pas le même dans les deux cas (cf. chap. 3).

D'autres recherches montrèrent par la suite tout l'intérêt des stratégies relevant de la théorie de l'engagement en matière d'économie d'énergie. Katzev et Johnson (1983), par exemple, ont utilisé un authentique pied-dans-la-porte (répondre à un bref questionnaire sur l'économie d'énergie) avant de demander à des propriétaires s'ils voulaient bien diminuer de 10 % leur consommation d'électricité. L'efficacité de ce simple pied-dans-la-porte est attestée par la comparaison entre la consommation de ces propriétaires et celle d'un groupe contrôle pendant les douze semaines de mesure.

Nous ne manquions donc, ni d'arguments théoriques, ni d'arguments empiriques, lorsque l'on fit appel à nos services. Il s'agissait de réaliser des économies d'énergie dans un établissement hospitalier de la région marseillaise. Voyons comment les choses se sont déroulées.

L'INTERVENTION

L'établissement en question pouvait être aisément divisé en deux secteurs sensiblement équivalents. On laissa donc à son directeur le soin de choisir le secteur expérimental, celui où aurait lieu l'intervention, et le secteur contrôle où nous ne devions pas mettre les pieds. Nous exigeâmes, avant même de commencer notre intervention, que soient posés les compteurs nécessaires à une comparaison en temps réel de la consommation d'électricité dans les deux secteurs. Pour des raisons méthodologiques élémentaires, nous exigeâmes aussi que le relevé des compteurs soit effectué par des techniciens indépendants ne sachant rien du déroulement de l'intervention. Il appartenait à des ingénieurs thermiciens, également indépendants, de se prononcer sur la périodicité de ces relevés (les techniciens vinrent en fait tous les jours) et de décider de la mise en forme et des traitements devant être opérés sur les indices de consommation. Les résultats permettant de comparer la consommation des deux secteurs étaient donc traités en dehors de nous et sans que nous ayons notre mot à dire. L'intervention se déroula en quatre phases qui impliquèrent l'ensemble des personnels du secteur expérimental (une centaine de personnes) : infirmières, sages-femmes, puéricultrices, mais aussi agents de service hospitaliers, brancardiers et personnels administratifs. Une préétude nous avait convaincus du bien-fondé des propos du directeur de l'établissement. Il existait bel et bien quelques comportements dispendieux dont la modification pouvait se traduire par de substantielles économies d'énergie. Les comportements les plus typiques étaient, de ce point de vue, les deux suivants :

— laisser l'éclairage quand il est inutile (en quittant une pièce, lorsqu'il commence à faire jour, etc.) ;
— ouvrir les fenêtres lorsqu'on a chaud plutôt que de baisser le chauffage.

Première phase : le pied-dans-la-porte

L'intervenant se présentait ainsi : « Bonjour, je suis un chercheur de l'Université de Provence qui effectue actuellement une étude sur les économies d'énergie. Vous avez certainement pris connaissance de la lettre de M. G., votre directeur, concernant notre venue. M. G. a, en effet, accepté que cette étude soit réalisée ici. Pourriez-vous me consacrer quelques instants ? »

C'est ainsi que toutes les personnes travaillant dans le secteur expérimental furent amenées à répondre à un questionnaire sur les économies d'énergie. Ce questionnaire avait pour nous un double intérêt. D'une part, en tant qu'acte préparatoire, il permettait d'engager les personnes concernées dans un cours d'action au service des économies d'énergie et identifié comme tel. À ce titre, cette passation correspond à l'acte peu coûteux d'un pied-dans-la-porte. D'autre part, ce questionnaire nous permettait de connaître les attitudes que le personnel hospitalier pouvait avoir au début de l'intervention à l'égard des économies d'énergie (mesures préexpérimentales)[1].

La comparaison avec les attitudes observées en fin d'intervention devait permettre de savoir si les changements de comportement escomptés s'accompagneraient bien, comme nous en faisions l'hypothèse, de changements dans la sphère des attitudes et des croyances. Toutes les personnes concernées acceptèrent de répondre à ce questionnaire.

L'intervenant poursuivait de la sorte : « Vous savez sans doute que la politique actuelle serait plutôt de réduire les dépenses, en particulier les dépenses d'énergie, de façon autoritaire, quitte à imposer des diminutions pouvant s'avérer très gênantes. À l'Université de Provence nous pensons qu'il y a une autre façon de procéder qui permettrait de faire des économies plus douces et qui ne devraient pas être gênantes pour les gens. C'est ce que nous voulons montrer dans cette étude. Nous avons donc besoin de volontaires. Ça ne prendrait que peu de temps, ce peu de temps étant pris sur votre temps de travail, en tenant évidemment compte des nécessités de service. Ça consiste en quoi ?

1. Ce questionnaire comprenait les cinq échelles suivantes : il s'agit d'échelles en 14 points allant de 0 à 13.

Première échelle : la difficulté à réaliser les économies d'énergie à la maternité :
très facile à réaliser 0--2--3--4--5--6--7--8--9--10--11--12--13 impossible à réaliser.

Deuxième échelle : la légitimé de faire des économies d'énergie :
tout à fait justifiée 0--1--2--3--4--5--6--7--8--9--10--11--12--13 tout à fait injustifiée.

Troisième échelle : les conséquences des économies d'énergie sur le confort à la maternité :
sans conséquence sur le confort 0--1--2--3--4--5--6--7--8--9--10--11--12--13 tout à fait gênantes pour le confort.

Quatrième échelle : la légitimité de faire des économies d'énergie en France (et non plus seulement à la maternité) :
tout à fait justifiée 0--1--2--3--4--5--6--7--8--9--10--11--12--13 tout à fait injustifiée.

Cinquième échelle : les conséquences des économies d'énergie en général sur le confort des Français :
sans conséquence sur le confort 0--1--2--3--4--5--6--7--8--9--10--11--12--13 tout à fait gênantes pour le confort.

Dans un premier temps, aujourd'hui, on fera un petit entretien, dix minutes environ. Puis dans un deuxième temps, la semaine prochaine, je vous demanderai de participer à une réunion d'une vingtaine de minutes et, là, je vous ferai quelques propositions. Mais je ne peux pas vous parler de ces propositions avant d'avoir réalisé les entretiens. Naturellement c'est à vous de voir. Vous êtes tout à fait libres de participer ou non à cette recherche. Évidemment, si je suis là, c'est que je préférerais que vous y participiez. Si cela vous intéresse, je vous tiendrai au courant des résultats obtenus. »

Les personnes s'étant portées volontaires, en fait la quasi-totalité, remplissaient alors une fiche de candidature (nouvel acte engageant) avant que ne soit conduit l'entretien annoncé. Il était introduit de la façon suivante : « Je travaille, comme je vous l'ai dit, sur les économies d'énergie. Je travaille en particulier sur les économies de chauffage qu'on peut faire à la fin de l'hiver, parce que je pense qu'à ce moment-là de l'année on doit pouvoir faire des économies sans que ce soit gênant pour quiconque. Je vais donc vous demander de m'aider en essayant de penser à un certain nombre de choses, ou de petites choses, que les gens pourraient faire, vous comme les autres, et qui permettraient de faire des économies d'énergie sans que cela soit gênant pour quiconque. »

Après que la personne s'était exprimée, le plus souvent en affirmant qu'on faisait déjà ces choses, de petites choses, le chercheur formulait une nouvelle question : « Et vous, personnellement, que pourriez-vous faire, qui ne soit gênant, ni pour vous ni pour les autres, et qui permettrait de faire des économies, même toutes petites ? » Le chercheur notait par écrit tout ce que la personne lui disait. Au terme de l'entretien, il la remerciait et prenait rendez-vous avec elle pour la semaine suivante. On notera qu'à ce moment de l'intervention, le chercheur n'avait pas encore demandé à la personne de modifier ses comportements, mais seulement de fournir des informations. Néanmoins, d'un point de vue théorique, la procédure ayant engagé les personnes interviewées (questionnaire et surtout fiche de candidature), on pouvait, dès cette première phase, s'attendre à une modification des comportements dans le sens d'une réduction de la consommation énergétique.

Deuxième phase : l'amorçage

La semaine suivante les personnels du secteur expérimental étaient cette fois réunis en petits groupes de 3 à 8 personnes. Il s'agissait, en effet, d'obtenir dans la ligne des célèbres travaux de Lewin, des décisions collectives pouvant avoir valeur de norme. Le chercheur introduisait la réunion de la façon suivante : « Comme je vous l'ai dit la semaine dernière, la politique actuelle est plutôt de réduire les dépenses, en particulier les dépenses d'énergie, de façon autoritaire, quitte à imposer des diminutions gênantes pour tous. À l'Université de Provence, on pense qu'il y a une autre façon de procéder, permettant de faire des économies plus douces et donc moins gênantes pour les gens. C'est ce que nous voulons montrer. D'ailleurs, les entretiens que vous m'avez accordés la semaine dernière, vont bien dans ce sens. Toutes (tous) ou presque, vous avez évoqué des choses qu'on peut faire et qui devraient permettre de déboucher sur des économies d'énergie, sans que ce soit *a priori* gênant. Nous sommes ici, vous l'avez compris, pour passer des idées aux actes, l'objectif de cette réunion étant que vous décidiez des choses que vous allez faire pendant une semaine. Chacune (chacun) d'entre vous ayant une chose ou des choses précises à faire. » À ce moment-là, le chercheur donnait quelques exemples issus des entretiens. Il s'agissait de comportements susceptibles de se traduire par des économies de chauffage ou d'électricité : fermer les radiateurs plutôt qu'ouvrir les fenêtres, éteindre la lumière en quittant une pièce ou lorsqu'il fait jour, etc. Il assortissait ses exemples du commentaire suivant : « Il s'agit pour nous de voir si, comme nous le supposons, ces petites choses permettent bien de faire des économies et cela sans pour autant gêner qui que ce soit. La semaine prochaine je reviendrai vous voir. Je vous dirai alors si ce que vous avez fait a permis, comme nous le pensons, de faire des économies. Vous, de votre côté, vous me direz si ce que vous avez fait s'est avéré gênant, tant pour vous que pour les autres. Vous savez maintenant ce qu'il en est. J'espère que vous êtes toujours d'accord pour participer à cette étude. Évidemment, si ce n'était pas le cas, il faudrait me le dire maintenant. Vous devez vous sentir tout à fait libres. » La décision de poursuivre prise (aucune personne ne s'est désistée), le groupe réfléchissait à partir des propositions du chercheur et s'engageait collectivement à ce que soit réalisé un certain nombre de comportements susceptibles d'affecter les économies d'énergie (électricité, chauffage), chacun(e) sachant exactement ce qu'il (elle) avait à faire. Le chercheur remerciait les participant(e)s et leur donnait rendez-vous la semaine suivante.

Troisième phase : l'engrenage

Une semaine plus tard, participantes et participants étaient à nouveau réunis par petits groupes. Conformément à ce qui avait été annoncé, le chercheur s'assurait que chacun avait bien fait ce qu'il devait faire, et que personne, ni eux, ni quiconque, n'avait ressenti la moindre gêne. Puis il poursuivait : « Il semblerait que ce que vous avez fait pendant une semaine débouche bien sur des économies. Mais les résultats ne sont pas suffisamment nets, et j'aurais encore besoin de vous pour prolonger cette expérience pendant une semaine. Si vous êtes d'accord – et je comprendrais que vous ne le soyez pas – je vous demanderai de faire cette semaine encore ce que vous avez fait la semaine passée (de fait, personne n'a refusé de poursuivre). Naturellement je vous informerai des résultats la semaine prochaine, lors de notre prochain rendez-vous. » Un nouveau rendez-vous était alors pris.

Quatrième phase : les mesures postexpérimentales

Une semaine plus tard l'intervenant faisait remplir aux personnes concernées le même questionnaire que celui utilisé en première phase (questionnaire postexpérimental) et il les informait des premiers résultats. Il leur indiquait, enfin, qu'il reprendrait contact avec elles ultérieurement pour leur faire part des résultats définitifs, ce qu'il faisait effectivement un mois plus tard.

RÉSULTATS

Avant de voir si l'intervention a affecté les attitudes des personnels hospitaliers, voyons si elle a eu les effets comportementaux attendus, ces effets comportementaux constituant l'objectif numéro un à atteindre.

Les effets sur les comportements

Les effets sur les comportements sont clairement représentés dans le graphique ci-après. Ce graphique permet de visualiser l'évolution de ce que les ingénieurs thermiciens appellent le ratio d'exploitation. Il s'agit d'un rapport entre la consommation et la rigueur du climat. Plus ce ratio est élevé, plus les conduites sont dispendieuses. On constate que les conduites dans le secteur expérimental et contrôle sont très différentes. Dans le secteur contrôle on déplore une grande variation du ratio qui est en fait contemporaine de l'élévation de la température extérieure. Il est donc probable que pour obtenir une température confortable, les occupants aient ouvert les fenêtres sans fermer les radiateurs, comportement se traduisant par une augmentation sévère de la consommation en énergie. Rien de tel dans le secteur expérimental où le ratio reste à peu près constant. Tout se passe donc comme si l'énergie avait été réduite lorsque la température extérieure s'élevait. Il semble donc bien que les personnels travaillant dans le secteur expérimental aient eu des comportements rationnels, soit qu'ils aient évité d'ouvrir les fenêtres lorsqu'ils avaient trop chaud, soit qu'ils aient pris le soin de fermer les radiateurs avant d'ouvrir les fenêtres. On constate enfin que cette différence entre les deux secteurs perdure plusieurs semaines après l'intervention. Au total les ingénieurs ont estimé que l'intervention avait permis d'économiser 25 % d'énergie ! Le commanditaire n'en espérait pas tant.

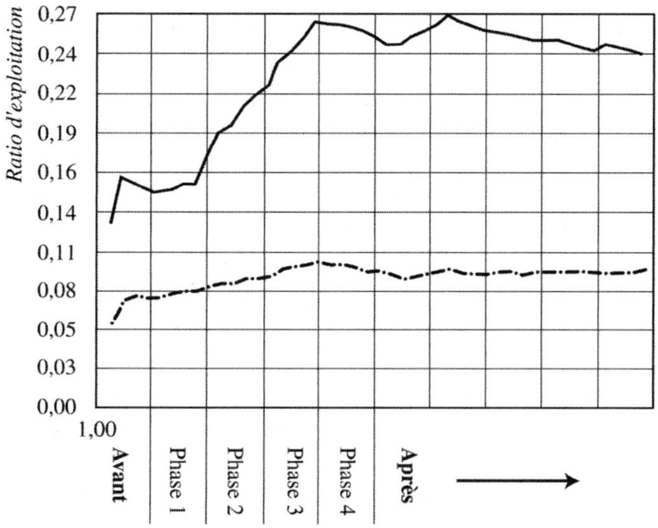

Consommation dans le groupe expérimental et dans le groupe contrôle avant, pendant et après l'intervention (+++ : groupe contrôle ; ooo : groupe expérimental)

Les effets sur les attitudes

On espérait évidemment que l'engagement dans des comportements économes se traduirait par quelques changements d'attitude (changements dans un sens plus favorable aux économies d'énergie). Ces comportements sont, en effet, relativement coûteux et peut-être même quelque peu contre-motivationnels, tant il est vrai qu'il est plus agréable d'ouvrir une fenêtre quand il fait beau dehors que de baisser le chauffage. De tels comportements étant problématiques, on avait de bonnes raisons de penser qu'ils seraient rationalisés (voir chap. 3). Nos attentes ne furent pas déçues.

Sur quatre échelles sur cinq les différences de moyennes entre les mesures pré- et postexpérimentales s'avérèrent statistiquement significatives. Ainsi, les personnes du secteur expérimental trouvèrent en fin d'intervention qu'il était plus facile de réaliser des économies d'énergie à l'hôpital (échelle 1). Ils trouvèrent également en fin d'intervention que les économies d'énergie avaient moins de conséquences sur le confort (échelle 3). Si de tels changements sont en rapport direct avec les économies d'énergie qu'on peut réaliser dans un hôpital, d'autres sont en rapport avec les économies qu'on peut réaliser en France. Il y aurait donc une généralisation des effets de l'intervention au niveau de la Nation, les personnes du secteur expérimental trouvant plus légitime de faire des économies d'énergie en France (échelle 4), et trouvant ces économies moins gênantes pour le confort des Français (échelle 5).

Cette première recherche-action, à notre connaissance la plus ancienne conduite en France de ce type-là, montre donc qu'il est possible, en recourant aux techniques d'engagement, de réaliser de substantielles économies d'énergie dans un établissement hospitalier. Les techniques utilisées (pied-dans-la-porte, amorçage, engrenage) se sont montrées particulièrement efficaces puisque la quasi-totalité des personnes sollicitées a participé à l'intervention jusqu'à son terme et a réalisé les comportements économes attendus en dépit de leur coût. N'allez surtout pas imaginer que cette efficacité n'est que ponctuelle. Aussi étonnant que cela puisse paraître, l'écart entre le secteur expérimental et le secteur contrôle reste stable après l'intervention, cette stabilité étant encore de mise deux mois plus tard (voir graphique). Des données de même signification sont d'ailleurs disponibles dans la littérature. Pour nous en tenir aux économies d'énergie, souvenons-nous des propriétaires engagés par Pallak dans un programme d'économie de gaz domestique et dont les comportements économes avaient duré tout l'hiver. Il n'est pas sûr que les changements résultant de stratégies persuasives traditionnelles, qu'il s'agisse de changements d'attitudes ou qu'il s'agisse de changements comportementaux – en supposant qu'ils aient pu avoir lieu – soient aussi persistants. Cette intervention a-t-elle eu d'autres bénéfices que l'atteinte des résultats (25 % d'économie au compteur) pour lesquels elle avait été financée ? C'est probable. Nul doute que la mise en place de nouvelles habitudes comportementales dans le cadre du travail aient été suivies d'une généralisation de ces pratiques dans le cadre domestique. On voit mal, en effet, comment des personnes travaillant à l'hôpital pourraient avoir appris à ne plus gaspiller l'électricité dans leur service, pour faire des économies qui ne rentrent pas directement dans leur porte-monnaie, et continuer à gaspiller cette même électricité chez eux, alors qu'ils doivent payer la facture sur leurs deniers. Cette généralisation est d'autant plus probable que les comportements, dans un cas comme dans l'autre, relèvent d'un même cours d'actions qui trouve son identification dans le concept « économies d'énergie », à l'époque une très grande cause nationale. Gardons à l'esprit que les personnes concernées ont modifié leurs attitudes à l'égard des économies d'énergie dans le sens d'une plus grande adhésion idéologique à cette grande cause. Au terme de l'intervention, elles ne se contentent pas de trouver les économies d'énergie plus faciles à réaliser et moins gênantes pour le confort sur leur lieu de travail, elles les trouvent aussi moins gênantes pour le confort des Français en général et plus légitimes à l'échelle nationale.

Nous terminerons ce chapitre en évoquant un effet qui, pour être secondaire, ne sous semble pas négligeable. L'objectif « réaliser des économies d'énergie » semble avoir fonctionné dans le secteur expérimental comme un véritable projet de service, les personnels hospitaliers le ressentant comme une sorte d'ambition collective, facteur d'identification, de cohésion, voire d'intégration. Dans la réalisation d'une telle ambition les différences de statut cèdent momentanément le pas aux influences interpersonnelles et aux initiatives individuelles, le personnel de services s'autorisant à rappeler à l'ordre les puéricultrices, les infirmières, et même les surveillantes. La dynamique était telle qu'il n'était pas rare que des personnes absentes lors des premières phases de l'intervention, nous demandent, afin de pouvoir « officiellement » être associées à cette ambition, de signer la fiche de candidature qu'elles n'avaient pu signer en même temps que les autres. Comme quoi la focalisation sur quelques comportements bien choisis (actes préparatoires) permettent, lorsque la recherche-action réussit, de modifier un système de comportements, certes, mais aussi d'habitudes et de mœurs.

Chapitre 5

Lutter contre les accidents de travail

S'il est une cause peu conflictuelle dans une organisation industrielle, ou dans une entreprise, c'est bien la lutte contre les accidents de travail. Même si le nombre des accidents déclarés a considérablement diminué durant la seconde moitié du XXe siècle, la prévention contre les accidents reste l'un des soucis majeurs des entreprises de main-d'œuvre. Encore qu'il faille tenir compte du fait que les statistiques globales négligent les disparités entre les diverses branches d'activité, le taux de gravité pouvant varier de un à dix lorsque l'on passe, par exemple, des industries du vêtement au bâtiment et travaux publics. Pourtant, en dépit de l'acuité du problème, et des réels consensus quant aux objectifs à atteindre, les responsables ont bien souvent à déplorer le peu d'efficacité des campagnes de sécurité sur lesquelles ils avaient pourtant misé, que ces campagnes soient destinées à promouvoir la sécurité en général ou qu'elles soient destinées à promouvoir l'usage d'équipements de sécurité particuliers. Il faut bien dire que la plupart de ces campagnes reposent sur des pratiques d'information ou de persuasion élaborées à partir d'intuitions dont la portée reste à démontrer. Qui, ayant eu à circuler dans un atelier de menuiserie, n'est jamais tombé sur une affiche de main sanglante ? Le concepteur a voulu ici faire peur. Qu'il y soit parvenu ou non est une autre paire de manches. Quand bien même y serait-il parvenu, il resterait à montrer que la peur suscitée par l'affiche se traduit tout naturellement par le traitement adapté du danger. D'ailleurs, malgré les exhortations de la hiérarchie et les parades imaginées par les spécialistes, les équipements de sécurité restent bien souvent sous-utilisés. À cela plusieurs raisons, allant des plus « psychologiques » aux plus sociales. Les tenants des premières feront ainsi valoir que le dédain à l'égard de tout ce qui touche la sécurité est encore la meilleure façon de conjurer le danger. Les tenants des secondes préféreront avancer que la désinvolture à l'égard des règles de sécurité doit être vue comme une norme collectivement partagée par une équipe de travailleurs (le menuisier, le vrai, le dur, celui à qui l'on aime s'identifier, n'est pas une mauviette). Il pourrait donc sembler de bon ton de s'attaquer à ces raisons psychologiques et sociales, lorsque l'on est chargé d'une campagne de sécurité. Ne doutons pas que la plupart des psychologues, et même des psychosociologues, s'ils venaient à devoir promouvoir l'utilisation des équipements de sécurité aborderaient le problème par une analyse des causes censées jouer un rôle de frein, par une analyse donc des fameuses « résistances ». Ne disposent-ils pas pour cela d'un outil universel et miraculeux : l'entretien, qu'il soit semi-directif, non directif ou semi non directif[1] ? Les entretiens préliminaires achevés, et un début de compréhension s'étant ainsi fait jour, à moins que ne se soit déjà dégagée une représentation de l'accident et de ses déterminants, il ne reste plus qu'à « travailler » avec les gens – et pourquoi pas en petits groupes ? – pour analyser les résistances, favoriser les prises de conscience, élucider ce qui doit l'être... On le sait maintenant, ce n'est pas là la démarche que suggère la théorie de l'engagement. Cette théorie est finalement assez peu concernée par ce que les gens peuvent bien raconter à la faveur d'un entretien aussi habilement conduit soit-il. En décrivant le processus par lequel certains comportements (actes prépa-

1. L'humour sceptique dont nous faisons quelquefois montre à l'endroit de l'entretien n'est pas seulement dû au fait que les psychologues partagent cette technique avec de nombreux professionnels de la parole (travailleurs sociaux, conseillers d'orientation, assistantes sociales, médecins, journalistes, policiers, magistrats, etc.). Il est plutôt dû au fait que nous avons des raisons théoriques de contester les postulats sur lesquels il repose dès lors qu'il ne s'agit pas simplement de connaître ce que les gens peuvent dire de ce qui est supposé se trouver dans leur tête (cf. chap. 8).

ratoires) peuvent en appeler d'autres, elle nous offre une conception du changement comportemental radicalement différente. Le problème n'est pas tant de savoir pourquoi les gens négligent l'usage des équipements de sécurité que de rechercher les actes préparatoires les plus à même de les prédisposer à librement consentir à cet usage. C'est ce que nous nous sommes appliqués à faire dans les deux interventions qui vont être décrites dans ce chapitre.

PRÉVENIR LES TROUBLES AUDITIFS

Le cadre de l'intervention

L'entreprise SE est un élément phare dans l'environnement grenoblois. Connue et réputée pour la rigueur de ses pratiques gestionnaires parfaitement insérées dans une culture d'ingénieur, elle a su, au fil des années, harmonieusement conjuguer des exigences permanentes d'innovation à la fois techniques et sociales. Nous n'évoquerons pas les quatre secteurs d'activité qui assoient sa renommée. Il nous suffit de savoir que l'intervention s'est déroulée dans des ateliers de production chargés des opérations de découpe, poinçonnage et taraudage de métaux variés (cuivre, acier, alliages...) et de la fabrication de pièces complexes (outils pour presses notamment). Si les conditions de travail se sont beaucoup améliorées, le niveau sonore dépasse encore le seuil critique de 85 dB. À ce niveau sonore, si une personne située à 2 ou 3 m de vous, vous adresse la parole, elle devra élever la voix pour espérer être entendue[1]. Aussi, la Direction a-t-elle fait de la prévention des troubles auditifs un de ses chevaux de bataille, un vecteur essentiel, en tout cas, de sa politique interne d'hygiène et de sécurité. Elle exige le respect total des consignes de sécurité, sous peine de sanctions disciplinaires. Dans les ateliers qui nous inté-

1. Il ressort d'une étude de 1978, émanant du ministère du Travail, que 29,5 % des ouvriers placés dans de telles conditions acoustiques n'entendent une personne, parlant à 2 ou 3 m d'eux, que si elle force la voix et que 7 % ne l'entendent même pas. À titre de comparaison : le niveau sonore d'un marteau piqueur placé à 1 m de vous est de l'ordre de 105 dB.

ressent, le port de protection auditive est obligatoire, les nouveaux employés, et même les stagiaires, par définition de passage, recevant à ce titre une solide information. Il leur faut lire un épais dossier et acquérir une formation visant à les prémunir contre les risques spécifiques à leur poste de travail et, de façon plus générale, contre les risques propres à l'atelier dans lequel ils travaillent. D'accès aisé, les protections auditives sont disponibles en quantité suffisante. Tout semble donc parfaitement pensé et organisé. Et pourtant – contre toute attente – on constate que peu d'ouvriers utilisent ces protections. Que certains d'entre eux aient des problèmes de surdité n'y change rien.

L'intervention

L'intervention comporte quatre phases.

Première phase : l'observation préalable. — Nous avions exigé que cette observation soit opérée par une personne de l'entreprise afin de ne pas mettre la puce à l'oreille des ouvriers, ou si l'on préfère, afin que leurs comportements ne soient pas affectés par un regard extérieur. C'est finalement à l'infirmière qu'il revint de se livrer à une observation systématique des 32 ouvriers concernés. Cette observation était faite à leur insu, une fois par jour, pendant dix jours, à des moments différents par avance établis. L'infirmière avait pour consigne de noter si chaque ouvrier portait, ou ne portait pas, de protection auditive. Cette observation avait pour but de fournir une information chiffrée, sorte d'état des lieux, avant l'intervention. Elle permet d'éviter de recourir, pour administrer la preuve de l'efficacité de l'intervention, à l'observation d'un groupe contrôle. Ainsi, fut-il constaté que 15 ouvriers sur 32 ne portaient jamais de protection auditive, que 8 n'en portaient une qu'occasionnellement, 9 seulement en ayant toujours une.

Deuxième phase : l'obtention d'un premier acte préparatoire. — Lors de cette deuxième phase, l'intervenant prenait contact avec chaque ouvrier à son poste de travail. Prétextant réaliser une recherche sur la protection de la santé en usine, il les priait de bien vouloir l'aider en remplissant un bref questionnaire. Une telle entrée en matière n'était pas innocente. Il s'agissait de dissocier, dans la tête des ouvriers, la demande de l'intervenant de toute commande émanant de la Direction. Tous ont néanmoins accepté, de bonne grâce, de remplir le questionnaire. Il va de soi que ce questionnaire, qui ne comportait pas plus de cinq petites questions, n'avait, en tant que tel, aucune espèce d'importance. Il n'était qu'un prétexte permettant à l'intervenant d'obtenir des ouvriers un premier acte librement décidé – évidemment, pas n'importe lequel : participer à une recherche sur la sécurité – et donc un acte préparatoire dont l'identification était susceptible de les inciter à en accepter d'autres. Bref, il ne s'agissait, ni plus, ni moins, que d'un banal pied-dans-la-porte. Aussi, le questionnaire rempli, l'intervenant ne tardait-il pas à lancer le bouchon un peu plus loin. Juste avant de prendre congé d'eux, il sollicitait à nouveau les ouvriers. Mais cette fois, il était question de participer à une réunion de près d'une heure programmée quelques jours plus tard sur le thème de la sécurité en usine. Il s'agissait donc là d'un service infiniment plus coûteux que le précédent. Le pied-dans-la-porte eut bien les effets attendus, et même au-delà. Les ouvriers se montrèrent coopératifs au point d'accepter avec une belle unanimité la proposition de l'intervenant.

Troisième phase : les entretiens de groupe. — Les réunions se tinrent dans une salle de l'entreprise, en dehors des heures de travail, les ouvriers y étant conviés par petits groupes. Elles durèrent effectivement près d'une heure. L'intervenant rappelait le thème de sa recherche et celui de la discussion : la sécurité dans l'usine. En fait, son objectif était, sous couvert de recueil de données, d'inciter chaque participant à exprimer devant ses camarades de travail ses vues en matière de sécurité et surtout de dire publiquement les actes concrets qu'il était, personnellement, prêt à faire. L'intervenant demandait notamment à chacun d'entre eux :

1 / s'il était prêt à laisser son matériel de protection sur place (au lieu de le ranger loin de son poste de travail) afin de toujours l'avoir à portée de main ;

2 / s'il était prêt à essayer tous les moyens de protection auditive disponibles sur place afin de choisir en connaissance de cause celui qui lui convenait le mieux.

Dans chacun des petits groupes, tous les ouvriers présents répondirent à ces deux questions par l'affirmative. Après avoir ostensiblement noté les réponses de chacun, l'intervenant remerciait les participants pour leur concours et leur faisait savoir qu'il en avait terminé avec eux. On ne le vit effectivement plus dans l'entreprise.

Quatrième phase : l'observation finale. — Durant cette ultime phase, une observation systématique fut à nouveau opérée, mine de rien, par l'infirmière. Elle avait reçu, pour ce faire, les mêmes consignes que lors de la phase d'observation initiale : se rendre quotidiennement, pendant dix jours, à des moments différents, dans les ateliers concernés. Chacune de ces visites permettait donc de noter si tel ou tel ouvrier portait, ou ne portait pas de protection auditive.

Résultats

Les résultats peuvent être appréciés de deux façons, en les référant à chaque ouvrier pris séparément (niveau individuel) ou en les référant à l'ensemble des ouvriers (niveau collectif). Au niveau individuel, alors que 15 ouvriers ne portaient jamais leur protection auditive avant l'intervention, ils ne sont plus que 4 à se comporter ainsi après l'intervention. De même, alors qu'ils n'étaient que 9 à toujours la porter avant l'intervention, les voilà maintenant 12. Au niveau collectif, les résultats sont encore plus parlants. Pour chaque ouvrier, nous avons comptabilisé le nombre de fois où il a été vu portant sa protection auditive. Puisque chacun était observé une fois par jour pendant dix jours, ce nombre pouvait varier de 0 (on ne l'a jamais vu avec) à 10 (on l'a toujours vu avec). Si on établit une moyenne portant sur les 32 ouvriers observés, on constate que cette moyenne, qui n'était que de 3, 9 jours avant l'intervention, est maintenant de 6,5. Qui n'apprécierait pas un tel gain ? En somme, sans avoir eu recours à la moindre pression hiérarchique, sans avoir davantage eu recours aux voies traditionnelles de l'argumentation et de la persuasion, nous sommes quasiment parvenus à multiplier par deux la probabilité de voir un ouvrier à son poste de travail, un jour J à une heure H, un casque de protection sur les oreilles.

Dans l'intervention qui vient d'être évoquée, l'accent était mis sur un équipement de protection particulier : un équipement de protection auditive. Le lecteur pourra penser que cela relevait d'une frêle ambition, bien qu'elle fût parfaitement adaptée au site sur lequel nous sommes intervenus, les risques de surdité n'ayant rien d'imaginaire. On peut néanmoins se demander si ce changement comportemental à l'égard d'un équipement particulier n'a pas prédisposé les ouvriers à modifier leurs comportements à l'égard d'autres équipements de sécurité et, plus généralement, à l'égard de la sécurité avec un grand S. Tout ce que nous savons de la théorie de l'engagement nous porte à croire qu'il a dû en être ainsi, même si les observations très spécifiques, effectuées dans l'intervention qui vient de nous occuper, ne nous permettent évidemment pas d'en avoir l'assurance.

L'intervention qui va suivre est là pour montrer que de telles attentes théoriques n'ont rien de farfelu.

LE PORT DES ÉQUIPEMENTS DE SÉCURITÉ

Le cadre de l'intervention

Cette nouvelle intervention a pour cadre deux centres d'Électricité de France du sud de la France et pour population deux équipes de monteurs, soit 25 personnes, effectuant des opérations à hauts risques. Ces monteurs travaillent, en effet, le plus souvent, à plusieurs mètres du sol. Les poteaux ne sont pas toujours bien entretenus et sont parfois d'accès difficile, ce qui ne facilite pas la tâche, d'autant plus que le temps passé sur un poteau peut s'avérer très long. Si certaines actions ne durent qu'une petite demi-heure, d'autres prennent une demi-journée bien tassée. Il suffit d'ajouter que les monteurs à qui nous avons eu affaire enfourchent quotidiennement des poteaux de 6 à 7 m pour comprendre que la prévention des accidents soit, dans cette entreprise, la priorité des priorités. D'ailleurs, tout est fait afin qu'alliée à l'esprit de performance, la sécurité fasse partie de l'image de professionnalisme qu'ambitionne d'améliorer l'EDF, tant en interne auprès de ses agents, qu'en externe auprès de ses clients et fournisseurs. Pour preuve, le respect des règles de sécurité est l'un des critères forts d'appréciation du personnel, la hiérarchie en tenant le plus grand compte lors des entretiens annuels et lors des promotions. Pour preuve encore, cette entreprise s'est dotée de groupes « Prévention et Sécurité » particulièrement actifs, ayant une mission de diagnostic, de définition, de recensement et de classement (choix des priorités) des actions à mener.

Les moyens de protection individuelle dont doivent faire usage les monteurs sont de deux ordres : les moyens permanents et les moyens ponctuels. Au nombre des moyens permanents, on trouve les vêtements de protection (pantalons anti-brûlures, polo, veste...), les gants en cuir ou caoutchoutés, les chaussures à semelle antidérapante. Parmi les moyens ponctuels, on trouve le casque, les lunettes et la visière. Le casque, par exemple, est obligatoire lors des fouilles, la tête étant dans ce cas au niveau de la route. Il l'est également lorsque l'agent travaille sur un chantier où d'autres travaillent en hauteur ou lorsqu'il travaille lui-même en hauteur. Reste le système anti-chutes. À l'époque, encore proche, où nous sommes intervenus, le « harnais ceinture » se substituait progressivement à la bonne vieille ceinture. Cette évolution relevait d'une décision hiérarchique, le stock des ceintures traditionnelles n'étant délibérément plus renouvelé. Il va sans dire que ceinture comme harnais donnaient lieu à une utilisation systématique. Il faudrait du reste être fou pour travailler à plusieurs mètres du sol sans assurance, et les monteurs d'EDF sont tout sauf fous. Ce n'est donc pas pour favoriser le passage d'une forme d'assurance à une autre que nous sommes intervenus. En fait, ce passage n'a été pour nous, comme on va le voir, qu'une occasion d'engager les monteurs dans un cours d'action qui allait les conduire à se montrer plus respectueux des règles de sécurité.

L'intervention

L'intervention comprend cinq phases.

Première phase : l'observation préalable donne lieu à un premier pied-dans-la-porte. — La première phase fut, comme dans l'intervention précédente, une phase d'observation, les agents étant individuellement observés à leur insu sur leur lieu de travail. Cette fois, c'est l'intervenant lui-même qui notait les manquements aux règles régissant l'usage des protections individuelles. Lors de ses visites sur le terrain, il était accompagné d'un ingénieur et d'un agent de maîtrise. Il avait pour consigne de se présenter comme un stagiaire réalisant une enquête. Il justifiait donc sa présence en faisant passer, aux uns et aux autres, un questionnaire, aussi bref qu'insipide, sur la vie à l'EDF, aucune question ne concernant, de près ou de loin, la sécurité. Il s'agissait de questions comme : « Avez-vous travaillé dans plusieurs services ? Si oui, dans quel service vous êtes-vous senti le plus à l'aise ? » Pour être bref et insipide, ce questionnaire n'en était pas pour autant sans intérêt dans la mesure où accepter d'y répondre revenait à permettre à l'intervenant de mettre un pied-dans-la-porte. Les trois phases qui suivirent avaient d'ailleurs pour objectifs l'obtention d'actes plus coûteux, et surtout plus spécifiques, tous en rapport avec la sécurité.

Deuxième phase : le questionnaire. — Lors de cette phase, un questionnaire fut envoyé à chaque agent. Le prétexte de ce questionnaire était le fameux harnais. Il était demandé à l'agent de le retourner rapidement par voie postale. Répondre à ce nouveau questionnaire était « engageant » pour au moins deux raisons. D'abord, il n'était pas anonyme, l'agent devant y faire figurer son identité (caractère public de l'acte). Ensuite, il était relativement long (coût de l'acte). Il nécessitait, notamment, la rédaction de réponses plus ou moins compliquées et donc un effort de réflexion autant que de mise en phrases. Ainsi, par exemple, trouvait-on des questions comme : « Si on vous donnait le choix entre plusieurs harnais, quel serait votre critère principal de sélection et pourquoi ? » Il était prévu que ce questionnaire soit rempli dans les chaumières, individuellement. Il se trouve – le terrain a parfois ses surprises – que les agents se sont réunis pour le remplir. L'initiative en revient à leur chef qui, à tort ou à raison, avait souhaité ainsi s'assurer personnellement que le questionnaire ne finirait pas à la poubelle ou qu'il ne moisirait pas poche restante. Soit. Pour notre part, nous n'étions pas inquiets, tant notre confiance était grande en l'efficacité du pied-dans-la-porte pratiqué, l'acte préparatoire choisi (répondre à un court questionnaire) devant, en bonne logique, déboucher sur le comportement attendu (répondre à un long questionnaire), n'en déplaise aux partisans de la manière forte et du contrôle à tout prix. Il reste que, si nous ne connaîtrons jamais l'efficacité qu'aurait pu avoir notre pied-dans-la-porte initial, nous connaissons celle de l'initiative prise par le supérieur hiérarchique des monteurs : tous les agents sollicités ont rempli le second questionnaire. Gageons, toutefois, que l'initiative du chef n'aurait pas eu la même efficacité si elle n'avait pas été précédée par un acte préparatoire bien senti. Quoi qu'il en soit, nous décidâmes de ne pas prendre de risque et d'introduire une étape supplémentaire que nous n'avions pas initialement prévue :

Troisième phase : les entretiens sur le harnais. — Cette phase doit être considérée comme une phase d'approfondissement de la précédente. C'est d'ailleurs ainsi qu'elle était présentée. L'intervenant reprenait contact avec chaque monteur et le priait de l'aider une nouvelle fois en lui accordant un entretien sur le harnais ceinture. Prétexte : approfondir certaines réponses données par écrit au questionnaire. Bien que cet entretien ait été programmé en dehors des heures de service (soit avant, soit après) et bien que l'intervenant ait clairement signifié aux monteurs qu'ils étaient libres de continuer ou non de l'aider dans sa quête d'informations, tous, sans exception, acceptèrent de poursuivre leur collaboration. Au cours de cet entretien, qui ne durait guère plus d'un quart d'heure, l'intervenant reprenait les principaux thèmes du questionnaire. Il conduisait l'entretien de façon à susciter des réponses favorables au port du harnais. Il disposait pour cela d'une liste de questions préparées à l'avance, comme par exemple : « Si vous deviez convaincre un de vos collègues, que lui diriez-vous pour qu'il choisisse de porter le harnais ceinture plutôt que la ceinture ? »

Quatrième phase : les entretiens sur la Charte Sécurité. — Dix jours plus tard, l'intervenant revenait à la charge. Il priait les monteurs d'accepter un nouvel entretien d'une demi-heure. Pris dans ce qu'il faut bien appeler un engrenage (l'acceptation d'un acte peu coûteux appelant l'acceptation d'un acte plus coûteux, lui-même appelant l'acceptation d'un acte encore plus coûteux et ainsi de suite) une fois encore les monteurs se montrèrent beaux joueurs, et acceptèrent unanimement ce qui était annoncé comme l'ultime requête de l'intervenant. Cette phase, contrairement aux autres, n'était pas centrée sur un comportement particulier (le port du harnais) mais était consacrée à la sécurité en général. Le but était de permettre aux monteurs d'identifier ce qu'ils avaient fait lors des phases précédentes comme relevant d'une ambition plus générale : celle de la sécurité. Cette identification était facilitée par la reprise d'un même dispositif (entretien individuel) réalisé dans un même lieu, aux mêmes horaires (en dehors des heures de service) et dans le même climat (liberté de prêter ou de ne pas prêter à nouveau son concours) par un même intervenant. C'est une charte, la *Charte Sécurité* établie par le groupe « Prévention et Sécurité », qui servait de point de départ à l'entretien. Cette charte, supposée connue de tous, s'articulait autour de cinq règles élémentaires. L'intervenant demandait d'abord aux monteurs s'ils connaissaient la charte. Après qu'ils avaient tous répondu par l'affirmative, il les invitait à parler des consignes de sécurité plus spécifiques à leur activité de monteurs. Ils devaient alors préciser la façon dont chacune des cinq règles élémentaires se traduisait, concrètement pour eux, dans leur quotidien professionnel. À la fin de l'entretien, l'intervenant les remerciait et leur faisait savoir que son travail était désormais terminé.

Cinquième phase : l'observation finale. — Cette phase faisait écho à la première. Elle avait évidemment pour but de nous permettre de mesurer l'efficacité de notre intervention. À cette fin, dix jours plus tard, l'intervenant retournait voir inopinément chaque agent durant ses heures de service et donc en plein travail. Ainsi, pouvait-il noter si les divers équipements de sécurité (casque, lunettes, visière, etc.) étaient ou non utilisés.

Résultats

Nous présenterons les résultats globalement, en prenant en considération le nombre de monteurs pris en défaut, c'est-à-dire ne portant pas au moins l'un des équipements de sécurité qu'ils auraient réglementairement dû porter. Lors de la première observation, 64 % des monteurs furent ainsi pris en défaut, 29 % seulement le furent lors de l'observation finale. Une analyse complémentaire montra, par ailleurs, que l'usage de tous les équipements de sécurité avait été affecté : casque, lunettes, visière, mais aussi, vêtements de protection, chaussures antidérapantes, gants, etc. Ces résultats sont d'autant plus remarquables qu'il n'a jamais été demandé aux monteurs de mieux respecter les règles de sécurité. On s'est limité à les faire discourir, dans un contexte d'engagement, sur la manière dont s'appliquaient à leur activité de monteurs les règles générales de la charte. Il s'agissait, à proprement parler, d'une succession de pieds-dans-la-porte, étroitement enchâssés, dont le dernier avait un statut de pied-dans-la-porte avec demande implicite. Il faut noter que cette demande implicite n'a jamais été précédée, accompagnée ou suivie, d'une quelconque tentative de persuasion, l'intervenant s'étant fait un devoir de ne plaider, ni en faveur de tel ou tel équipement de sécurité particulier (harnais y compris), ni en faveur de la sécurité en général. Il était clair pour les monteurs qu'il n'était là que pour recueillir de l'information, l'information dont il avait personnellement besoin. En somme, ils n'avaient fait que l'aider. Pourtant les résultats sont là et bien là : deux fois plus de monteurs respectaient le règlement au pied de la lettre après l'intervention.

PRINCIPES D'ÉCONOMIE ET D'OPTIMALISATION

Voici donc deux interventions, conduites en entreprise, dans lesquelles la théorie de l'engagement a été appliquée à la sécurité et à la prévention, prévention d'une maladie professionnelle dans la première, prévention des accidents de travail dans la seconde. Il s'agissait des premières interventions réalisées en France avec de tels objectifs et dans un tel cadre théorique[1]. Personne n'est parfait, même pas le psychologue social appliqué. Aussi, lorsqu'il s'attaque à un problème – surtout si ce problème est aigu – avec une problématique théorique nouvelle, il peut avoir tendance à en faire un peu trop pour garantir l'efficience de son action. C'est humain. Après tout, ce qui compte pour lui, comme pour son commanditaire, c'est de produire l'effet recherché. Ainsi, pourra-t-on se demander si, dans nos deux interventions, tous les actes préparatoires étaient bien nécessaires. Peut-être aurait-on pu, dans la première, se passer du questionnaire, et dans la seconde, d'un des deux questionnaires ou d'un des deux entretiens, etc. On peut, certes, se poser cette question. Mais il ne faut pas perdre de vue que l'objectif de toute intervention est d'abord de produire les effets attendus. Ces effets obtenus, on peut évidemment souhaiter améliorer la démarche. On y parvient d'ailleurs assez souvent, pour peu que l'on veuille bien accepter deux principes.

Le premier est un *principe d'économie*. Il consiste à rechercher la même efficacité avec moins de moyens. On peut ainsi, par essais et erreurs, en s'appuyant sur son expérience, autant que sur ses connaissances théoriques, retirer tel ou tel élément du dispositif afin de savoir si sa présence est réellement de mise. L'objectif est, bien sûr, de ne

1. Le concept d'engagement a été évoqué pour justifier des actions ayant des objectifs somme toute assez similaires, par exemple auprès d'automobilistes (boucler sa ceinture de sécurité) par Geller et ses collaborateurs (Geller, Kalsher, Rudd et Lehman, 1989 ; Nimmer et Geller, 1988). Malheureusement, les actions-recherches réalisées par cette équipe associent à l'engagement des possibilités de récompenses et ne permettent pas de tirer des conclusions univoques.

conserver du dispositif initial que ce qui est réellement indispensable à la production de l'effet désiré.

Le second est un *principe d'optimalisation*. Il ne s'agit plus cette fois de réduire le dispositif puisque, sur la base du principe d'économie, il devrait déjà avoir été réduit à sa plus simple expression, mais de le modifier pour tenter d'obtenir un effet plus fort encore. L'intervenant aura pour cela une nouvelle fois recours à son expérience, mais aussi à ses connaissances théoriques. Parmi les facteurs d'engagement qu'il connaît, il essaiera d'abord celui qui lui semble le plus facile à insérer dans le dispositif. Dans la première intervention, par exemple, on pourrait certainement davantage jouer sur le « caractère public de l'acte ». Si une telle option était prise, on demanderait alors aux ouvriers, ayant accepté d'essayer tous les moyens de protection disponibles de porter un badge frappé d'un slogan comme « la sécurité, c'est mon truc ». Un tel badge devrait renforcer l'engagement de ceux qui le portent, d'abord en faisant de leur acceptation un acte public (un badge, c'est fait pour être vu), ensuite et surtout en resserrant le lien entre eux-mêmes et leur acceptation (si la sécurité c'est mon truc, il est bien dans ma nature d'accepter de faire de telles choses). Il ne faut, en effet, pas perdre de vue qu'il en va des décisions prises à la demande d'un intervenant, comme il en va des décisions prises à la demande de quiconque. Elles risquent toujours d'être peu ou prou frelatées par le sentiment qu'elles ont été prises pour faire plaisir à celui ou à celle qui les a sollicitées. C'est la raison pour laquelle il peut s'avérer utile, quitte à alourdir quelque peu la procédure, d'aider les gens à s'identifier aux décisions que nous avons su obtenir d'eux. Naturellement, là encore, l'intervenant se doit d'administrer la preuve que la ou les modifications proposées débouchent bien sur une optimalisation du dispositif.

Le chapitre suivant va nous permettre de voir fonctionner, grandeur nature, les principes d'économie et d'optimalisation.

Chapitre 6

Combattre le Sida

On peut se demander si le Sida n'a pas été la dernière manne d'une foule de professionnels des Sciences humaines et sociales. On ne compte plus le nombre d'études réalisées en France et dans le monde ayant permis à ces professionnels de mettre leur savoir au service de cette noble cause. Il faut reconnaître que toutes les conditions étaient réunies pour qu'il en soit ainsi : l'importance sociale du problème, son caractère à proprement parler dramatique, les conditions troubles de l'apparition du virus, puis des premiers développements de la pandémie, la vigueur des polémiques quant à la signification métaphysique d'un tel fléau ou quant aux fautes imputables aux homosexuels, et surtout la nécessité de réagir vite et fort, garantissant les financements. Aussi, si vous interrogez une banque de données, l'entrée SIDA (AIDS) appellera des listes interminables d'articles et d'ouvrages copyrightés. Qu'en serait-il si toute la littérature grise (rapports divers d'enquêtes et d'études) était aussi répertoriée ?

Comment nos confrères psychologues sociaux se sont-ils lancés dans ce combat ? Ils l'ont fait avec leur compétence, leur sérieux et avec les méthodes et les concepts dont ils disposaient. Ces méthodes (questionnaires et entretiens presque exclusivement) et ces concepts (attitude, représentation sociale presque exclusivement aussi) les ont surtout conduits à s'intéresser aux préalables, ou supposés préalables, de la conduite. Nous connaissons donc aujourd'hui beaucoup de choses sur les attitudes des gens à l'égard des malades, des séropositifs, du risque, etc., comme nous connaissons beaucoup de choses sur les représentations concernant les modes de contaminations, la maladie elle-même, les moyens de s'en prémunir (voir la brève synthèse de Morin, 1997). Tout ce savoir est évidemment intéressant puisqu'il contient des informations très importantes sur ce que les gens ont dans la tête. Mais la question reste de savoir si ce qu'ils ont dans la tête guidera effectivement leur comportement lorsqu'ils seront en situation de passer à l'acte. Imaginons que, dans une population donnée, l'acte de prévention recherché consiste en l'utilisation d'un préservatif. Les études disponibles nous permettront facilement de savoir ce que cette population pense de ce moyen de protection, les images qu'elle lui associe, l'efficacité qu'elle lui prête, les risques qu'elle croit encourir en cas de non utilisation, etc. Nous savons, par exemple, que, dans une population d'étudiants, nombreux sont celles ou ceux qui partagent la conviction selon laquelle il faut utiliser un préservatif avec un nouveau partenaire. Mais nous savons aussi qu'elles ou ils ne le font pas aussi systématiquement que leurs convictions le donneraient à attendre (Morin, 1994 ; Moatti, Grémy, Obadia, Bajos et Doré, 1995). Nous touchons là aux limites de cette approche que nous avions quelque peu bousculée dès notre introduction. Qu'on ne s'y méprenne pas. Nous ne prétendons pas que cette approche n'est pas respectable, ni qu'elle n'a aucune espèce de validité. Nous disons simplement que, s'agissant de peser sur le comportement des gens – et c'est bien ce qui importe en matière de prévention – cette conception est insuffisante. Elle est insuffisante parce que le lien entre attitude et comportement n'est malheureusement pas aussi direct que l'on a coutume de le croire (voir Channouf, Py et Somat, 1996 ; Giger, 2005), surtout lorsqu'il s'agit de toucher un comportement précis comme utiliser un préservatif lors d'une prochaine rencontre[1]. Elle est insuffisante encore

1. Le lien attitude/comportement est, en effet, plus fort lorsqu'il s'agit d'une gamme de comportements possibles. Votre attitude écologiste ne permettra pas de prédire avec efficacité si vous allez participer ou non à telle manifestation. Elle permettrait, en revanche, de prédire avec plus de certitude si vous êtes susceptible de participer à une ou deux manifestations dans l'année. Ma certitude serait plus élevée encore s'il s'agissait de prédire le nombre de comportements écologistes qui

parce que même les intentions comportementales sont de piètres prédicteurs[1]. Aussi étonnant que cela puisse paraître, dans de très nombreuses situations, il est plus sûr de prédire ce qu'une personne va faire en s'appuyant sur ce qu'elle a déjà fait, sur ses comportements antérieurs donc, qu'en s'appuyant sur les intentions qu'elle manifeste pour les temps qui viennent. C'est vrai au supermarché, lorsqu'on s'intéresse au comportement d'achat, et il arrive même que cela soit vrai dans l'isoloir en matière de vote. Dans le champ de la prévention cette insuffisance est d'autant plus grave qu'il en va de la vie même des gens et non pas seulement de leur comportement d'achat ou de vote.

Qu'il existe une autre façon de s'y prendre, probablement plus efficace, ne fait pourtant pas mystère. Si on se plaît à la taire, c'est parce que cette autre façon de s'y prendre relève de pratiques d'engagement qui ne sont pas toujours en odeur de sainteté dans notre bon pays. C'est pourtant, on s'en doute, de telles pratiques dont il va encore être question dans ce chapitre. Nous allons voir qu'elles peuvent revendiquer quelque efficacité, qu'il s'agisse de modifier les comportements, mais qu'il s'agisse aussi de modifier les attitudes. Et c'est même par là que nous allons commencer.

Les recherches-actions dont on va maintenant rendre compte ont toutes pour cadre l'Éducation nationale. Elles ont impliqué des lycéens et des étudiants.

pourraient bien être les vôtres cette année : participer à des manifestations, mais encore signer des pétitions, s'adonner au tri sélectif des ordures ménagères, refuser le diesel, etc.). Encore ne faut-il pas rêver. Même dans les cas les plus favorables, l'attitude est loin de permettre des prédictions sur lesquelles on pourrait tabler les yeux fermés. Les statisticiens vous diront que le lien entre l'attitude écologiste et ce grand nombre de comportements écologistes possibles n'explique guère que 50 % des différences comportementales relevées entre les gens (Weigel et Newman, 1976).

1. Les résultats des recherches-actions visant à conduire des personnes à aller volontairement se faire dépister, et dont il sera question dans ce chapitre, sont à cet égard parfaitement éloquents.

UTILISER DES PRÉSERVATIFS

Adhérer à un pacte

La première recherche-action avait pour objectif essentiel de vérifier qu'engager des lycéens dans une action identifiée comme une action de prévention permettait bien de peser sur leurs attitudes (Masson-Maret, Joule et Juan de Mendoza, 1992). Nous avons vu, dans notre chapitre théorique (chap. 3), que l'engagement dans des actes problématiques débouchait sur des changements d'attitude, la personne réajustant, *a posteriori*, ses pensées à ses actes. Or, le recours au préservatif était à l'époque un acte éminemment problématique. On se souvient des propos tenus par la plupart des jeunes invités à parler, à cœur ouvert, du préservatif : « ça dépoétise la rencontre », « ça casse la spontanéité », « c'est pas naturel », « c'est gênant au sens propre comme au sens figuré »... On pouvait donc s'attendre à ce que l'engagement dans un acte préparatoire devant explicitement les conduire à l'usage des préservatifs soit lui-même problématique et, en tant que tel, rationalisé.

Bien que la recherche-action ait impliqué plusieurs procédures d'engagement, nous ne parlerons, afin de ne pas alourdir l'exposé, que de la plus simple d'entre elles. Il s'agit de la procédure minimale permettant de montrer la réalité de l'effet recherché ou, si l'on préfère, de la stratégie retenue sur la base du principe d'économie (cf. chap. 6). Cette procédure revenait à amener des élèves de classes de premières d'un lycée de l'Académie de Nice à s'engager contre le Sida en adhérant à un pacte prônant l'adoption des nouvelles conduites requises. Il ne s'agissait donc pas d'informer les élèves sur les dangers du Sida ou de les convaincre de l'utilité des préservatifs, mais d'obtenir de leur part un acte engageant : déposer dans une urne, après l'avoir découpé, le coupon d'adhésion figurant sur le pacte. Sur chaque pacte, distribué par les délégués de classe, il était écrit en gros caractères : « Le Sida, c'est l'affaire de tous, pour qu'il disparaisse, engageons-nous. » Il était en outre stipulé :

« Je choisis de me protéger pour ma santé, mais aussi celle des autres. »

« J'accepte de me protéger en étant fidèle ou en utilisant des préservatifs lors de rapports sexuels avec de nouveaux partenaires. »

« Je décide d'informer mon entourage de la nécessité de se prémunir contre la maladie. »

« Je m'engage à encourager la recherche et les chercheurs qui œuvrent pour vaincre la maladie. »

Les lycéens soumis à cette procédure (condition expérimentale) furent comparés à un groupe équivalent de lycéens mais auxquels il n'avait pas été proposé d'adhérer au pacte (condition contrôle). À cette fin, quelque temps plus tard, on mesurait l'attitude des lycéens des deux conditions vis-à-vis du Sida et de la prévention à l'aide d'un long questionnaire d'opinions (en fait, une échelle d'attitude de type Likert comportant 19 questions)[1]. Bien que l'engagement pratiqué dans cette recherche-action ait été, somme toute, minimal (les lycéens n'avaient pas eu à faire figurer leur nom sur le coupon d'adhésion, encore moins à le signer, l'opération ne durait en tout et pour tout qu'une poignée de secondes...), il est néanmoins suffisant pour affecter l'attitude dans le sens attendu, cette attitude étant significativement plus favorable à la prévention dans la condition expérimentale que dans la condition contrôle.

Dans cette première recherche-action aucun comportement ultérieur n'a donné lieu à observation. Il s'agissait uniquement de s'assurer qu'une stratégie d'engagement, répétons-le minimale, permettait bien de peser sur les attitudes vis-à-vis du Sida. Dans les deux recherches-actions que l'on va maintenant présenter, l'accent était également mis sur les effets comportementaux de l'engagement. Aussi bien, procédait-on, en phase postexpérimentale, à des mesures permettant de savoir non seulement si les personnes engagées dans un acte préparatoire avaient modifié leurs attitudes, mais encore si elles étaient après

1. Cette échelle prend en compte les trois dimensions (cognitive, affective et conative) traditionnelles de l'attitude. On la trouvera dans Masson-Maret, Joule et Juan de Mendoza (1992).

coup plus enclines à livrer bataille au Sida en accomplissant des actes significatifs, actes militants (vendre bénévolement des autocollants anti-Sida) dans l'une, actes de protection (disposer de préservatifs) dans l'autre.

Militer pour la prévention

Cette recherche-action[1] portait encore sur des lycéens de classes de Première. Il s'agissait cette fois d'élèves d'un grand lycée de la ville d'Aix-en-Provence. Nous décrirons la façon dont nous avons procédé dans trois classes comparables, deux ayant un statut de groupes expérimentaux et une, un statut de groupe contrôle. Nous ne rappellerons, en effet, que deux stratégies engageantes, ici encore, celles retenues sur la base du principe d'économie. Elles reposent l'une et l'autre sur l'obtention d'un acte préparatoire susceptible de déboucher sur des effets de pied-dans-la-porte. Dans le premier groupe expérimental (condition « slogans »), les lycéens étaient amenés à imaginer un slogan incitant les jeunes à se prémunir contre les risques du Sida. Dans le second groupe expérimental (condition « achat de préservatifs »), ils étaient amenés à acheter 1 € un préservatif dans le but d'aider la recherche médicale.

Les effets observés dans ces deux groupes, tant sur le plan des attitudes que sur le plan des comportements, étaient évidemment confrontés à ceux observés dans le groupe contrôle dans lequel les élèves n'avaient été sollicités, ni pour imaginer des slogans, ni pour acheter des préservatifs. Pour ce faire, tous les élèves étaient soumis après coup à un questionnaire d'attitude comprenant quatre échelles (une, très générale, en rapport avec la prévention du Sida, et trois, plus spécifiques, en rapport avec la sexualité et l'usage du préservatif). Ils devaient choisir une réponse parmi 7 possibles allant de

1. Elle a été réalisée dans le cadre du contrat de recherche n° 89 V1, ANRS et INSERM, cf. Morin et Joule (1991).

« absolument pas d'accord » (– 3) à « absolument d'accord » (+ 3), en réponse à chacune des quatre questions suivantes :

1 / L'État devrait consacrer plus d'argent à la prévention du Sida.
2 / Tout jeune doit avoir un comportement sexuel conforme aux consignes de prévention du Sida pour empêcher la progression de la maladie dans la société.
3 / Il est exagéré de dire que quelqu'un qui n'utilise pas de préservatifs avec un nouveau partenaire met ses jours en danger.
4 / Il est inutile de se préoccuper du Sida lors de nouveaux rapports sexuels car les risques de rencontrer quelqu'un de contagieux sont minimes.

Voilà pour les mesures d'attitude. Les mesures comportementales étaient, quant à elles, réalisées plus tard, les élèves étant sollicités pour vendre 2 € un autocollant, réalisé par le Centre régional de prévention, d'information, de formation et de lutte contre le Sida (CRPS) de Marseille, toujours dans le but d'aider la recherche médicale.

Les conditions expérimentales

Dans la condition « slogans » l'intervention durait une heure environ. L'intervenant était introduit par le professeur de Biologie. Après s'être présenté, il expliquait que différentes enquêtes semblaient montrer que les jeunes, les lycéens en tête, n'avaient pas tellement apprécié les slogans nationaux comme « Le préservatif préserve de tout, même du ridicule » ou encore comme « Le préservatif préserve de tout, sauf de l'amour ». Il leur demandait alors s'ils seraient d'accord pour réfléchir collectivement, par petits groupes de 5 ou 6, à de meilleurs slogans pour les jeunes, ceci afin d'aider les concepteurs des campagnes à venir. Tous les élèves, on s'en doute, ont accepté, soit 34 sur 34. Les voilà donc partis pour une séance de créativité. Au bout du premier quart d'heure, un représentant de chaque petit groupe devait aller écrire au tableau les slogans trouvés. Durant le quart d'heure suivant, les élèves étaient invités à trouver de nouveaux slogans ou à améliorer ceux déjà trouvés. Au terme de ce second quart d'heure, il leur appartenait de sélectionner les trois meilleurs slogans, ceux qui seraient, en fait, communiqués aux responsables des futures campagnes de prévention. Un vote à main levée permettait d'établir démocratiquement un classement. Voici le tiercé gagnant :

1 / Préservatif, affirmatif, je reste actif.
2 / Aux armes citoyens, enlevez la culotte et gardez la capote.
3 / Love on the préservatif, affirmatif, moi je me préserve actif.

La séance de créativité sitôt achevée, les élèves étaient sollicités pour passer le questionnaire d'attitude. Il était introduit de la façon suivante : « Pour terminer, j'aurais une dernière chose à vous demander. Pour pouvoir améliorer les campagnes d'information et de sensibilisation destinées aux jeunes, nous faisons en ce moment passer un questionnaire aux lycéens qui veulent bien nous aider. Il s'agit d'un questionnaire anonyme auquel il faut bien sûr répondre sincèrement. Ce n'est pas très long. Alors, puisque je suis là, j'en profite pour solliciter votre concours. »

Dans la condition « achat de préservatifs », l'intervention ne durait qu'une vingtaine de minutes. Ici l'intervenant, toujours introduit par le professeur de Biologie, s'arrangeait pour que les élèves « décident » d'aider la recherche médicale en achetant 80 cts un préservatif. Il disait notamment : « 80 cts, ce n'est rien, mais 80 cts, plus 80 cts, plus 80 cts, ça finit par représenter de l'argent, et de l'argent on en a bien besoin. A vous de voir si vous souhaitez ou non aider les chercheurs qui luttent contre le Sida. Je crois que vous êtes tous sensibilisés à ce problème... je ne ferai donc pas de grands discours. Vous savez ce que vous avez à faire. Surtout, que personne ne se sente obligé, c'est une affaire de conscience. » Il était alors procédé à la vente, vente lors de laquelle 31 élèves sur 38 achetèrent un préservatif, soit 81,6 %. Cette vente achevée, les élèves étaient invités, dans les mêmes termes que dans la condition précédente, à remplir le questionnaire d'attitude.

On aura remarqué que dans les deux conditions précédentes tout est fait pour que les élèves se sentent « libres et responsables » de leurs actes, l'intervenant étant davantage dans la position de celui qui sollicite leurs compétences ou en appelle à leur civisme que dans celle, plus classique dans un lycée, de donneur de leçons.

Dans la condition contrôle, l'intervenant, après avoir été introduit dans la classe par le professeur de Biologie, demandait uniquement aux élèves de remplir le questionnaire d'attitude.

Sida, mettez-vous à l'abri

Quinze jours plus tard, les élèves des différentes conditions étaient à nouveau sollicités par le même intervenant en l'absence de leurs professeurs. Il disait alors : « Je reviens vous voir mais je vous promets que ce sera la dernière fois... J'ai besoin de volontaires pour nous aider à récolter des fonds pour la recherche contre le Sida. En fait, il s'agit de vendre à quelqu'un de votre entourage un autocollant de 2 €. » Il montrait alors l'autocollant en question. Ce dernier, sur lequel figurait un parapluie ouvert, portait les inscriptions suivantes : « SIDA, METTEZ-VOUS À L'ABRI, avec le CRPS je me mobilise contre le Sida », et en petits caractères : « adhésion 2 € ». Il prenait alors le nom des personnes volontaires et leur remettait un autocollant en précisant qu'il repasserait la semaine suivante, même jour, même heure, pour récupérer l'argent.

Nous avons donc testé, dans cette recherche-action, les effets que deux actes préparatoires pouvaient avoir sur le plan des attitudes et sur le plan des comportements. Le premier (trouver des slogans) était réalisé en groupe, le second (acheter un préservatif) relevant d'une décision personnelle. En vérité, nous ne pensions pas que ces deux actes se traduiraient par les mêmes effets. Le premier était, certes, public, librement décidé, mais il relevait d'un exercice de créativité assez courant dans le lycée concerné. D'ailleurs le *brainstorming* se déroulait dans le rire et la bonne humeur générale. Le second, bien que le fruit d'une décision, à proprement parler individuelle, restait tout aussi public, la décision d'acheter un préservatif étant prise en classe et donc au vu et su de tous. Deux raisons nous incitaient à croire qu'en matière de prévention, le second se montrerait plus efficace que le premier. D'abord son coût et pas seulement au sens financier du terme. Ce n'est pas rien, quand on a seize ans, d'acheter un préservatif devant ses camarades de classe. Il est clair, en outre, qu'un tel geste sort largement du cadre des pratiques habituelles d'une classe de lycée et risque même, en tant que tel, d'offusquer certains parents d'élèves. Ensuite, la stricte proximité comportementale, l'acte d'achat d'un préservatif étant plus proche de l'acte qui consiste à s'en servir que l'acte qui consiste à trouver des slogans – aussi croustillants soient-ils – pour que d'autres s'en servent.

Résultats

Une certaine forme de bon sens pourrait conduire à ne traiter les résultats que des lycéens ayant accepté d'accomplir l'acte préparatoire. Ne veut-on pas avant tout connaître les effets que cet acte préparatoire est à même d'engendrer ? Toutefois, si l'objectif est de comparer l'efficacité de diverses stratégies, le bon sens conduit aussi à penser que cette efficacité tient également au nombre de personnes acceptant d'accomplir l'acte préparatoire. Que penseriez-vous d'une stratégie impliquant un acte préparatoire débouchant immanquablement sur le comportement que vous voulez obtenir (par ex. la vente d'un autocollant du CRPS) mais qui ne serait accepté que par 1 % de la population à laquelle vous vous adressez ? Vous auriez, bien évidemment, avantage à lui préférer une stratégie dans laquelle l'acte préparatoire est accepté par le plus grand nombre, même s'il ne conduit pas aussi systématiquement au comportement désiré. Ce qui compte, en fait, dans l'évaluation de l'efficacité d'une stratégie, c'est le nombre de personnes qui se comportent comme on le souhaite après avoir été exposées à cette stratégie. C'est la raison pour laquelle il est d'usage d'établir les résultats de telle sorte que l'on puisse comparer les gens soumis aux stratégies testées, et pas seulement ceux qui ont accepté de commettre tel ou tel acte préparatoire. Aussi bien, les résultats qui vont être maintenant présentés porteront-ils sur les trois classes au grand complet, les élèves n'ayant pas acheté le préservatif étant pris en compte au même titre que ceux qui l'ont acheté dans les analyses statistiques.

Sur le plan des attitudes, les élèves du groupe « achat de préservatifs » se distinguent significativement des élèves du groupe contrôle sur chacune des quatre échelles. Comme attendu, ils trouvent plus que ceux de la condition contrôle que l'État devrait consacrer davantage d'argent à la prévention du Sida (question 1) et que les jeunes devraient avoir un comportement sexuel conforme aux consignes de prévention (question 2). Ils pensent moins que les élèves de la condition contrôle qu'il est exagéré de dire que quelqu'un qui n'utilise pas de préservatif avec un nouveau partenaire met ses jours en danger (question 3) et qu'il est inutile de se préoccuper du Sida lors de nouveaux rapports sexuels (question 4).

Les élèves du groupe « slogans » occupent, quant à eux, une position intermédiaire, entre les élèves du groupe « achat de préservatifs » et ceux du groupe contrôle. D'un point de vue statistique, ils ne se distinguent toutefois pas des élèves de la condition contrôle quelle que soit l'échelle d'attitude considérée. Ils s'en distinguent, en revanche, sensiblement sur le plan des mesures comportementales. D'une part, le nombre d'élèves s'étant portés volontaires pour vendre un autocollant est plus élevé dans la conditions « slogans » (79 %) que dans la condition contrôle (62,5 %), d'autre part, le nombre d'élèves ayant effectivement vendu un autocollant est plus élevé dans cette condition (64 %) que dans la condition contrôle (41 %). En somme, si l'engagement produit dans la condition « slogans » n'a pu donner lieu à des changements d'attitude significatifs, il a conduit à des changements comportementaux non négligeables et dont l'utilité sociale n'est pas discutable. Inutile de dire que les changements comportementaux observés dans la condition « achat de préservatifs » sont encore plus forts : les élèves de cette condition sont les plus nombreux à avoir accepté de vendre un autocollant (86,5 %), comme ils sont les plus nombreux à l'avoir effectivement vendu (73 %).

Comme nous le pensions, c'est donc bien la stratégie mise en œuvre dans le groupe « achat de préservatifs » qui s'avéra la plus efficace, à la fois sur le plan des attitudes et sur le plan des comportements. Sur la base de la théorie de l'engagement, on peut penser que les élèves ayant fait l'objet de cette stratégie furent à l'avenir plus enclins à utiliser un préservatif, qu'on les ait invités à le faire (pied-dans-la-porte avec demande explicite) ou non (pied-dans-la-porte avec demande implicite). Si l'engagement dans l'acte d'achat du préservatif est réussi, comme en attestent à la fois nos mesures d'attitudes et nos mesures comportementales, il devrait, en effet, avoir pour conséquence de rendre plus probable l'émission de nouveaux comportements allant dans le sens de l'identification « Je lutte contre le Sida ». Et il va sans dire que la décision d'utiliser un préservatif va dans le même sens que celle consistant à en acheter un. Malheureusement, il n'est guère possible de savoir si nous sommes effectivement parvenus à augmenter la probabilité que les élèves de la condition « préservatif » utilisent dorénavant des préservatifs, comme la théorie de l'engagement le donne à attendre. C'est qu'un tel acte n'est pas – ce n'est un secret pour personne – d'observation commode. On peut, certes, demander à des jeunes de nous faire des confidences à la faveur de questionnaires anonymes ou d'entretiens subtilement menés. Mais tous les spécialistes savent que de telles confidences sont sujettes à caution. Doit-on pour cela renoncer à obtenir une information fiable ? Certainement pas. Il semble que des mesures indirectes puissent ici se substituer à des mesures directes déontologiquement inacceptables et pratiquement impossibles. C'est à de telles mesures indirectes que nous avons eu recours dans la recherche-action qui va suivre.

UN PRÉSERVATIF EN POCHE

Cette nouvelle recherche-action a pour cadre une authentique campagne de prévention orchestrée par les services médicaux du Rectorat de Grenoble et ambitionnant de toucher l'ensemble des lycéens de cette ville. D'une durée de six semaines, cette campagne était rythmée par diverses manifestations (animations en tous genres, conférence-débat, films, etc.) et donnait lieu à la diffusion d'un livret spécialement conçu pour la jeunesse dans lequel conseils et informations prophylactiques étaient donnés, notamment par des héros de bandes dessinées. La recherche-action qui nous a été confiée s'est déroulée dans plusieurs lycées d'enseignement professionnel (LEP) auprès d'élèves de 15 à 19 ans. Il nous avait été demandé de comparer l'efficacité de trois stratégies : une stratégie de sensibilisation (284 élèves), une stratégie de persuasion (249 élèves), et une stratégie d'engagement (220 élèves). Cette recherche-action a le mérite d'avoir été entièrement réalisée par des volontaires issus du personnel de l'Éducation nationale, notre rôle s'étant borné à former ces volontaires aux concepts de persuasion, de sensibilisation, d'engagement, et à définir à la fois la tonalité et les modalités de leurs interventions auprès des lycéens, dans leurs établissements, durant la campagne. Il nous appartenait toutefois d'effectuer les mesures antérieures et postérieures aux trois types d'intervention. Aussi, dans le cadre de ce que les élèves pensaient être une vaste enquête régionale, leur proposait-on d'abord de répondre en tête-à-tête à toute une série de questions, bref, de passer un assez long questionnaire. C'est donc dans le but d'apprécier l'efficacité de nos trois stratégies (celle de persuasion, celle de sensibilisation et celle d'engagement) que 50 % des élèves soumis aux interventions étaient invités à passer le questionnaire avant l'entrée en lice des personnels de l'Éducation nationale, les 50 % restant ne le passant qu'après[1]. Ce questionnaire comportait trois rubriques principales. La première concernait leurs connaissances des risques réellement encourus et la façon dont les lycéens percevaient la gravité de divers acci-

1. Comme dans les recherches-actions sur la prévention des accidents, nous sommes là en présence d'un plan avant/après. Mais contrairement à ce qu'il en était dans le chapitre précédent, ce sont des élèves différents qui ont fourni les mesures préalables et les mesures postérieures à l'intervention. Ceci nous permettait d'éviter deux écueils. Le premier tient à ce qu'on appelle la contamination expérimentale, les mesures postérieures pouvant être affectées par les mesures antérieures, surtout lorsqu'on a affaire à un questionnaire particulièrement sensible. Le second écueil tient à la difficulté d'avoir au même moment des groupes rigoureusement équivalents dans un même lycée, l'un soumis à une campagne ayant touché en fait plusieurs classes (groupe expérimental) et l'autre supposé non touché par cette campagne (groupe contrôle).

dents et maladies dont, il va de soi, le Sida. La deuxième rubrique permettait de connaître les attitudes des lycéens à l'égard des campagnes de prévention, l'intérêt qu'ils y trouvaient, l'image qu'ils en avaient, l'utilité qu'ils leur prêtaient. La dernière rubrique, enfin, portait sur les pratiques sexuelles et l'usage du préservatif. Comme nous l'avons laissé entendre, nous ne nous contentions point à ce propos de simples confidences. Plutôt que de nous fier aveuglément à ce que les lycéens pouvaient nous dire, nous avons préféré approcher l'usage de cet objet particulier, qu'est le préservatif, à travers son caractère plus ou moins *familier.* Ainsi, demandions-nous aux lycéens de citer des marques de préservatifs, d'indiquer leur prix, les lieux les plus proches où ils pouvaient s'en procurer, et enfin, question ô combien sensible, de dire s'ils en avaient un par-devers eux et, en cas de réponse affirmative, de le montrer. Bien qu'il ne faille jurer de rien, on peut raisonnablement penser qu'un lycéen qui connaît plusieurs marques de préservatifs, qui est capable d'indiquer leur prix, les lieux les plus proches où il peut s'en procurer et qui est de surcroît en mesure d'en montrer un à l'enquêteur, a plus de chance d'utiliser des préservatifs, lors de rapports sexuels, qu'un lycéen qui répond négativement ou par l'ignorance à toutes ces questions. Faute de mesure directe, il s'agissait donc là, de notre point de vue, d'une approximation fort acceptable.

Trois stratégies

Chaque lycée d'enseignement professionnel donnait lieu à la mise en œuvre d'une stratégie et d'une seule, chaque stratégie étant réalisée dans deux LEP différents.

La stratégie de persuasion

Cette stratégie repose sur le postulat selon lequel le changement comportemental attendu (en l'occurrence : utiliser des préservatifs) passe avant tout par un changement d'attitude à l'égard de l'objet « préservatif » ainsi qu'à l'égard de l'acte qui consiste à s'en servir au moment opportun. Tout était donc fait par les personnes ayant en charge cette stratégie pour *convaincre* les lycéens que le préservatif était à la fois un objet utile et finalement plein d'attrait (couleurs et formes amusantes, goûts et odeurs fruités, etc.) et surtout qu'y recourir était encore la meilleure façon de se prémunir contre les maladies sexuellement transmissibles et contre l'infection par le VIH. Le dispositif de persuasion comprenait un cours effectué par un enseignant sur le Sida et les risques de contamination, la diffusion de tracts et de brochures vantant les mérites du préservatif et la commodité de son usage, etc.

La stratégie de sensibilisation

Chérie des psychosociologues de la grande tradition, cette deuxième stratégie repose sur un tout autre postulat. Il s'agit du postulat selon lequel le changement comportemental attendu passe par une sensibilisation des lycéens à l'impérieuse nécessité dans laquelle ils se trouvent de se construire de nouvelles attitudes, d'acquérir de nouveaux savoirs. Il ne s'agit donc plus, à proprement parler, de « convaincre » mais bien plutôt de donner aux lycéens l'envie, en quelque sorte, de s'autoconvaincre et d'aller chercher l'information mise à leur disposition par l'intervenant afin qu'ils puissent, sur cette base, et donc par eux-mêmes, se forger des attitudes et des opinions. Cette stratégie, très psychosociologique donc, ne manquera pas de faire penser à une stratégie d'engagement. Il ne faudrait toutefois pas la confondre avec une telle stratégie. À cela deux raisons. D'abord les partisans de cette stratégie restent parfaitement convaincus du rôle primordial joué par les motivations, les attitudes et les savoirs dans la détermination des comportements. Ensuite, et ceci découle de cela, s'ils mettent en œuvre des dispositifs généralement assez lourds censés stimuler l'initiative des populations cibles, ils le font sans se doter d'une technologie comportementale engageant cette population dans un cours d'action dont l'identification est susceptible de conduire au comportement attendu. Mais revenons à la stratégie de sensibilisation telle qu'elle s'est déroulée. Au point de départ une banderole destinée à solliciter la curiosité et à éveiller l'intérêt des lycéens. Sous une affirmation claquant comme un slogan « Le Sida, c'est aussi mon problème » on apprenait l'ouverture d'une « cellule d'information Sida ». Les lycéens allaient effectivement y trouver durant toute la campagne des informations, mais aussi l'occasion d'échanger avec des professionnels de la santé, des enseignants et des copains à la faveur de différents ateliers et tables rondes. Ils y trouveraient même, entre autres choses, le matériel et les conseils nécessaires à la confection de montage audiovisuel si l'envie leur prenait de mettre leur talent et leur créativité au service d'un objectif de prévention.

La stratégie d'engagement

La stratégie d'engagement repose, comme on le sait maintenant, sur le postulat selon lequel le comportement attendu passe par l'obtention d'un ou de plusieurs comportements préalables, allant dans le même sens, mais notoirement moins coûteux. La stratégie testée ici est une stratégie minimale (principe d'économie). Elle a consisté à obtenir des lycéens un – et un seul – acte préparatoire engageant (libre, public, irrévocable, etc.). Elle était donc réduite à un simple pied-dans-la-porte. Dans un lycée, l'acte préparatoire revenait à signer une pétition en faveur de l'installation d'un distributeur de préservatifs au sein de l'établissement[1] et dans un autre à acheter, pour une somme modique, un porte-clés dont la forme pouvait passer de celle d'un cœur ardent à celle d'un préservatif fier et décidé.

Résultats

Les résultats relèvent d'une comparaison entre les mesures préalables et les mesures postérieures à la campagne. Ils tiennent en une phrase qui se passe de commentaires : les stratégies de persuasion et de sensibilisation permettent de peser sur les attitudes et les savoirs

1. Il va de soi que ce distributeur n'a pas été installé avant la fin de la campagne et la mesure de ses effets.

(notamment en matière de perception du risque et d'attitude à l'égard de la maladie...) mais pas sur les comportements des élèves (familiarité du préservatif), l'inverse étant vrai pour la stratégie d'engagement. Il fut ainsi observé que seuls les lycéens soumis à la stratégie d'engagement étaient, après la campagne, plus nombreux à être en mesure de montrer à l'enquêteur un préservatif qu'ils avaient par-devers eux (13 % avant la campagne, 20 % après).

Ces résultats montrent au moins deux choses. *Primo,* on peut toucher les attitudes sans toucher les comportements. *Secundo,* on peut toucher les comportements sans pour autant toucher les attitudes. La première ne doit pas surprendre, la littérature scientifique fourmille d'exemples de tels décalages, surtout lorsque le comportement attendu est d'une très haute spécificité (cf. n. 1, p. 125 et s'agissant de la prévention et du Sida : Ludwig, 1993). La seconde pourrait paraître plus surprenante dans la mesure où, dans toutes les autres recherches-actions rapportées jusqu'ici dans cet ouvrage, changements comportementaux et changements d'attitude allaient de pair. Elle ne l'est toutefois pas. La théorie de l'engagement ne présuppose rien de plus que l'existence d'une instance attributive par laquelle un comportement donné pourra être opposé à son auteur. Les changements comportementaux, comme les changements d'attitude, ne sont donc que des conséquences de cet engagement pouvant apparaître en parallèle (cf. chap. 3). Il n'est d'ailleurs pas rare que des actes préparatoires engageants affectent les comportements sans affecter les attitudes. Souvenons-nous de cette belle recherche de Kiesler, Mathog, Pool et Howenstine (1971) dans laquelle des mères de famille libérales avaient accepté de signer une pétition en faveur d'une information, à l'école, sur le contrôle des naissances. Si un tel acte les prédisposa à s'engager dans des comportements militants plus coûteux, il n'affecta pas le moins du monde leurs attitudes à l'égard de la cause défendue. Ce n'est que dans le cas très précis où cette cause était mise à mal par une contre-propagande ultérieure que Kiesler *et al.* observèrent un changement d'attitude traduisant toute l'aptitude de ces mères de famille à résister à cette forme d'agression idéologique (effet boomerang). On peut facilement comprendre que la signature d'une pétition à l'appui d'une cause à laquelle on croit, et que l'on sait partagée, puisse ne pas solliciter le registre des attitudes. Maintenant, si une contre-propagande vient soudainement remettre en question, non seulement les attitudes qui sont les nôtres, mais encore l'acte préparatoire que nous avons pu réaliser, on peut tout aussi facilement comprendre que les effets de l'engagement dans cet acte puisse, cette fois, atteindre le registre des attitudes. Et, de fait, pour un lycéen, signer une pétition revendiquant l'installation d'un distributeur de préservatifs dans son établissement (un LEP) est, certes, un acte engageant, mais qui ne véhicule aucune virtualité polémique, exactement comme c'était le cas des mères de famille libérales signant une pétition revendiquant une information sur le contrôle des naissances à l'école[1]. Nous ne parlerons pas de l'achat d'un porte-clés, cet acte préparatoire, aussi banal qu'anodin, étant probablement moins à même encore de solliciter le registre des attitudes. Peut-être aurions-nous pu introduire dans la stratégie d'engagement – mais le devions-nous vraiment ? – une contre-propagande. Cela eût été particulièrement facile. Dans la condition expérimentale dans laquelle l'acte préparatoire consistait à signer une pétition pour l'installation d'un distributeur de préservatifs, par exemple, il aurait suffi de faire circuler des tracts ou d'organiser une manifestation s'élevant contre cette installation. Sans doute aurions-nous pu alors nous extasier devant un effet boomerang en constatant que les attitudes des lycéens à l'égard du préservatif étaient plus positives après la campagne qu'avant. Mais un psychologue social appliqué n'est pas sur le terrain pour se faire plaisir et pour reproduire des effets classiques qui sont avérés dans la littérature scientifique. On attend de lui, avant tout, qu'il modifie les comportements. Et c'est bien la moindre des choses, aucune attitude, en tant que telle, ne pouvant faire obstacle à la propagation du VIH. À cet égard, le fait d'avoir en poche un préservatif est plus utile que quelque croyance en la gravité de l'épidémie et qu'une nouvelle sensibilité aux risques qu'elle vous fait encourir. C'est vrai lorsqu'on n'a pas encore 20 ans et qu'on fréquente un LEP, c'est vrai aussi plus tard pour d'autres fréquentations.

1. Le groupe d'appartenance de ces mères de famille libérales étant ce qu'il était.

LE DÉPISTAGE VOLONTAIRE

À l'époque où la recherche-action précédente a été réalisée, l'usage du préservatif commençait, dans la population lycéenne, à s'étendre. L'année suivante, en 1991, à l'occasion d'une enquête effectuée auprès des élèves du secondaire de la ville de Grenoble, 42 % des lycéennes et lycéens affirmant avoir eu des relations sexuelles déclaraient avoir utilisé un préservatif lors du dernier rapport. D'ailleurs, dans les conditions contrôles, la probabilité qu'une personne réalise spontanément le comportement attendu (utiliser des préservatifs) n'était pas négligeable, cette probabilité étant assez semblable à celle des comportements attendus dans les conditions contrôles des recherches traditionnelles sur le pied-dans-la-porte (1 sur 3 ou 4 en moyenne). Les pratiques d'engagement conserveraient-elles leur efficacité avec des comportements attendus de très faible probabilité ? Celui qui va nous occuper l'est à ce point que, dans nos conditions contrôles, personne, nous disons bien personne (0 %) ne le réalisait. C'est qu'il s'agit du dépistage volontaire chez des étudiants ne s'étant auparavant jamais fait dépister. On sait que le dépistage volontaire est, avec l'usage du préservatif, l'un des axes majeurs des campagnes de prévention du Sida. Il importe, en effet, avant toute chose que les gens sachent s'ils sont ou non contaminés afin de pouvoir, le cas échéant, se soigner et bien évidemment éviter de contaminer les autres. Aussi, pouvait-on s'attendre à ce qu'un jour ou l'autre nous ressentions le besoin de mettre la théorie de l'engagement au service du dépistage. Il faut dire qu'on nous y a un peu poussé ; il faut dire aussi que c'était là l'occasion rêvée, pour les chercheurs que nous sommes, de disposer, pour une fois, de mesures comportementales directes : passer ou non un test de dépistage du VIH.

Les recherches-actions qui nous ont occupés dans ce chapitre et, de façon plus générale, dans l'ensemble de cet ouvrage ont pu donner l'impression d'une sorte d'automaticité, les actes préparatoires débouchant systématiquement – on serait presque tenté de dire : « comme il se doit » – sur les effets escomptés. Cette impression risque de surcroît d'être renforcée par l'expression d'*engagement dans un cours d'actions* que nous avons souvent utilisé et qui donne à penser que les choses, une fois mises en route, se déroulent d'elles-mêmes, presque mécaniquement. Il est vrai qu'une telle impression ne relève pas de la pure illusion. Après tout, lorsqu'on parvient à se départir de certaines conceptions ambiantes de l'homme, davantage forgées pour nous plaire et pour nous rassurer que pour nous aider à prédire le comportement d'autrui, il n'est pas plus étonnant de voir quelqu'un donner 15 € pour quelque noble cause, lorsqu'il a déjà donné 2 € pour cette cause, que de le voir directement donner 15 € parce qu'il a dans la tête des idées reflétant une adhésion à cette cause. Il ne faut rien exagérer quand même. D'abord, contrairement à certains psychosociologues qui dans les années 60 tiraient orgueil de leurs échecs, nous n'avons pas ressenti le besoin d'exposer les actions-recherches dont nous avons pu avoir connaissance et dont les résultats étaient plus mitigés. Ensuite, cela fait près de vingt ans que nous avons ce type de pratique et si l'expérience ne remplace pas une bonne théorie, elle apprend incontestablement à en tirer meilleur profit. Enfin, lorsque le comportement que l'on souhaite promouvoir est aussi problématique que le dépistage, la bonne solution ne s'impose pas d'emblée.

Nous tenons, pour rassurer le lecteur sur notre modestie, à décrire par le menu les tâtonnements par lesquels il nous a fallu passer pour amener des étudiants à se rendre, pour la première fois de leur vie, dans un centre de dépistage. On va voir à quel point le chemin fut long et les échecs nombreux.

Une première série d'échecs

L'objectif étant d'amener des étudiants réfractaires à se faire dépister, nous avons, comme il se doit, éliminé de nos échantillons les étudiants ayant déjà subi au moins un test de détection du VIH.

La première recherche-action comprend trois conditions expérimentales et une condition contrôle. La première et la deuxième condition expérimentale réalisent un pied-dans-la-porte, la troisième un double pied-dans-la-porte.

Dans la condition contrôle, l'intervenant s'adressait dans les termes suivants à des étudiants seuls, contactés dans les couloirs, à la cafétéria, dans les salles de travail ou à la bibliothèque de l'Université de Provence : « Bonjour, je fais partie des gens qui se sentent concernés par le problème du Sida et qui essayent de faire quelque chose. Je travaille bénévolement en collaboration avec le dispensaire C. à Aix. Avec d'autres volontaires, nous essayons à notre manière de lutter contre cette maladie. Je suis chargé de recruter des jeunes qui accepteraient d'aller se faire dépister. Tu sais sans doute que le dépistage est un des moyens efficaces de lutter contre le Sida. Bien des contaminations pourraient être évitées si les gens acceptaient de se faire dépister. Le dépistage est évidemment anonyme et gratuit. Ça se passe au dispensaire C. Serais-tu volontaire pour aller te faire dépister ? » Si le sujet acceptait, l'intervenant ajoutait : « Pour pouvoir contrôler notre action, je te demanderai de remettre ce petit carton à l'infirmière du dispensaire qui te recevra. » En procédant ainsi, 2 étudiants seulement sur 30 (7 %) se déclarèrent volontaires (intentions comportementales), mais aucun ne se rendit au dispensaire (comportements effectifs). Nous distinguerons toujours par la suite ces deux types de mesures (intentions déclarées, comportements effectifs).

Dans une première condition expérimentale (premier pied-dans-la-porte classique) l'intervenant priait d'abord l'étudiant contacté de bien vouloir passer un bref questionnaire : 7 questions portant sur le Sida et sur la prévention de ce virus. Dans la deuxième condition expérimentale (second pied-dans-la-porte classique), il lui proposait avant toute chose d'acheter 80 cts un préservatif, dans le cadre d'une collecte de fond destinée à la recherche médicale. Dans la troisième condition expérimentale enfin (double pied-dans-la-porte), les étudiants se voyaient proposer à la fois de répondre au questionnaire et d'acheter le préservatif.

Les résultats furent loin d'être à la hauteur de nos espérances. Les actes préparatoires avaient pourtant été sélectionnés avec soin. Ils s'étaient l'un et l'autre montrés efficaces dans nos études antérieures. Or, pris isolément (pied-dans-la-porte classique) les deux actes préparatoires, qu'il s'agisse de passer un questionnaire ou d'acheter un pré-

espace culturel E.Leclerc

CENTRE E.LECLERC
ESPACE CULTUREL
93400 ST OUEN
TEL 01 41 40 20 00
BONJOUR

Caisse 105-0800 11 juillet 2015 13:50
Ticket 11/07/15 0 30U1 05500

Réservation n°018597
LA SOUMISSION LIBREMENT CONSENT 17.58

Total 1 article 17.58

Espèces 17.58
Rendu 0.00

MERCI
A BIENTOT

espace culturel
E.Leclerc

CENTRE E.LECLERC
ESPACE CULTUREL
93400 ST OUEN
TEL 01 41 40 20 00

BONJOUR

Caisse 105-0800 11 juillet 2015 13:50
Ticket 11/07/15 0 30U1 05S00

Réservation n°018597

LA SOUMISSION LIBREMENT CONSENT	17.58

Total 1 article	17.58
Especes	17.58
Rendu	0.00

MERCI
A BIENTOT

servatif, s'avérèrent d'une efficacité douteuse sur le plan des intentions comportementales et tout à fait nulle sur le plan des comportements effectifs. Ce n'est que combinés dans un double pied-dans-la-porte que ces deux actes préparatoires affectèrent significativement les intentions comportementales, 11 étudiants sur 30 se portant ainsi volontaires (39 %). Malheureusement, les comportements effectifs n'en furent pas pour autant véritablement affectés, seuls deux étudiants (7 % donc des personnes de cette condition expérimentale) s'étant rendus, de fait, au dispensaire. Nous touchons là aux limites que peut avoir un simple « contrat comportemental » (Kirschenbaum et Flanery, 1983) dans le cadre d'une intervention portant sur un comportement très problématique.

On nous avait d'ailleurs prévenus. Pas facile d'amener au dispensaire des réfractaires au dépistage. Nos interlocuteurs avaient à ce propos des interprétations cliniques parfaitement acceptables. Nous n'en fûmes pas moins déçus. Que cet échec ait « quelque part » satisfait celles et ceux qui avançaient de telles interprétations ne fait pas l'ombre d'un doute (« Vous êtes là, disaient-ils finalement rassérénés, aux limites de votre comportementalisme... »). En dépit du respect qui est le nôtre pour certaines approches cliniques, nous avons préféré dépasser notre déception en nous remettant dare-dare au travail plutôt qu'en assumant l'idée que le comportement de dépistage est trop chargé de sens pour être touché par les techniques d'engagement. Ayant pris acte que la décision de se faire dépister (intention comportementale) n'était pas suffisante pour amener les étudiants à aller véritablement se faire dépister (comportement effectif), la question qui se posait à nous était la suivante : comment amener les personnes ayant décidé de se faire dépister à rester sur leur décision ou, en termes plus théoriques, comment obtenir un effet de gel de cette décision ? Notre réponse se traduisit aussitôt par l'adjonction d'un nouvel acte préparatoire dans chacun des trois dispositifs expérimentaux précédents (principe d'optimalisation). Ce nouvel acte préparatoire avait un but précis : verrouiller la décision prise d'aller se faire dépister. Aussi, lorsque les étudiants s'étaient portés volontaires, l'intervenant les priait de sortir leur agenda afin d'obtenir un rendez-vous.

Ainsi, disait-il : « Peux-tu me donner le jour précis où tu pourrais aller au dispensaire ? Mieux vaut prendre rendez-vous, ça facilite le travail des infirmières, et toi tu n'attends pas. » L'intervenant notait le rendez-vous et s'assurait que l'étudiant le notait bien lui aussi. À cette différence près, tout se passait comme dans la série précédente. Les conditions d'obtention du volontariat n'ayant pas changé, nous n'attendions pas de meilleurs résultats sur le plan des intentions comportementales. Nous attendions, en revanche, une liaison plus étroite entre intention (décision de se faire dépister) et comportement effectif. Ce ne fut, hélas, pas le cas. La stratégie de double pied-dans-la-porte se montra une nouvelle fois la plus performante, mais son efficacité se limita encore aux intentions comportementales : 14 personnes sur 30 (47 %) prirent la décision d'aller se faire dépister, contre 4 sur 30 dans la condition contrôle (13 %). Ce n'était pas si mal. Dommage que les comportements n'aient pas suivi : seuls deux étudiants soumis à cette stratégie s'en tinrent à leur décision. Le dépistage s'apparenterait-il à un épouvantail ? Passons sur les consolations, compassées quelquefois, ironiques toujours, que des têtes bien pensantes ne purent s'empêcher de nous dispenser : « Que voulez-vous, chers amis, on n'influence pas les comportements en prise directe avec la mort et la Vérité comme on influence les comportements d'achat de savonnettes. » Devions-nous laisser le champ libre aux méthodes interprétantes ? Deux raisons nous incitaient à ne pas lâcher prise aussi aisément. D'abord l'effet des stratégies utilisées n'était pas en soi négligeable. Que près de 50 % des étudiants d'une population ciblée pour être réfractaire au dépistage se portent volontaires, alors qu'à peine 10 %[1] le font dans les conditions contrôles était somme toute un résultat encourageant. De nombreux intervenants d'ailleurs s'en seraient tenus là et auraient pu ainsi crier victoire, oubliant, ou feignant d'oublier, qu'entre les intentions et les actes il y a parfois un monde. Mais allons un peu plus loin. Les méthodes interprétantes, dignes de ce nom, s'en tiennent pour

1. Chiffre moyen calculé à partir des résultats obtenus dans toutes nos conditions contrôles et portant sur 120 personnes.

l'essentiel à l'interprétation des intentions. Elles y sont tenues par le fait rédhibitoire que les comportements effectifs appartiennent à la sphère du « réel » et qu'on n'interprète pas dans le « réel ». Or, qu'est-ce qui peut faire obstacle au passage de l'intention au comportement, sinon le poids des situations dans lesquelles ce comportement doit se réaliser ? S'en tenir à l'intention est, à la vérité, bien pratique. Une telle façon de mesurer l'efficacité d'une intervention évite, notamment, la prise en compte de ces déterminations situationnelles qui ont, pour une certaine psychologie, il faut bien le dire, un statut de trouble-fête. Pour nous, bien au contraire, réfléchir au passage de l'intention au comportement devrait plus que jamais nous conduire à la prise en compte de telles déterminations et à rechercher des stratégies d'engagement dans lesquelles la pression situationnelle soit directement au service de la réalisation du comportement attendu. Dans les procédures de soumission librement consentie, en effet, l'engagement est, certes, le fruit des circonstances, mais l'instance attributive reste finalement la plupart du temps limitée au sujet lui-même. Force est de constater qu'un tel engagement reposant sur une attribution individuelle n'est pas assez puissant pour modifier des comportements aussi solidement ancrés que l'évitement du dépistage. Gagner en efficacité passe peut-être, dans ce cas, par la sollicitation d'une instance attributive qui ne soit plus limitée au sujet mais qui réintroduise une forme plus collective d'attribution, par une extension en quelque sorte du « je » au « nous ». Un tel engagement présenterait l'avantage d'être réactivé chaque fois que le sujet se retrouve dans une situation mettant en relief son appartenance sociale. C'est probablement ce que Lewin avait en tête lorsqu'il mit sur pied ses premières interventions et lorsqu'il en vint à tabler sur des dispositifs de décision en groupe[1] pour modifier, durant la seconde guerre mondiale, les habitudes de consommation des ménages américains. On sait d'ailleurs à quel point il était fasciné par les normes de groupe. C'est donc par un retour à des pratiques plus lewiniennes que nous avons tenté de forcer le barrage entravant le passage des intentions aux

1. C'est volontairement que nous disons *en* groupe et pas *de* groupe.

comportements effectifs. Si nous ne l'avions pas fait plus tôt c'est essentiellement parce que ces pratiques sont, comme on peut l'imaginer, plus lourdes que la réalisation de pieds-dans-la-porte qui peuvent aisément s'opérer dans le contexte d'une interaction minimale.

Des pieds-dans-la-porte aux décisions en groupe

À revenir aux enseignements de Lewin, le plus sage était encore de reproduire le dispositif qui avait fait ses preuves dans les années 40 et que nous avions nous-mêmes utilisé avec succès à de nombreuses reprises et dans des contextes variés. Voyons comment les choses se déroulèrent.

La stratégie de base

L'intervenant avait pour consigne de ne s'adresser qu'à des étudiants en petits groupes (de cinq personnes minimum à six maximum) sur le campus universitaire d'Aix-Marseille. Il leur proposait de participer tous ensemble à une discussion sur le thème du Sida : « Bonjour, est-ce que vous auriez quelques instants à me consacrer ? Je serai très bref. Je fais actuellement une recherche qui porte sur la façon dont les jeunes se représentent le Sida et j'ai besoin de volontaires pour participer à une discussion. Chacun donne son avis, c'est intéressant parce que ça permet un échange de points de vue entre vous. La discussion prend environ une demi-heure. Est-ce que vous seriez d'accord pour y participer ? On peut programmer cette discussion au moment de la journée qui vous arrange le mieux. Tout de suite si vous voulez. » Les voilà donc installés, prêts pour une discussion entre copains. Toutefois, avant d'ouvrir le débat, l'intervenant invitait les étudiants à passer à un bref questionnaire sur le Sida, questionnaire censé servir d'amorce à la discussion. Il s'agissait bien sûr d'obtenir de leur part, d'entrée de jeu, un acte préparatoire propre à les inscrire dans le cours d'actions désiré. L'intervenant animait ensuite la discussion, trente minutes montre en main, en s'efforçant de centrer le débat sur les dangers du Sida et sur les deux grands moyens d'enrayer la pandémie en attendant la mise sur le marché du vaccin salvateur : le recours aux préservatifs, bien sûr, mais aussi au dépistage volontaire. La discussion terminée, l'intervenant, après avoir chaleureusement remercié les étudiants, disait : « Avant que vous ne partiez, je voudrais vous dire quelque chose. Vous vous doutez peut-être que je fais partie des personnes qui se sentent concernées par le problème du Sida. Avec d'autres, j'essaie de faire quelque chose. Je travaille bénévolement en collaboration avec le dispensaire C. En fait, je suis chargé de recruter des jeunes qui accepteraient d'aller se faire dépister. Vous savez évidemment que le dépistage est un des moyens efficaces de lutter contre le Sida. Bien des contaminations pourraient être évitées si les gens acceptaient de se faire dépister. Le dépistage est évidemment anonyme et gratuit. Ça se passe au dispensaire C. Est-ce que certains d'entre vous seraient prêts à aller se faire dépister ? » Si un ou des étudiants répondaient affirmativement, il poursuivait ainsi : « Peux-tu (ou pouvez-vous) me donner le jour précis où tu pourrais (vous pourriez) aller au dispensaire ? Mieux vaut prendre rendez-vous, ça facilite le travail des infirmières et tu n'attends (vous n'attendez) pas. »

À l'heure du bilan, une nouvelle déception. Ni sur le plan des intentions comportementales (27 % seulement de volontaires), ni sur le plan des comportements effectifs (0 %), ce dispositif ne se montra plus efficace que les modestes pieds-dans-la-porte des séries expérimentales précédentes. À l'analyse, il apparut que les étudiants avaient soigneusement escamoté le thème du dépistage, les discussions de groupe ayant porté sur tout sauf sur le dépistage volontaire et ceci en dépit des efforts sans cesse réitérés de l'intervenant. Aussi bien, la demande de l'intervenant au terme de la discussion, sans arriver comme un cheveu sur la soupe, ne pouvait s'appuyer sur un consensus de groupe préalablement établi. Nous décidâmes donc de complexifier quelque peu notre dispositif (principe d'optimalisation). Nous le fîmes en y introduisant un compère dont le rôle consisterait précisément, d'abord à rester sur le thème du dépistage, afin qu'un véritable consensus puisse s'élaborer dans chaque petit groupe, ensuite à servir de modèle « normatif » à la fin de la discussion en se portant le premier volontaire pour le dépistage. Malgré cela, les résultats furent globalement semblables aux précédents : honorables sur le plan des intentions comportementales (37 %), franchement désespérants sur le plan des comportements effectifs (0 %). La quadrature du cercle ! Cependant, engagés que nous étions nous-mêmes dans un cours d'actions, nous persévérâmes dans notre entreprise.

Polémiques et brebis galeuses

Sans doute, nous n'avions pas mesuré à quel point aller se faire dépister, lorsqu'on n'en a nulle envie – quand bien même nous en aurait-on extorqué l'intention – était un acte problématique. Sans doute aussi n'avions-nous pas pesé également à quel point il est des consensus qui peuvent avoir une telle valeur de truisme culturel qu'ils sont délestés de tout enjeu polémique, enjeu qui reste, on le sait, un des moteurs essentiels de la mobilisation des attitudes et de l'engagement comportemental. Souvenons-nous de la théorie de l'innoculation de McGuire et Papageorgis (1961, 1962). Ces chercheurs ne montrent-ils pas que les stratégies de soutien des attitudes[1] sont bien moins efficaces face aux contre-propagandes que les stratégies d'innoculation consistant à mettre en relief les aspects polémiques de ces mêmes attitudes. Souvenons-nous également des recherches de Kiesler mettant en lumière les conséquences que peut avoir une contre-propagande, faisant suite à l'engagement dans un acte préparatoire, sur la consolidation des attitudes et sur l'émergence de nouveaux comportements. Dans le cas qui nous préoccupe, on peut craindre que, ne résultant pas d'un débat contradictoire, ayant opposé les pour et les contre, les bons et les mauvais, le consensus dégagé autour de la question du dépistage n'ait été, en fait, qu'un consensus assez mou. La solution résiderait-elle dans la mise en relief de la dimension polémique du dépistage ? C'est cette carte que nous avons choisi de jouer

1. Les stratégies de soutien des attitudes reposent exclusivement sur une exposition à des arguments appuyant ces attitudes.

en prenant la décision d'instaurer, au sein de chaque petit groupe, un débat contradictoire dans toute sa splendeur. À cette fin, nous avons associé au compère normatif précédent un compère contre-normatif ayant pour mission de prendre systématiquement le contre-pied des arguments déployés par le premier compère et à refuser catégoriquement le dépistage en fin de discussion[1].

Les résultats furent très nets sur le plan des intentions comportementales : 60 % des étudiants se portèrent cette fois volontaires, six fois plus que dans la condition contrôle ! C'était le plus fort taux d'intentions que nous ayions enregistré. Mais, à notre grand désespoir, ces intentions ne se concrétisèrent pas davantage que les précédentes : 7 % seulement se rendirent au dispensaire pour faire un test. Nous étions pourtant sur la bonne voie. Encore fallait-il élucider le statut du compère contre-normatif avant de jouer notre va-tout. Sa présence, et surtout l'expression de sa décision de ne pas aller se faire dépister, faisait, de fait, du refus du dépistage une option potentielle de la réalité groupale. Aussi, si les agissements du compère contre-normatif permettaient bien de souligner la dimension polémique du dépistage, il n'en avait pas moins pour fâcheuse conséquence de rompre le consensus normatif. D'un consensus mou, nous étions probablement passés à un consensus brisé. Il fallait donc, coûte que coûte éviter un telle conséquence. C'est avec cette ferme intention que nous avons à nouveau modifié notre dispositif. Il nous a semblé, qu'en amenant les étudiants à prendre personnellement position contre l'option représentée par le compère contre-normatif, nous ne pourrions que favoriser l'émergence d'un consensus qui n'aurait plus rien, cette fois, de mou. Il s'agissait, en somme, de faire de ce compère une « brebis galeuse » dont

1. Pour éviter une « influence minoritaire » (cf. les très nombreux travaux sur l'influence minoritaire, en particulier : Moscovici, 1979 et Moscovici et Mugny, 1987) le compère contre normatif ne devait se servir que d'arguments irrecevables préalablement appris par cœur. Par exemple : « Y en a marre, la lutte contre le Sida, ça sert à rien », « Tout ça, c'est du cinéma, c'est les médias qui exagèrent », « De toute façon, il vaut mieux ne pas savoir », « Moi, je ne prends jamais de précaution, préservatifs ou autres, et ça ne me préoccupe pas », « Je ne veux pas savoir et c'est pour ça que je n'irai jamais me faire dépister, je ne comprends pas ceux qui le font », etc.

le rejet constituerait le ciment d'une cohésion de groupe valorisante (cf. Marques, 1995). Le plus simple était encore de demander au compère contre-normatif de se comporter de manière à faire l'unanimité contre lui et, pour couronner le tout, de partir en claquant la porte avant la fin de la discussion, la demande de l'intervenant pouvant alors se faire en son absence et après réinstallation d'un consensus groupal par le « bon » compère. Ainsi, espérions-nous réaliser ce que nous recherchions avec force tâtonnements depuis de longs mois, à savoir :

1 / un engagement collectif ;
2 / sur une question polémique ;
3 / à même de donner lieu à un consensus valorisant.

Mais assez parlé. Voyons plutôt ce qu'il en est. Le résultat le plus spectaculaire porte encore sur les intentions, puisque 100 % des étudiants (30 sur 30 !) exprimèrent leur volonté d'aller se faire dépister et prirent effectivement rendez-vous. Les mesures comportementales furent quant à elles – il était temps – réjouissantes. Pour la première fois, le nombre des étudiants qui se rendirent au dispensaire atteignit un seuil permettant de parler d'un véritable effet : 7 sur 30 (23 % donc). Il n'est que de se souvenir des chiffres de la condition contrôle : 0 sur 30 (0 %) pour mesurer l'écart. Pour être grande, notre satisfaction ne nous fit pas oublier les règles élémentaires de la prudence scientifique. Ce résultat pouvant paraître miraculeux, nous nous fîmes un devoir de le reproduire aussitôt. Même population, même dispositif, mais intervenant et compères différents[1]. Des causes identiques devant produire des effets identiques, nous ne fûmes guère surpris de constater à nouveau un taux exceptionnellement élevé d'étudiants exprimant l'intention d'aller se faire dépister : 87 % (26 sur 30). Quant au taux de concrétisation comportementale, il fut lui aussi du même niveau : 27 % (8 sur 30).

Sept ou huit personnes sur 30 se faisant dépister, cela peut paraître de petits chiffres à un habitué des revues scientifiques où l'on compte

1. Il était important de nous assurer que nos résultats n'étaient pas liés à l'équation personnelle des compères et/ou de l'intervenant.

les étoiles (.001, .0001...) et le lecteur peut se demander si de tels résultats méritaient tant de détours et tant d'efforts. À cette interrogation nous répondrons trois choses.

La première tient plus à notre souci de connaissance qu'à notre hantise d'efficacité pratique. Il nous semblait important de montrer, chiffres à l'appui, qu'on pouvait légitimement prétendre toucher des comportements aussi sensibles que les comportements de dépistage volontaire par des stratégies relevant de la psychologie de l'engagement. Rappelons que sur l'ensemble des personnes affectées à nos conditions contrôles, aucune d'entre elles n'a jamais poussé les portes du dispensaire. C'est dire à la fois la gageure et la difficulté de notre objectif. La seconde est en rapport avec le scepticisme de nos contradicteurs, et de certains de nos commanditaires, convaincus que ce comportement de dépistage, plus que tout autre, résisterait à nos principes d'intervention. Nous espérons les avoir détrompés. La troisième n'est pas une réponse mais une question. Imaginez que votre fille soit amoureuse d'une de ces 7 ou 8 personnes... Trouveriez-vous toujours que tout cela n'en valait pas la peine ?

Quoi qu'il en soit, les résultats présentés dans ce chapitre nous invitent encore et toujours à insister sur le statut qu'il convient d'accorder à l'action, et à l'engagement dans l'action, dans les campagnes de prévention du VIH. Nous ne voulons pas dire, évidemment, qu'il ne faut plus informer, convaincre, sensibiliser comme on le fait si bien ici ou là. Nous voulons simplement dire qu'informer, convaincre et sensibiliser ne suffisent pas et que si nous voulons vraiment enrayer la propagation du virus, mieux vaut s'occuper de ce que les gens font (mettre ou non un préservatif, aller ou non se faire dépister, etc.), que de ce qu'ils pensent, croient ou supputent.

Chapitre 7

La théorie de l'engagement : champs d'application, principes et règles

Nous nous en sommes tenus, dans les chapitres précédents, à quelques interventions relevant d'un certain style d'application de la théorie de l'engagement[1] :

— la théorie de l'engagement était mise au service d'une cause que chacun s'accorde à reconnaître comme bonne. Il ne viendrait à l'esprit de personne de contester que la réinsertion professionnelle, les économies d'énergie, la lutte contre les accidents de travail ou contre le Sida soient de vraies bonnes causes ;
— les interventions restituées avaient été conduites avec un souci d'administration de la preuve.

Ces interventions, si elles illustrent bien le cheminement qui a pu être le nôtre à la faveur de quelques commandes – et plus généralement le cheminement qui peut être celui d'un psychologue social attaché à une certaine conception de la recherche-action –, sont loin d'épuiser le champ d'application de la théorie de l'engagement. Nous allons nous arrêter un moment sur ce champ d'application qu'il est

1. Il va de soi que nous en avons réalisé d'autres. Nous ne les avons pas retenues, soit pour des raisons de confidentialité obligée, soit parce que le canevas de la recherche-action ne permettait pas d'opposer un ou des groupes expérimentaux à un groupe contrôle.

commode de diviser en deux types d'orientations. On peut se servir de la théorie de l'engagement pour « engager » les gens afin qu'ils réalisent, de leur plein gré, les comportements qu'on attend d'eux, c'est là une première orientation, celle-là même qui nous a occupé dans cet ouvrage. Mais on peut aussi se servir de la théorie de l'engagement pour « désengager » les gens afin qu'ils ne persévèrent pas dans l'erreur et c'est là la seconde orientation.

ENGAGER LES GENS

La première orientation, nous ramène donc au changement comportemental, la théorie de l'engagement pouvant s'avérer utile chaque fois qu'un agent social souhaite peser sur le comportement des uns ou des autres sans recourir au pouvoir formel. Pour le dire autrement, cette théorie peut s'avérer utile chaque fois que quelqu'un se pose cette question quelque peu paradoxale : *comment amener autrui à faire librement ce qu'il doit faire.* Cette question, que l'idéologie libérale a su si bien légitimer, on peut se la poser en ayant pour cible des populations, des groupes sociaux, mais aussi des personnes prises isolément. Il convient donc de distinguer trois grandes situations.

L'agent social et les populations

Dans la première situation, l'agent social souhaite modifier le comportement de gens qui ne sont définis que par leur appartenance à une population cible, par exemple : la population des automobilistes français, celle des lycéens de la ville d'Aix-en-Provence, ou encore celle des sans-abris de la région PACA. Il ne les connaît pas, il n'entretient pas avec eux de rapport institutionnel, professionnel et, à plus forte raison, personnel. Il peut donc utiliser les techniques d'engagement qui lui paraissent les plus à même de déboucher sur le comportement attendu, ponctuellement, et sous leurs formes les plus pures. C'était le cas, notamment, dans les recherches-actions visant à promouvoir l'usage du préservatif chez les lycéens (cf. chap. 6) et dans lesquelles nous avons utilisé la technique standard du pied-dans-la-porte. C'est plus généralement le cas des campagnes de communication ambitionnant de toucher un comportement particulier ou une classe particulière de comportements, dans une population donnée. L'action sur les populations, qu'il s'agisse d'ailleurs de changer les mentalités ou les comportements, est devenu un fait de société. Du marketing politique et commercial aux collectes de fond pour les causes les plus diverses, en passant par les campagnes pour ceci ou pour cela, on ne cesse, où que l'on soit, d'être sollicité. Si la théorie de l'engagement commence à être enseignée ici et là, nous doutons fort cependant que les concepteurs de telles actions en aient une réelle maîtrise. Il nous faut néanmoins reconnaître que, lorsqu'ils ne se fient pas au vieil adage selon lequel « il faut convaincre pour vendre », il leur arrive de recourir à des *trucs* qui ne sont pas incompatibles avec la théorie de l'engagement. Nous avons toutefois la ferme conviction que ces trucs, pour ingénieux qu'ils soient, pourraient gagner en efficacité. Prenons l'exemple d'une célèbre opération, conduite il n'y a pas si longtemps en faveur de la sécurité routière : l'opération « drapeaux blancs ». Cette opération avait pour originalité – c'était une première en France – d'assortir les traditionnels arguments louant la prudence au volant et le respect du Code de la route d'une demande que les automobilistes étaient invités à satisfaire par médias interposés : faire flotter un tissu blanc à l'extérieur de son véhicule en témoignage de sa volonté de rouler, le temps d'un week-end, en bon père de famille. Qu'un tel comportement (librement décidé, public...) puisse avoir toutes les vertus d'un acte préparatoire engageant n'est pas discutable. Mais la question est de savoir comment un automobiliste qui vient d'accrocher son mouchoir à l'antenne de son véhicule va bien pouvoir identifier son action. Il peut le faire en se disant qu'il participe à une grande et belle opération de sécurité. Très bien. Mais il peut aussi le faire tout autrement. On se souvient peut-être que, malheureusement, les concepteurs de l'opération avaient, malgré eux, offert aux chauffeurs du dimanche l'opportunité d'identifier leur action à contresens : je participe à un jeu. En effet, l'opération se doublait d'un show télévisé permettant à certains automobilistes, repérés par hélicoptère pour leur bonne conduite, d'empocher une somme plutôt rondelette et de passer à la télévision. Nul doute qu'une telle opération peut amener nombre d'automobilistes à modifier le jour en question leur comportement. Et, de fait, l'opération fut un succès. Reste à savoir comment roulèrent, dès le lendemain, les conducteurs ayant identifié leur action comme une participation à un jeu. On sait qu'un bon acte préparatoire ne doit pas s'accompagner de justifications extérieures. De là à penser que la perspective d'un gros chèque, doublée de celle d'un couronnement télévisuel, ait fortement contribué à désengager les automobilistes aux drapeaux blancs, il n'y a qu'un pas que ce que nous savons de la théorie de l'engagement nous dicte de franchir allègrement. On aurait donc pu, à l'évidence, gagner en efficacité. Lorsqu'il nous arrive de suggérer à nos commanditaires de tabler sur des actes préparatoires exempts de toute justification externe, nous nous heurtons souvent à leur crainte que de tels actes soient refusés. Notre expérience nous montre cependant que, pour peu qu'ils reposent sur un consensus social – il faut évidemment respecter le Code de la route – et pour peu encore que l'on sache s'y prendre, de tels actes ne sont pas bien difficiles à obtenir. Pour le cas qui nous occupe, une intervention que nous avons réalisée auprès de jeunes conducteurs d'une grande région de France nous a appris que l'on pouvait obtenir d'eux, sans aucune contrepartie, l'acceptation massive d'un acte préparatoire aussi coûteux que : signer un engagement consistant : 1 / à ne pas conduire après avoir bu ; 2 / à ne pas laisser conduire un ami qui a bu ; et 3 / à faire figurer cet engagement[1] durant tout l'été sur le pare-brise de leur voiture.

Si les concepteurs de campagnes de sécurité font bien souvent appel à leur finesse et à leur bon sens, c'est moins le cas des professionnels du marketing qui, dans tous les pays modernes, se font plutôt un devoir de recourir à des techniques « scientifiquement » éprou-

1. Il s'agissait d'un autocollant.

vées. *Business is business*. Ces techniques, ils les importent, la plupart du temps, d'outre-Atlantique. On peut toutefois se demander s'ils disposent bien des théories permettant de les optimaliser. À qui n'est-il pas arrivé, sitôt entré dans son supermarché favori, de voir glisser dans son caddie un échantillon de café, de dentifrice ou de mousse à raser. De telles campagnes reposent pourtant sur des présupposés pouvant être peu ou prou fondés théoriquement. Le concepteur peut d'abord penser qu'ayant fait un petit geste positif à votre égard, vous vous devez de lui retourner la pareille. Les travaux sur la *norme de réciprocité* ne lui donne pas tout à fait tort (Cialdini, 1984). Il peut encore penser que le fait de disposer de ce produit va vous familiariser avec la marque, ce qui devrait avoir pour résultat de vous rendre cette marque plus sympathique ou tout simplement plus accessible en mémoire. Là, les travaux sur la *simple exposition* et sur certains effets de *mémoire implicite* lui donneraient plutôt raison (voir Leyens et Beauvois, 1997). Mais il peut aussi penser qu'en essayant son produit, le consommateur le trouvera si bon qu'il ne pourra plus désormais s'en passer. Et pourquoi pas, après tout ? Il n'est pas interdit de rêver. Loin de nous l'idée de contester la validité de ces présupposés. Il suffit que l'un d'entre eux soit bon pour que la campagne promotionnelle porte ses fruits. Notre propos tient uniquement au fait que ce premier contact entre le consommateur et le produit pourrait être amélioré jusqu'à prendre la valeur d'un acte préparatoire engageant. Il suffirait pour cela que le consommateur, au lieu de se le voir imposer, puisse décider lui-même de disposer de l'échantillon : « La maison offre un échantillon de son nouveau dentifrice aux personnes qui désirent l'essayer. Est-ce que cela vous intéresse ? J'aurais plaisir à vous en offrir un. » On pourrait même, facilement, améliorer encore la démarche. Après avoir joué sur le facteur « libre choix », on pourrait jouer sur le facteur « coût de l'acte » en proposant, par exemple, aux personnes ayant répondu affirmativement d'aller elles-mêmes chercher l'échantillon quelques mètres plus loin. Bien sûr, agir ainsi, c'est prendre le risque d'essuyer quelques rares refus, mais c'est aussi augmenter ses chances de voir les personnes, qui repartent chez elles avec un échantillon, d'abord l'utiliser, ensuite le trouver bon et, enfin, persévérer dans le cours d'actions ouvert par l'acte préparatoire en achetant, un jour ou l'autre, le produit.

Il s'agit là de deux exemples illustrant la façon dont un agent social peut utiliser la théorie de l'engagement dans la première situation, c'est-à-dire lorsqu'il convient d'agir sur de vastes populations.

L'agent social, les groupes et les personnes

Dans la deuxième situation, il n'est plus question d'œuvrer à l'échelle d'une population mais d'un groupe particulier. Il peut s'agir, par exemple, d'un groupe de stagiaires en formation, des 12 mécaniciens de l'écurie Bellerive, d'une équipe d'infirmières de tel ou tel centre hospitalier. Ici, l'agent social est déjà, le plus souvent, en relation avec les groupes sociaux dont il souhaite modifier le comportement Cette relation a une histoire. Elle s'inscrit dans une structure ayant elle aussi son histoire. C'était le cas dans nos deux recherches-actions axées sur la réinsertion professionnelle (cf. chap. 1), dans lesquelles l'agent social avait un statut de formateur. Dans la troisième situation, enfin, l'agent social est face à une seule personne. Il peut la connaître (propre associé, secrétaire particulière...), comme il peut ne pas la connaître (patient, cas social...). Mais, même dans ce dernier cas, si la relation n'a évidemment pas de passé au moment de la rencontre, elle s'inscrit obligatoirement dans le temps, les jours, les mois et parfois les années. Dans la deuxième et troisième situation, le rapport entre l'agent social et les personnes concernées ne peut donc être réduit à un simple pied-dans-la-porte, ou à quelque autre technique d'engagement, avec un début (réalisation d'un acte préparatoire) et une fin (obtention du comportement attendu), tant il est vrai qu'un tel rapport, qui participe d'une histoire, est lourd d'enjeux. D'ailleurs, si l'agent social attend quelque chose des personnes à qui il a affaire, ces personnes attendent également quelque chose de lui, ce qui n'est pas sans situer, le plus souvent, ses demandes ou requêtes sur le terrain de la négociation. Cela n'est, évidemment, pas propre aux relations dans lesquelles sont impliqués les praticiens de l'engagement. Il en va de même de toutes relations, y compris de pouvoir, s'inscrivant dans la durée, de celles qui se nouent, par exemple, entre un entraîneur et son équipe, entre un supérieur hiérarchique et ses subordonnés, entre un père et son fils, etc. Que dans le cadre de telles relations l'agent social ne puisse recourir à des techniques d'engagement standardisées ne signifie pas que la théorie de l'engagement perde pour lui tout intérêt pratique. Certes, il va falloir passer du « tout prêt » au « sur mesure », mais qu'importe, le jeu peut en valoir la chandelle. L'agent social pourra alors avantageusement s'inspirer de quelques principes qui semblent avoir une valeur générale, notre expérience de consultant nous ayant montré leur pertinence en matière de management (pilotage de projet, prise de décision, *coaching*), de pédagogie et même de thérapie.

Quelques principes d'action

L'un de ces principes, le *principe de naturalisation*, consiste à tout faire pour resserrer le lien entre une personne et le comportement désirable qu'on a pu obtenir d'elle, et de façon plus générale qu'elle a pu réaliser. Concrètement, il convient de s'arranger pour que la personne en vienne à croire que ses actes découlent de sa *nature*, et donc de ce qu'elle est au plus profond d'elle-même. Si l'un de vos subordonnés vient d'arracher un beau contrat, vous ne manquerez pas, par exemple, de souligner sa pugnacité (« Vraiment, M. Turbo, vous êtes de la race des gagnants ») tout en minimisant les facteurs externes susceptibles d'expliquer son succès. Maintenant, s'il a raté son coup, vous ne manquerez pas, à l'inverse, de dissocier votre subordonné de son échec en vertu d'un second principe qui n'est que l'envers du premier : le *principe de dénaturalisation*. Cette fois, il s'agit de tout faire afin que ne puisse s'établir de lien entre une personne et l'acte non désirable dont elle est l'auteur. Concrètement, on s'arrangera pour que la personne ne puisse pas croire que son échec est inscrit dans sa nature, le plus simple étant alors d'en appeler à des facteurs extérieurs (« Je suis persuadé, M. Turbo, que sans ce dessous de table de la concurrence, les choses en seraient allées tout autrement. ») Ce qui vaut pour la personne elle-même, vaut aussi pour son entourage. Il convient donc aussi de s'arranger pour que tous ceux et celles qui ont eu connaissance d'un succès ou d'un échec d'un collègue, d'un camarade de travail ou d'un pair, puissent dans un cas en appeler à ce qu'il est (sa personnalité, ses aptitudes, bref sa nature), mais pas dans l'autre. Il en va souvent du climat, de l'esprit d'équipe et finalement des performances individuelles et collectives.

Les principes de *naturalisation* et de *dénaturalisation* peuvent sembler aller de soi[1]. Il n'en est pourtant rien. Si la plupart des chefs et des pédagogues avec lesquels nous avons eu l'occasion de travailler en appelaient assez systématiquement à des explications personnologiques en cas de succès ou de réalisation de comportements désirables, ils en appelaient tout aussi systématiquement à de telles explications en cas d'échec ou de réalisation de comportements indésirables. Sans doute, les instituteurs ne vont-ils plus jusqu'à traiter d'idiot, devant toute la classe, un élève ayant commis plus de dix erreurs dans sa dictée et à l'affubler d'un bonnet d'âne, histoire d'être sûr que lui-même et ses petits camarades ne manqueront pas de resserrer le lien entre ce qu'il porte sur la tête et ce qu'il est : non pas un écolier qui a dix fautes de français – fussent-elles impardonnables – mais un âne porté, par nature, à faire des fautes d'orthographe. Les temps ont changé et le maître d'école en devenant professeur des Écoles a laissé dans le tiroir des accessoires, bonnets d'âne et autres instruments de torture. Mais ce n'est pas, hélas, parce qu'on ne traite plus un élève en difficulté d'idiot devant ses petits camarades qu'on ne va pas se comporter avec lui comme si on persistait à le penser. On le fera, bien sûr, moins ostensiblement et sans que personne (parents d'élèves, inspecteurs...) ne puisse y trouver à redire. Il n'est toutefois pas certain que ce que l'on insinue soit moins dommageable que ce que l'on dit ouvertement. Un regard au ciel par-ci, un haussement d'épaule par-là, en disent quelquefois

1. Ils sont d'ailleurs à mettre en rapport avec deux biais bien connus des psychologues sociaux qui ont étudié les explications causales que fournissent les gens de ce qui se passe : les biais d'autocomplaisance et de bienveillance (voir Dubois, 2009).

long sur ce que l' « instit » pense de la question qu'un élève a bien pu poser du fond de la classe. Pour peu que lui échappe, de temps à autre – trop c'est trop – des phrases toutes faites qu'il parvient ordinairement à retenir comme : « Tu ferais mieux de tourner sept fois ta langue dans ta bouche avant de parler » ou comme « Si c'est pour dire des idioties pareilles, tu ferais mieux de te taire », l'affaire sera bel et bien entendue et le malheureux ne se risquera plus à ouvrir la bouche. Il ne lui restera plus qu'à dormir sur ses deux oreilles ou à jouer à la bataille navale avec les cancres patentés en attendant la récréation. Nous n'avons jamais entendu un instituteur, ou un enseignant du secondaire, dire à un élève en situation d'échec : « Vraiment, je ne comprends pas, ta copie est franchement nulle. Mais, écoute-moi bien, je ne dis pas que, toi, tu es nul. Je pense tout le contraire... » Et pourtant la théorie de l'engagement nous incite à réagir ainsi. Reconnaissons que ce n'est pas bien difficile ; un peu d'entraînement à l'utilisation du *principe de dénaturalisation* et la ferme conviction qu'il en va de sa mission éducative peuvent faire bien des miracles, permettre en tout cas de remettre en selle les enfants dont l'école ne serait pas *a priori* tout à fait le dada.

Nous venons de prendre un exemple dans le domaine de la pédagogie. Nous aurions pu aussi bien en prendre un dans celui du management : nous ne connaissons aucun chef ayant le souci de dissocier ses subordonnés des actes indésirables qu'ils ont pu commettre. Nous reconnaissons volontiers, à leur décharge, que le principe de *dénaturalisation* ne va pas de soi.

De fait, l'utilisation des deux premiers principes va de pair avec un troisième principe, le plus important sans doute que notre expérience de consultant nous ait permis de forger : le *principe des attentes confirmées*. Il revient à ne jamais laisser prendre une décision sans s'être assuré que tout est prêt, nous disons bien tout, pour qu'elle soit effectivement tenue. Ce principe est capital dans le domaine du management et de la pédagogie. Mais c'est encore en thérapie, où le plus petit échec peut être dramatique, que son acuité est la plus grande. Imaginons que l'un de vos patients dépressif, la thérapie aidant, ait enfin manifesté l'envie d'inviter des amis à dîner. D'abord, il vous faudra passer de la manifestation d'une envie, qui n'engage pas à grand-chose, à une véritable décision prise sous votre couvert : « Si je comprends bien vous avez envie d'inviter vos amis... mais en avez-vous pris la décision ? » La réponse attendue étant donnée, il vous faudra vous assurer que c'est bien le bon moment : « Dites-moi, vous souhaitez le faire quand ? Cette semaine, la semaine prochaine, dans quinze jours ? » La date étant arrêtée, il vous restera encore à rendre la décision la plus engageante possible. Vous miserez alors sur un ou plusieurs actes intermédiaires soigneusement choisis, idéalement des actes permettant de jouer sur plusieurs facteurs d'engagement (coût, caractère public, etc.). Après avoir obtenu de votre patient qu'il sorte son agenda pour noter le grand jour (samedi 8 mai, 20 heures) et donc un premier acte intermédiaire, vous lui direz, par exemple, afin d'en obtenir un autre dans la foulée : « Vous venez de prendre une décision importante. À qui voulez-vous l'annoncer ? À votre frère peut-être ? » (...) « Seriez-vous d'accord pour lui annoncer la bonne nouvelle en lui téléphonant ce soir en arrivant chez vous ? » Enfin, vous n'omettrez pas d'envisager, avec votre patient, les imprévus et la façon de les surmonter le cas échéant : « Mais, dites-moi, si votre frère n'est pas là que ferez-vous ? », etc.

Voilà, vous direz-vous, un thérapeute bien directif. Soit. Mais nous ne comptons plus le nombre de mois de thérapie perdus suite à des tentatives comportementalistes faites par des thérapeutes qui n'avaient pas pris, à la faveur de « contrats » passés avec leurs patients, de telles précautions.

Le quatrième principe que nous aimerions rappeler est peut-être le moins naturel. Il s'agit du *principe du renforcement de surcroît.* Ce principe concerne la distribution des renforcements ou, si l'on préfère, des récompenses et des punitions. S'il peut être insensé de renoncer aux récompenses et aux punitions, encore faut-il qu'elles ne contribuent pas à désengager la personne dont on a pu obtenir un comportement désirable. Il importe évidemment que la personne (votre salarié, votre élève, votre propre enfant), qui vient de faire ce que vous attendiez d'elle, ne puisse pas expliquer ses agissements par l'attrait de telle ou telle prime ou récompense ou par la crainte de quelque punition ou sanction disciplinaire, en se disant par exemple : « J'apprends ma récitation parce que papa m'a promis de me laisser regarder la télévision si je la savais par cœur à son retour » ou « J'apprends ma récitation parce que papa m'a promis une raclée carabinée si je ne la savais pas par cœur à son retour. » Imaginons que, par extraordinaire, un de vos élèves sue sang et eau en préparant un exposé d'histoire. Le hasard a voulu que vous le rencontriez, ce samedi-là, à la bibliothèque municipale, studieusement attablé. C'est le meilleur moment pour lui glisser, en vertu du *principe de naturalisation,* ces quelques mots : « Si tout le monde pouvait partager ta passion pour l'histoire... » Rien n'exclut maintenant, si l'exposé est effectivement brillant, de récompenser cet élève. Encore faut-il que la récompense advienne au moment où il s'y attend le moins, de surcroît, en quelque sorte, en vertu précisément du *principe du renforcement de surcroît.* C'est à cette condition, et à cette condition seulement que, loin de le désengager, elle pourra au contraire renforcer le lien qui le noue au comportement désirable qui vient d'être le sien. Notre quatrième principe implique donc deux choses :

— se garder, autant que faire se peut, de mettre en avant promesses ou menaces pour obtenir quelque chose, les sanctions ne devant pas être un facteur causal de la conduite ;
— ne récompenser qu'après coup, et de façon non systématique[1]. Sinon il se pourrait bien qu'au bout de quelque temps l'anticipation d'une récompense se mette à fonctionner, à l'instar de la récompense elle-même, comme un authentique facteur de désengagement.

À ces quatre principes, nous souhaiterions en rajouter un autre : *le principe de la juste identification de l'action.* Ayant eu l'occasion d'évoquer la théorie de l'identification de l'action dans un chapitre précédent (cf. chap. 3), ce principe ne surprendra personne. Pour

1. Les psychologues qui ont quelques souvenirs de leurs chères études reconnaîtront là la reprise d'une bien vieille loi, au demeurant non infirmée, la loi du renforcement partiel.

qu'un agent social puisse tabler sur de beaux effets de l'engagement, sur le plan des attitudes, comme sur le plan des comportements ultérieurs, il faut bien sûr qu'il ait su susciter un lien entre les actes préparatoires et la personne dont il les a obtenus. Mais cela ne suffit pas, une mauvaise identification de l'action étant toujours possible. Pensons à l'opération « drapeaux blancs ». Le *principe de la juste identification de l'action* nous dicte, précisément, de tout faire en outre pour que les actes préparatoires donnent lieu à des identifications de l'action adéquates. Si, dans le cadre d'une thérapie comportementale, il importe que le patient pose des actes, il importe surtout que ces actes témoignent pour lui des étapes de sa guérison et non d'un désir grandissant de faire plaisir, ou de plaire, à son thérapeute. Si, encore, dans le cadre d'une opération visant à prévenir les accidents de travail, les salariés ayant bien voulu se laisser filmer en train d'enfiler gants et veste de sécurité en viennent à penser qu'ils sont des acteurs-nés qui s'ignorent, les effets de l'engagement ne seront pas les mêmes que si on s'est arrangé pour qu'ils identifient leur action comme une action militante au service d'une grande cause : la sécurité des travailleurs.

Nous venons donc d'énoncer cinq principes, directement ou indirectement dérivés de la théorie de l'engagement, et dont notre expérience d'intervenant nous a montré tout l'intérêt. Loin de nous l'idée de croire que ces seuls principes peuvent se substituer à une saine conception du management, de la pédagogie, de la thérapie... Nous avons, cependant, la faiblesse de croire que ces principes peuvent permettre d'optimaliser quelques saines conceptions.

Jusqu'à présent, dans ce chapitre portant sur le champ de l'application de la théorie de l'engagement, il n'a été question que d'un type d'orientation. Ce premier type d'orientation était sous-tendu par une préoccupation : « engager » les gens afin qu'ils en arrivent à faire d'eux-mêmes les bonnes actions – entendons par là les actions utiles – requises. Le deuxième type d'orientation, qui va nous occuper maintenant, renvoie à un tout autre dessein puisqu'il s'agit de s'appuyer sur la théorie de l'engagement, non plus pour « engager » les gens dans des cours d'actions désirables, mais pour « désengager » les gens qui, s'étant malencontreusement laissé prendre au piège de la décision, persévèrent dans des cours d'actions qui font leur malheur, quand ce n'est pas celui des autres.

DÉSENGAGER LES GENS

Assurément, rester sur une décision mûrement réfléchie n'est pas en soi une malédiction. S'il s'agit d'une bonne décision, il y a même, incontestablement, avantage à le faire. Mais s'il s'agit d'une mauvaise décision ? Si vous vous êtes laissé entraîner dans une escalade d'engagement ou si un piège abscons vient soudain de se refermer sur vous... Inutile de dire qu'un manager qui s'entêterait dans une escalade d'engagement peut couler son entreprise, tout comme un médecin peut achever son malade. Les exemples ne manquent pas et il en est même de fort célèbres. La théorie de l'engagement permet de diagnostiquer le piège dans lequel on se trouve. Ce serait un comble si elle ne permettait pas aussi d'aider à en sortir. Il y a là matière à un nouvel ouvrage : *comment se défaire de son malheur ?* Nous y pensons. Mais pour l'heure, nous nous limiterons à un seul principe dont le respect peut changer bien des choses : *le principe de la réversibilité décisionnelle.* Nous l'énoncerons ainsi : ne jamais prendre – ou ne jamais laisser ses subordonnés prendre – une décision sans se doter en même temps des moyens d'en changer. Ce principe passablement abstrait se décline en quatre règles plus concrètes.

Quelques règles simples

1 / Se donner *a priori* des critères clairs permettant de savoir si la décision que l'on est sur le point de prendre aura bien les effets escomptés (parts de marché, chiffre d'affaire, productivité, accidents de travail, absentéisme, mais aussi fièvre, tension artérielle, performances scolaires ou sportives, suffrage des électeurs, etc.).

2 / Se donner, sur ces critères et toujours *a priori*, des objectifs quantitatifs et temporels. Il s'agit donc à la fois de choisir des indica-

teurs non ambigus et de déterminer à quel moment on va pouvoir les examiner. Ce moment, le jour J, peut coïncider avec des échéances que l'on ne maîtrise pas : une élection, une session d'examen, un rendez-vous sportif. On se donnera alors, par exemple, comme objectif de conquérir la majorité des sièges à l'assemblée lors des prochaines élections, d'avoir au moins six élèves sur dix au-dessus de la moyenne à l'épreuve d'anglais du bac, de rentrer des JO avec 4 médailles d'or en athlétisme. Mais ce moment, le plus souvent, ne nous est pas imposé. Il nous appartient donc expressément de le choisir. À le choisir, autant le bien choisir. On le choisira, évidemment, le plus court possible, afin de ne pas persévérer bêtement dans un cours d'actions infructueux. Il doit néanmoins, cela va sans dire, être suffisamment long pour permettre l'obtention d'informations fiables. Ici, seule l'expérience peut parler : s'il s'agit de faire tomber la fièvre d'un patient, vingt-quatre heures peuvent suffire ; s'il s'agit de réduire les accidents de travail dans un atelier, de longs mois peuvent être nécessaires et bien plus encore s'il s'agit de savoir si l'ouverture d'une nouvelle succursale va s'avérer ou pas rentable.

3 / Décider, encore *a priori*, de l'écart par rapport aux objectifs au-delà duquel on renoncera à la décision (si on a moins de 250 sièges on modifie la ligne politique, si l'épreuve d'anglais est ratée par plus d'un élève sur deux, on change de méthode d'enseignement, si la fièvre n'est pas inférieure à 39, on corrige la thérapie, etc.).

4 / Le jour J, évaluer les effets de la décision et en tirer, sans plus attendre, les conséquences. Chaque jour qui passe, si d'aventure la décision s'avérait mauvaise, est un jour de trop.

De telles règles peuvent paraître élémentaires. Ne sont-elles pas de ces règles élémentaires qui devraient s'imposer à tout manager qui se respecte et qui a bien potassé ses principes de gestion par objectifs ? Sans doute. Il reste que ces règles conservent toute leur valeur lorsque l'on quitte la sphère du management et qu'on s'aventure dans des domaines comme ceux de l'éducation et du social ou dans des domaines plus réservés comme le domaine médical, militaire et même familial et privé. Que les règles qui viennent d'être énumérées soient élémentaires ne veut pas dire qu'il ne faille pas se faire violence pour les appliquer au pied de la lettre. Nous avons à trois reprises utilisé la locution adverbiale latine *a priori* (se donner *a priori* des critères clairs, se donner *a priori* des objectifs quantitatifs et temporels, décider *a priori* de l'écart...). Ce n'est pas pour rien. Il en va de ce que vous pouvez attendre du *principe de la réversibilité décisionnelle.* Attention : ne pas définir, *a priori,* critères, objectifs et écart, c'est prendre le risque de faire vous-même votre malheur en sacrifiant au pénible sentiment d'avoir trop investi pour abandonner (cf. Teger, 1979).

Tout bien considéré, dans un monde qu'on dit depuis longtemps complexe et en perpétuel mouvement, se tromper fait partie du jeu. Il en va même du potentiel d'innovation – et donc de développement quand ce n'est pas de survie – de toute entreprise, de toute organisation, de toute institution. Personne ne peut légitimement vous reprocher de vous être trompé. On peut, en revanche, légitimement vous reprocher de persister dans l'erreur. Le bon manager est celui qui a su inscrire dans la culture de son entreprise le droit à l'erreur, mais c'est aussi celui qui ne tolère pas que l'on reste sur des décisions qui, pour avoir été bonnes hier, ne le sont plus aujourd'hui et *a fortiori* sur des décisions qui ne l'ont jamais été.

Chapitre 8

Une conception de la psychologie sociale appliquée

Mme O. a maintenant un nouveau compagnon. Personne ne pourra dire qu'elle a déchu. Il s'agit du directeur général de la célèbre BID (Banque d'investissement dolmate) : M. Delacour, aussi avisé en affaire qu'en amour et dont le doigté, plus que le charme personnel, lui permettait généralement d'obtenir tout ce qu'il voulait. Mme O., pour sa part, ne s'en plaignait pas et elle se serait sentie parfaitement comblée sans les récents soucis professionnels de celui qui se faisait appeler, même dans l'intimité, Monsieur le Directeur. Pour une fois les choses ne se déroulaient pas à la BID comme il les avait prévues. Convaincu qu'une bonne préparation de l'avenir passait par une formation de l'ensemble du personnel aux techniques multimédia, M. Delacour avait d'abord essayé de faire adopter en douceur le principe de cette formation dans les régions Nord regroupant une dizaine d'agences. Le peu d'enthousiasme des salariés le conduisit à forcer sa nature et à faire preuve d'autorité. Résultat : 60 % des formés potentiels suivirent indolemment les trois semaines de stage organisées à Dolmos par le Service de formation. Les réponses aux questionnaires tenant lieu d'évaluation de la formation finirent de le convaincre que la manière forte n'était pas la bonne. Il se résolut donc à procéder autrement dans les sept agences de la région Ouest. Un ami sien avait eu récemment affaire à un psychologue social et ne cessait de louanger la subtilité d'icelui. C'est donc assez naturellement que M. Delacour fit appel à Pierre Brodar. Celui-ci ne mâcha pas ses mots : « Comment ? Vous voulez que vos salariés aillent suivre une formation à Dolmos – et une formation qui dure trois semaines ! – sans connaître leurs attentes, sans savoir ce qu'ils ont dans la tête ? Croyez-moi, il serait beaucoup plus facile de "vendre" cette formation à vos salariés si vous connaissiez leurs représentations, leurs attitudes. Vous voyez ce que je veux dire ? (...) Vous pourriez ainsi engager des actions de communication en sachant sur quel pied danser et vous y gagneriez à coup sûr en efficacité. »

Le bon sens dont Pierre Brodar sut faire preuve durant l'entrevue lui permit d'enlever le morceau : 5 entretiens non directifs suivis de 30 entretiens semi-directifs analysés thématiquement et traités par la méthode des concomitances thématiques. Comme promis, Pierre Brodar remit son rapport quelque trois mois plus tard. C'était un vendredi, M. Delacour s'apprêtait à quitter son bureau pour un week-end bien mérité en compagnie de Mme O. Ce n'est donc que le lendemain, dans une petite auberge de la côte septentrionale réputée pour son calme et sa bouillabaisse, que M. Delacour prit connaissance du précieux rapport. Il allait enfin savoir ce qui se trouvait dans la tête de ses salariés. Dès les premiers paragraphes, il éprouva des sentiments contrastés, presque ambigus, dont il ne put se départir durant toute sa lecture : 49 pages qu'il but d'un trait. D'un côté, il était séduit par la rigueur de la méthode, le caractère éminemment concret des solutions envisagées, leur réalisme de bon augure. Mais d'un autre, il se demandait si de telles suggestions, dont la plupart d'ailleurs lui avait été soufflées sur l'oreiller par Mme O. en réponse à ses confidences, suggestions certes admirablement extraites de ce que pensent les salariés, justifiaient une telle dépense, bref si la montagne n'avait pas accouché d'une souris. Il se demandait *in petto* si finalement les conclusions auxquelles était parvenu, au terme de son étude, Pierre Brodar, étaient vraiment différentes de celles auxquelles, en réfléchissant un peu, un manager averti serait parvenu. L'idée d'avoir dépensé de l'argent pour rien lui étant insupportable, il mit bon ordre dans sa tête en prenant aussitôt la décision de prolonger le contrat de Brodar. Il lui confierait dès lundi la conception de la phase de communication interne dont le rapport laissait entrevoir la philosophie et la pertinence. Cette décision eut un premier effet que Mme O. n'est pas prête d'oublier : M. Delacour fit montre d'une rare disponibilité et le week-end fut, malgré la pluie, délicieux. Quelques mois plus tard, la même décision eut un second effet, moins palpitant : 40 % seulement des salariés suivirent la formation, il est vrai en étant cette fois plus réceptifs et peut-être même plus motivés. 40 % ! M. Delacour se serait volontiers laisser aller aux délectations d'un pessimisme managérial de bon ton dans le milieu des affaires dolmates (« Décidément, on ne peut rien attendre des salariés ! »), sans une nouvelle suggestion de Mme O. Elle se souvenait d'un jeune enseignant de l'Université de Dolmos dont les théories *a priori* bizarres lui avaient permis de comprendre certains dysfonctionnements de sa vie, certaines escalades d'engagement, certains engrenages, etc. Quel âge pouvait-il avoir maintenant ? Quarante ans, cinquante peut-être ? Le hasard fait quelquefois bien les choses, elle avait entendu le jour même à la radio une interview de cet enseignant à l'occasion de la parution de son dernier ouvrage et la profondeur de sa voix, autant que son propos, l'avait émue. Elle l'avait bien connu autrefois et la perspective de le revoir ne la laissait pas indifférente. Aussi, glissa-t-elle opportunément persuadée, en l'occasion, que ses intérêts personnels et ceux de son compagnon se recoupaient largement : « Veux-tu que j'invite le Pr Kieswin à dîner pour lui parler de tes problèmes ? Cela ne me coûterait guère à moi qu'une soirée et à toi deux repas. Je suis sûre qu'il pourra faire quelque chose pour toi. »

Il ne lui aura pas fallu longtemps pour organiser cette rencontre et la voilà donc en face de lui, rayonnante, dans un des restaurants les plus chics de la ville. Elle en aurait presque oublié sa mission sans une petite phrase assassine de son interlocuteur :

« Mais, au fait, je serais curieux de savoir ce qui me vaut l'honneur de cette sympathique invitation. J'avoue que votre coup de fil d'hier soir m'a laissé songeur. » Le café venait d'être servi et il était temps de redescendre sur terre.

« N'allez surtout pas vous imaginer des choses... C'est M. Delacour qui paie l'addition. Il souhaiterait avoir votre avis sur ce rapport », dit-elle dégrisée.

« Mais c'est un rapport de ce bon vieux Brodar ! Je le connais bien. On a fait nos études ensemble. Je crois me souvenir qu'il a créé sa boîte un an ou deux après son DESS. Mais il y a belle lurette que je ne l'ai plus vu. »

Le professeur chaussa ses lunettes et parcourut le rapport. C'est peut-être pour associer Mme O., qui commençait à trouver le temps long, à sa réflexion qu'il lut à haute voix quelques passages. Quant à la conclusion, Mme O. dut l'entendre jusqu'au bout ou presque :

« (...) Les entretiens montrent donc sans ambiguïté que les salariés n'ont pas de perception claire des objectifs de cette formation. Tout au plus la situent-ils dans des projets de la Direction qui leur échappent mais dont ils supposent qu'ils déboucheront tôt ou tard sur des restructurations (thème 10) dont ils feraient les frais. On relève, en effet, une association entre le thème de la formation (thème 1), celui de la restructuration (thème 10), celui des difficultés économiques (thème 9) et celui des licenciements (thème 11) très supérieure à celle que le hasard donnerait (...). L'attitude négative à l'égard de la formation (composant affectif) est ainsi en consistance avec des savoirs pessimistes (composant cognitif) et évidemment des intentions comportementales (composant conatif) : boycotter cette formation. Ajoutons que cette représentation largement partagée cimente un vécu de groupe, le thème de la solidarité (thème 4) se trouvant fortement associé à celui de la formation (thème 1), des difficultés économiques (thème 9) et à celui de la hiérarchie (thème 2). (...) Nous suggérons donc à la hiérarchie de davantage expliciter aussi bien les objectifs de cette formation (par ex. il doit être clair pour tout le monde qu'elle ne donnera lieu à aucune évaluation personnelle) que ses projets managériaux à moyen terme afin de dédramatiser le lien qui s'est établi dans le système de représentations des salariés entre cette formation et d'éventuelles restructurations à venir. Il est souhaitable, sinon indispensable, d'agir pour cela au niveau des groupes, dans le cadre d'un plan de communication interne cohérent et dans le respect des... »

« Alors qu'est-ce que vous en pensez ? » le coupa-t-elle, alors qu'il reprenait sa respiration. Un dialogue courtois mais sincère s'ensuivit :

Pr Kieswin. — Ce que j'en pense ? D'abord que cette prose a dû coûter quelque 2 500 dollars dolmates à la BID.

Mme O. — Oui, je crois que c'est dans ces eaux-là. Mais sur le fond... qu'en pensez-vous ?

Pr Kieswin. — Oh ! vous auriez pu trouver plus mauvais. Ce Brodar connaît son job. L'analyse thématique est conduite dans les règles de l'art ; l'analyse des cooccurrences n'appelle pas de commentaire particulier, encore que pareille analyse sur de si petits effectifs me laisse un peu perplexe. Quant aux conclusions, elles découlent assez logiquement des données et des analyses.

Mme O. — Votre moue en dit long sur vos réserves. Dites-moi, que reprochez-vous exactement à ce rapport ?

Pr Kieswin. — N'avez-vous pas le sentiment que M. Delacour lui-même aurait pu en arriver à ces conclusions-là en réfléchissant un peu avec deux ou trois de ses chefs d'agence, pas n'importe lesquels, bien sûr, ceux qui savent entendre ce que disent leurs collaborateurs ? Ce type de méthodologie, vous vous en doutez, ne peut que reproduire sous une forme distinguée et structurée ce qui se dit ici ou là et qu'on ne prend pas toujours le temps d'écouter. Les interviewés sont bien obligés de faire avec ce qu'ils ont. J'ajoute que le discours qu'ils peuvent tenir en pareilles circonstances doit satisfaire à plusieurs exigences. Pardonnez-moi d'être un peu long mais votre question m'y incite. Ils doivent d'abord conforter l'enquêteur dans le fait que le problème posé est effectivement important et qu'ils vont lui apporter de l'information... qu'ils ont quelque chose à lui apprendre. Ils doivent aussi s'arranger pour ne passer à ses yeux ni pour un imbécile ni pour une ordure. Ils se doivent encore de ne pas trahir une pensée collective. Ils doivent enfin, évidemment, veiller à ne rien dire qui puisse être utilisé contre leurs propres intérêts ou ceux de leurs camarades. Sauf dans les cas extrêmes de querelles intestines, pouvant quelquefois conduire à dire du mal de son voisin, sauf dans les cas extrêmes, que peut donc faire l'interviewé ? Même en face du meilleur enquêteur du monde, il ne peut guère que présenter les idées et les discours ambiants en laissant entendre – s'il n'en est pas lui-même convaincu – que c'est là le fond de sa pensée. En fin de compte, l'analyse thématique de ce bon vieux Brodar va se targuer de construire du collectif à partir d'une pensée individuelle que, mieux que quiconque, l'enquêteur est supposé appréhender, alors que cette soi-disant pensée individuelle est déjà un emprunt à du savoir partagé. Voilà pourquoi, ma chère, on est rarement étonné des conclusions de tels rapports.

Mme O. — Mais... ces conclusions nous informent quand même bien sur ce que les gens ont dans la tête ?

Pr Kieswin. — Soit. Elles nous informent certainement sur ce que les gens ont dans la tête... sur ce qu'ils ont dans la tête et qu'ils peuvent mettre en phrases dans le cadre d'un entretien, et pas n'importe lequel, dans le cadre d'un entretien avec un professionnel qu'ils ne connaissent pas et qu'ils n'ont pas choisi, dispositif très normatif et fort peu ordinaire de communication. Vous en conviendrez, ce qui est recueilli dans ces conditions ne doit guère représenter qu'une infime partie de ce que les gens ont dans la tête. Par ailleurs, rien ne vous garantit que les idées que les employés de la BID ont dans la tête vont être déterminantes lorsqu'ils devront prendre la décision d'aller en formation à Dolmos. Ce serait trop beau, s'il suffisait de savoir ce que pensent les gens pour savoir ce qu'ils vont faire, surtout lorsque ce qu'on attend d'eux est relativement coûteux : trois semaines de formation à Dolmos ce n'est pas rien ! Une longue tradition de recherches nous montre toute la difficulté qu'il y a à prédire ce que vont faire les gens à partir de la connaissance que l'on peut avoir de ce qu'ils pensent.

Mme O. — Je vous trouve bien pessimiste.

Pr Kieswin. — Comment ? pessimiste ? Est-ce être pessimiste que de ne pas se satisfaire d'une croyance qui ne résiste ni à l'analyse, ni aux faits. Soyons sérieux ! Écoutez, il faudrait pouvoir supposer deux choses : d'abord que les gens peuvent tout naturellement mettre en phrases les idées qui sont au fond de leur tête lors des entretiens, ensuite, et surtout, que ce sont ces idées-là – et uniquement celles-là – qui vont déterminer ce qu'ils vont faire demain. Si c'est être pessimiste que de refuser de telles sornettes, et si le pessimisme est le ferment de la déprime, je crains que de nombreux chargés d'étude, consultants, chefs d'entreprise et responsables de tous poils ne se suicident prochainement en s'enquérant des connaissances contenues dans la littérature scientifique.

Mme O. — Je vous vois venir, vous n'allez pas tarder à me dire qu'il était vain de compter sur la science pour amener les employés de la BID en formation.

Pr Kieswin. — Je ne vous dis rien de tel ! La science a son mot à dire mais encore faut-il l'écouter.

Mme O. — Je ne vous suis pas... que voulez-vous dire ?

Pr Kieswin. — Personnellement, plutôt que de tabler sur ce que les employés de la BID sont supposés avoir dans la tête, je préfère tabler sur les théories de ma discipline. S'agissant des problèmes de M. Delacour, il en est une qui me paraît parfaitement appropriée : la théorie de l'*engagement*.

Mme O. n'attendait qu'une telle perche. Il était presque minuit et il convenait indiscutablement de conclure. Elle le fit avec tact et élégance : « Vous avez votre agenda, demanda-t-elle, M. Delacour brûle de vous connaître. »

Voici comment un professeur de psychologie sociale de l'Université de Dolmos fut conduit à intervenir à la BID. Facétie du hasard, c'est encore lors d'un week-end en compagnie de Mme O. que le sémillant M. Delacour put s'adonner à la lecture du rapport du Pr Kieswin : « (...) Pris dans leur ensemble, les résultats montrent l'efficacité des procédures utilisées dans les trois groupes expérimentaux. Dans ces groupes le nombre des employés venus en formation est significativement plus élevé que dans la condition contrôle (X2 = 6,03, $p < .02$). Le groupe expérimental le plus performant est celui dans lequel deux comportements préparatoires ont été réalisés par les employés (double pied-dans-la-porte). Le questionnaire post-expérimental révèle en outre que l'attitude à l'égard de la formation est plus positive dans les trois groupes expérimentaux que dans le groupe contrôle ($F(1,79) = 4,36$, $p < .05$), le groupe d'employés ayant réalisé deux comportements préparatoires ne se différenciant pas, de ce point de vue, des autres groupes expérimentaux (...). »

Il était plus de minuit lorsque M. Delacour daigna se souvenir qu'il était en week-end. Trois actes en cascade vinrent aussitôt faire écho à cette tardive mais prometteuse pensée. Il posa le rapport du Pr Kieswin à même le sol à côté du lit, éteignit délicatement la lampe de chevet et se tourna vers Mme O. en chuchotant : « Décidément, que serais-je sans vous ? » Il n'eut pas, ce soir-là, la réponse attendue : Mme O. dormait à poings fermés.

PSYCHOLOGUES SOCIAUX APPLIQUÉS DU PREMIER ET DU DEUXIÈME TYPE

Laissons maintenant Mme O. et M. Delacour tranquilles et revenons, de façon plus didactique, à la psychologie sociale appliquée.

Même si cela relève quelque peu de la caricature, il est commode d'opposer deux pratiques, l'une que l'on qualifiera volontiers de dominante, l'autre qui pourrait bien le devenir un jour.

La première est irrémédiablement et définitivement assujettie aux savoirs communs auxquels elle emprunte sa conceptualité et ses critères d'évaluation. En disant ceci nous ne prétendons pas que le psychologue social appliqué est toujours d'accord avec son commanditaire et, de façon plus générale, avec ses interlocuteurs. Le savoir commun permet évidemment l'expression de polémiques et quelquefois même de conflits. Il y a des savoirs communs de droite comme de gauche. Certains psychologues sociaux prêcheront pour plus d'autorité (les salariés ont besoin de cadres, voyez-vous... Il faut se souvenir de leur intolérance à l'ambiguïté) où d'autres militeront pour plus de souplesse (les salariés ont besoin d'autonomie, voyez-vous... Il faut tenir compte de leur besoin d'autodétermination). Nous voulons plutôt dire que le psychologue social appliqué n'a d'autres références que celles de la psychologie naïve éventuellement reformulées en termes académiques. C'est donc au milieu dans lequel on lui demande d'intervenir (celui des entreprises, de la santé, de l'éducation, etc.) qu'il emprunte – quitte à le reformuler – son savoir. Quel intérêt, direz-vous, y a-t-il à vous attacher les services d'un tel psychologue social appliqué ? Qu'on se rassure, il y en a plusieurs. D'abord, il apportera à ce savoir la respectabilité que confère au psychologue une longue formation (bac + 5), la professionnalité et la référence à une discipline scientifique. Votre propre savoir, puisqu'il est finalement si proche du sien, bénéficiera à coup sûr de cette respectabilité. Vous pensiez, par exemple, qu'il était indispensable de perfectionner le dispositif de communication interne de votre entreprise. Vous voilà rassuré, un professionnel averti, après de nombreux entretiens, vient de découvrir que c'est précisément ce qu'il fallait faire. Ensuite, il est incontestable qu'il reste quelque chose des cinq années passées sur les bancs de la fac. Le psychologue sait faire un certain nombre de choses mieux que vous, surtout s'il dispose d'un temps dont vous ne disposez pas. Il sait animer une réunion. Il sait aussi conduire des entretiens, bâtir un questionnaire. Il sait même, à l'occasion, traiter les réponses par ordinateur. Ces savoir-faire sont effectifs et peuvent vous rendre de vrais services. Enfin, et peut-être surtout, la conceptualité du psychologue social appliqué est, par nature, parfaitement adaptée aux exigences de l'action. Comme tous les savoirs communs éminemment évaluatifs (cf. Beauvois, 2005), le savoir de ce psychologue porte en lui les solutions des problèmes tels qu'on les pose. Vous avez posé un problème de motivation (« Ce qui fait problème, dans nos trois ateliers de montage, c'est la motivation des 25-30 ans »), vous pouvez être sûr que le savoir du psychologue social appliqué le conduira à sortir de sa mallette quelques recettes bien éprouvées : élargir la polyvalence, enrichir les postes de travail, redéfinir la responsabilité de chacun. En fait, tout se passe comme si, un problème étant posé, le psychologue social appliqué mobilisait un savoir dont la fonction essentielle n'est pas de permettre la connaissance mais de fournir des suggestions utiles pour l'action et socialement acceptables.

Vous pensez certainement qu'un psychologue social appliqué dont le savoir est orienté vers l'action ne peut être que fort sympathique et que vous n'auriez que faire d'un psychologue dont l'action ne soit pas la première préoccupation. Soit. Pour nous faire comprendre sur ce point, nous nous risquerons à une petite comparaison. Pour rendre compte de la crevaison d'un pneu, il faut faire intervenir une quarantaine de paramètres. Les ingénieurs qui travaillent pour Michelin, Dunlop, Pirelli, etc., le savent bien et mobilisent ce savoir dans un but très précis : réaliser des pneumatiques toujours plus performants. Ce serait un comble si, pour rendre compte d'un accident de travail ou de voiture, il était possible de tabler sur moins de paramètres qu'il n'en faut pour rendre compte de la crevaison d'un vulgaire pneu. Qu'en serait-il de l'extraordinaire complexité de la nature humaine si une seule variable suffisait à expliquer un accident alors qu'il en faut plus de quarante pour rendre compte de la crevaison d'un pneu ? Que penser alors de ces savoirs quotidiennement utilisés par les psychologues sociaux pour expliquer les accidents que l'on déplore ici où là. Il va sans dire que ces savoirs ne sont en rien comparables aux savoirs des ingénieurs des grandes firmes de pneumatiques. Ils diffèrent en ceci qu'ils ne sont pas faits pour rendre compte de l'accident mais pour énoncer un facteur sur lequel on peut agir et censé être pour quelque chose dans l'accident. De tels savoirs ne sont finalement que des paraphrases des actions possibles. Ainsi dira-t-on « c'est l'imprudence des automobilistes qui est en cause » et là quelqu'un de droite proposera de renforcer le dispositif répressif et quelqu'un de gauche de mettre en œuvre une nouvelle campagne de sensibilisation des automobilistes. Si on considère que c'est l'état des routes qui est en cause, on établira la liste des chaussées à traiter en priorité. Si on considère maintenant que c'est le brouillard, la neige ou les intempéries, il ne restera plus qu'à prier. En somme, si le savoir de l'ingénieur permet d'abord de rendre compte d'un événement pour dériver ensuite les actions correctrices possibles qui découlent de la théorie et qui sont économiquement envisageables[1], le savoir de notre psychologue social appliqué ne dissocie pas concepts, lois et action. Il n'est pas déterministe mais causa-

1. Bien que la théorie soit la même et implique les mêmes paramètres, on ne fabriquera pas les mêmes pneumatiques pour un prototype de Formule 1 et pour la Clio de Mme O.

liste, ces explications n'étant guère que des justifications de solutions préprogrammées. Faites faire toutes les études préalables que vous voulez, vous retrouverez toujours ces solutions. À quoi servent donc ces études ? On s'en doute, à donner une caution scientifique à des solutions préprogrammées.

DES DIFFICULTÉS D'UNE PSYCHOLOGIE SCIENTIFIQUE APPLIQUÉE

Nous venons de décrire à des fins argumentatives un prototype de pratique dans lequel, soyons-en sûrs, aucun de nos amis ne se reconnaîtra.

De l'écoute ou du savoir

Nous craignons, hélas, que peu de psychologues sociaux ne se reconnaissent aussi dans le second type de pratique que nous allons maintenant évoquer. Ici encore nous nous attacherons à présenter davantage un prototype qu'une pratique effective. Ce psychologue social appliqué, que nous qualifierons, pour le distinguer du premier, de « psychologue social appliqué du deuxième type », est d'abord profondément convaincu de la spécificité de son savoir et du caractère scientifique de celui-ci. Nous n'engagerons pas ici un débat sur ce qui est scientifique et sur ce qui ne l'est pas. Nous nous en tiendrons à une position minimale et susceptible d'être partagée par tous : un savoir scientifique se construit et se valide selon des règles particulières, obéit à des principes de consistance interne et se développe sur ses propres bases, les problèmes qu'il se donne à résoudre n'étant rien d'autre que des problèmes théoriques, si l'on excepte l'advenu d'un fait nouveau. Ajoutons cette donnée de l'histoire des sciences : un savoir scientifique se construit le plus souvent en rupture avec le sens commun. Le psychologue social appliqué du deuxième type se présente donc comme un ingénieur n'ayant d'autre spécificité que son savoir. Il veut simplement mettre ce savoir au service de la réalisation d'objectifs sociaux ou, pour utiliser un langage plus théorique, au service de la réalisation d'utilités sociales, exactement comme un chimiste met la chimie au service de la réalisation d'utilités sociales. S'il est une conception à laquelle il est aisé de souscrire c'est bien celle-là, puisqu'elle se donne pour principe de recourir aux savoirs scientifiques disponibles pour apporter des réponses aux problèmes concrets qui se posent dans une société. Pourquoi donc est-elle si difficile à promouvoir dans le champ des sciences humaines et sociales ? D'abord parce que ce psychologue-là ne correspond pas, tant s'en faut, à l'image habituelle de ce qu'est un psychologue. On attend volontiers d'un psychologue qu'il ait des *attitudes* et des *valeurs* plutôt qu'un véritable *savoir* scientifique. C'est ainsi qu'on attend de lui des attitudes d'écoute. Cette écoute peut prendre des formes diverses qui vont d' « ALLO SIDA » à de longues enquêtes par entretiens non directifs. C'est ainsi qu'on attend encore d'un « vrai » psychologue qu'il ait des valeurs humanistes. À ce psychologue-là, comment peut-on opposer, dans l'esprit populaire en tout cas, un ingénieur froid qui garde ses attitudes pour sa femme et ses enfants et ses valeurs pour l'isoloir et qui se présente de surcroît avec pour seul bagage des théories *up to date,* anglo-saxonnes pour la plupart, et dont les concepts sont quelque peu abscons. Le psychologue social du deuxième type aura d'autant plus de difficultés à se faire admettre qu'il assumera son inaptitude à parler, et *a fortiori* à traiter, de tout. Il avoue sans rougir son incapacité à répondre aux grandes questions d'actualité qui font la une des journaux. Ne s'appuyant que sur son savoir scientifique, sa compétence épouse donc les contours et surtout les limites de ce savoir. Mais le psychologue social du deuxième type n'est pas seulement pénalisé par le fait que le savoir scientifique ne touche pas à tout, il est également pénalisé par le fait que le savoir scientifique pose les problèmes autrement que vous les posez vous-même. Le savoir commun pose les problèmes en termes d'essence et de cause, ce qui se passe dans le monde trouvant ses causes dans l'essence des choses. Le savoir scientifique, quant à lui, se préoccupe davantage du déroulement des événements que de la nature des entités que ces événements impliquent. Plutôt que rechercher des causes, il s'attache à isoler des facteurs qui en déterminent le cours.

Une concurrence plus ou moins loyale

Les difficultés du psychologue social appliqué du deuxième type à se faire admettre peuvent aussi s'expliquer par une nouvelle raison : la sensibilité des commanditaires potentiels aux sirènes de la concurrence. Mettez-vous un instant dans la peau d'un de ces commanditaires, dans la peau, par exemple, d'un capitaine d'industrie, ayant à choisir entre deux intervenants. En face de vous, un psychologue social du premier type qui, même s'il la traite quelque peu, accepte comme telle votre demande, qui mobilise des savoirs parfaitement compréhensibles pour vous et avec qui vous pouvez négocier les façons de pratiquer, les choix de méthodes et de concepts. En face de vous maintenant, un psychologue social du deuxième type qui ne peut – et ne veut – en toute rigueur négocier son savoir, même s'il est prêt évidemment à négocier l'opportunité de son application, qui reformule le problème en des termes auxquels vous n'êtes pas habitué, revendique une problématique qui n'est pas la vôtre, et a des exigences méthodologiques qui le plus souvent vous dépassent. La déontologie du psychologue social du deuxième type lui interdit, en effet, d'adopter toute autre position. Hésiterez-vous longtemps ? Convenez qu'il vous faudra beaucoup de volonté pour vous faire, comme Ulysse, attacher au mât du navire pour résister au chant des sirènes. Cette volonté-là – comment ne pas s'en réjouir ? – de plus en plus de capitaines d'industrie la trouvent. Parmi eux les désenchantés qui ne veulent plus d'une pratique psychosociologique leur apportant plus de connivence que de résultats. Parmi eux surtout ceux qui, par formation, sont maintenant prêts à entendre un discours scientifique – même en matière de psychologie.

ET DE SES ATOUTS

Un savoir spécifique

Le moment est donc venu de nous départir de ce masochisme quelque peu rhétorique qui nous a conduit à évoquer tant d'empêchements à la promotion d'une psychologie sociale scientifique appliquée et de proclamer haut et fort que cette psychologie sociale-là a d'excellents arguments à faire valoir. Le premier de ces arguments pourra paraître prétentieux : les grilles de lecture, les outils d'analyse, les clés pour la programmation et l'évaluation de l'action que vous apporte un psychologue social appliqué du deuxième type vous ne les trouverez nulle part ailleurs puisque, par principe, ils ne sont pas inscrits dans les savoirs communs que véhicule l'air du temps. Les grilles, les outils et les clés du psychologue social appliqué du deuxième type ont été élaborés dans le cadre de la respectabilité scientifique, administration de la preuve à l'appui.

L'évaluation par les pairs

Le second argument est lié au premier. Lorsque vous faites appel aux services d'un psychologue social appliqué du deuxième type, vous disposez d'un principe d'évaluation aussi vieux que la science elle-même et qui vous débarrassera des angoisses que peut susciter la crainte de votre propre subjectivité : il s'agit de l'évaluation par les pairs. Imaginons que vous ayiez identifié dans vos ateliers un problème d'erreur humaine et que vous ressentiez ce problème comme éminemment humain. Si vous êtes un chef d'entreprise plutôt expéditif vous prendrez directement contact avec le cabinet de consultants avec lequel vous êtes en affaire. Mais si vous êtes un chef d'entreprise avisé vous préférerez le sérieux d'un appel d'offre, même si ce dispositif est plus lent et plus coûteux. Dans ce dernier cas, il vous faudra donc choisir entre plusieurs projets. Comment vous déterminer ? Vous pourrez toujours bien sûr vous fier à votre propre jugement, mais vous pourrez aussi requérir l'avis de psychologues sociaux scientifiques n'ayant pas soumissionnés et susceptibles par là même de se prononcer en tant qu'experts. Si vous choisissiez la seconde démarche, soyez assuré qu'aucun psychologue social appliqué du deuxième type ne s'en offusquera, bien au contraire. Son projet ne repose ni sur des attitudes, ni sur des valeurs, mais sur l'utilisation optimale d'un savoir théorique partagé et reconnu dans la communauté scientifique. Il sait que seuls ses pairs – et donc des psychologues sociaux scientifiques appliqués comme lui – sont aptes à juger de l'optimalité de son projet. Il connaît bien ce dispositif d'évaluation, ne serait-ce que pour avoir soumis des articles pour publication dans des revues scientifiques dans lesquelles l'évaluation par les pairs est évidemment la règle. Ce dispositif a pour avantage de fournir un avis autorisé sur la validité des théories mobilisées, sur le caractère plus ou moins innovant des actions préconisées, sur l'efficacité des actions antérieures répertoriées et donc, finalement, sur la probabilité d'obtenir les résultats escomptés. En somme, vous n'aurez plus qu'à choisir, parmi les projets scientifiquement recevables, celui qui correspond le mieux à vos objectifs et contraintes. On ne peut que déplorer qu'un tel dispositif, qui pourtant a fait ses preuves à l'étranger, soit quasiment inexistant en France, dans le domaine privé en tout cas. Il va sans dire que ce dispositif d'évaluation par les pairs pourrait aussi bien fonctionner au moment de la remise d'un rapport d'étude ou d'intervention. Il aurait pour avantage de permettre au commanditaire de choisir de poursuivre ou au contraire d'arrêter les opérations sur des bases moins subjectives. Nous avons souligné dans notre *Petit traité de manipulation à l'usage des honnêtes gens* (p. 41 et s.) tout l'intérêt qu'il y avait à faire évaluer les effets d'une décision par une instance différente de celle qui l'a prise, la décision pouvant, plus souvent qu'on ne le pense, fonctionner comme un véritable piège et conduire le décideur à persévérer dans un cours d'action dysfonctionnel.

Sans oublier l'administration de la preuve

Un troisième argument que peut faire valoir un psychologue social appliqué du deuxième type ne saurait laisser un commanditaire indifférent : il s'efforcera, chaque fois que cela s'avérera possible, d'administrer la preuve de l'efficacité des procédures mises en œuvre. Nous disons bien : administrer la preuve. Il ne s'agit évidemment pas de simplement s'assurer que quelque chose s'est bien passé. Comme dans certaines galeries dolmates célèbres[1], il se passe toujours quelque chose lors de la venue d'un psychologue social, même du premier type. Il s'agit de savoir si ce qui s'est passé peut légitimement être mis en rapport avec les procédures mises en œuvre et si ce qui s'est passé correspond bien aux objectifs tels qu'ils ont été définis. Pour cela le psychologue social appliqué du deuxième type se livrera à des comparaisons entre des groupes dans lesquels ont été mises en place les procédures testées (groupes expérimentaux) et des groupes dans lesquels d'autres procédures ont été mises en place (autres groupes expérimentaux) ou encore des groupes dans lesquels aucune procédure n'a été mise en œuvre (groupes contrôles). Cette psychologie sociale scientifique appliquée est donc contraignante. On comprend qu'elle puisse, de ce fait, ne pas plaire à tout le monde et ceci d'autant plus que le commanditaire doit assumer qu'au moment de l'administration de la preuve tous les groupes ne bénéficient pas des nouvelles procédures[2].

Si l'administration de la preuve est de mise chaque fois que sont énoncés des objectifs d'action, elle ne l'est évidemment plus en matière de diagnostic. Dans ce domaine, le meilleur côtoyant volontiers le pire, l'évaluation par des experts (psychologues sociaux scientifiques s'entend) est irremplaçable. Gageons que si cette pratique évaluative

1. Les galeries *La Paillette* sises rue Grand à Dolmos.

2. Il s'agit là d'un principe incontournable d'administration de la preuve. Pour administrer la preuve de l'efficacité d'une nouvelle procédure, le psychologue social se doit de n'être efficace que dans les groupes expérimentaux. Le commanditaire doit donc accepter l'idée que le groupe contrôle ne puisse bénéficier des nouvelles procédures que dans un second temps.

avait cours un jour, bon nombre de consultants n'oseraient même plus proposer leurs services. Les conclusions de rapports de diagnostic en décalage avec celles que le commanditaire souhaitait y trouver sont si rares que l'on peut, sans méchanceté aucune, gaillardement imaginer que les préoccupations de ceux qui les rédigent ne sont pas seulement sous-tendues par des exigences scientifiques. Assurément, le commanditaire n'est pas le seul à y trouver son compte. Qui ignore encore que les diagnostics sont l'occasion rêvée pour un intervenant en mal de marchés de légitimer quelques produits maisons. On ne compte plus, par exemple, les actions de formation qui se sont vendues à la suite d'un habile diagnostic. Et de quelles actions s'agit-il ? Précisément de celles que le cabinet qui a conduit le diagnostic est capable de proposer, à l'exclusion de toute autre. Gagnant-gagnant : je te dis ce que tu veux entendre et toi tu m'achètes ce que je peux te vendre !

Nous avons à plusieurs reprises insisté sur ce point : les deux types de psychologues sociaux appliqués que nous venons d'opposer, l'un scientifique et l'autre pas, constituent des prototypes. Nous sommes d'ailleurs à peu près sûrs qu'aucun de nos collègues et qu'aucun consultant de France, de Navarre ou de Dolmatie ne pourra dire sans sourciller : ma pratique n'est que celle-ci ou que celle-là. Qui se reconnaîtra dans la pratique du psychologue social du premier type ? Probablement personne, dans la mesure où, à un moment ou à un autre, sérieux oblige, tout praticien, qu'il soit universitaire ou non, utilise des concepts susceptibles de renvoyer à une théorie plus ou moins célèbre et plus ou moins élaborée. Les concepts de motivation, d'attitude, de représentation sont de ce point de vue les plus commodes. Mais cette pratique-là est-elle au fond si différente de celle du psychologue social du premier type telle que nous l'avons décrite ? Nous ne le pensons pas. D'abord, la référence à un concept ne signifie pas nécessairement la référence à une théorie. Ensuite, l'évocation d'une théorie dans un rapport ne signifie en aucune manière qu'elle a présidé au recueil des données, ni même qu'elle a orienté leurs traitements. Elle peut n'apparaître que sous la forme d'un saupoudrage conceptuel, cerise sur le gâteau qui, si elle en modifie la présentation, n'en modifie pas la consistance. Pour preuve : deux praticiens peuvent avoir des pratiques de recueils de données (entretiens semi-directifs) et de traitement de données (analyse de contenu) strictement identiques et en appeler dans leur rapport à des théories et des concepts différents. Là où le premier en appellera aux motivations, le second pourra aussi bien en appeler aux représentations sociales. Il reste que dans les deux cas la méthodologie est gouvernée par un principe de sens commun : il faut avant toute chose écouter les gens, les écouter pour savoir ce qu'ils ont dans la tête et finalement ce qu'ils sont susceptibles de faire[1]. Il reste que dans les deux cas c'est bien le sens commun qui fournira ce que le rapport a de plus substantiel.

Quant au psychologue social du deuxième type, on ne trouvera personne qui puisse véritablement lui associer l'exhaustivité de sa pratique. La prudence, en effet, nous incite à dire ici qu'aucune action ne serait possible si nous prétendions ne la fonder qu'en théorie et ceci même en adoptant cet éclectisme théorique[2] que les psychologues savent indispensable. Tôt ou tard, le psychologue social doit ou bien s'arrêter ou bien emprunter au sens commun, ne serait-ce que pour réaliser concrètement les événements que sa théorie lui dicte de réaliser. Prenons l'exemple d'un psychologue social scientifique impliqué dans une campagne de sécurité routière. La théorie de l'engagement lui dicte d'obtenir un certain nombre de comportements préparatoires de la part des automobilistes, mais elle ne dit pas lesquels. Le psychologue social devra donc recourir au sens commun pour sélectionner quelques comportements susceptibles d'avoir un statut de comportements préparatoires. Cette sélection opérée, il

1. Pour dire les choses comme elles sont, nous n'avons rien à reprocher sur le plan théorique aux concepts de motivation, d'attitude, de représentation et de représentation sociale... qui sont des concepts utiles qu'il nous arrive d'ailleurs d'utiliser lorsqu'ils s'imposent. Certains courants de recherche qui ont ces concepts pour objet ont donné lieu à des avancées théoriques essentielles. Ce que nous visons ici, c'est une pratique sociale qui consiste soit à leur faire dire ce qu'ils ne sont pas faits pour dire (par exemple ce que vont faire les gens dans une situation précise), soit à les utiliser *a posteriori* pour donner du muscle à une problématique qui en manquait.

2. Cet éclectisme consiste à faire appel à des théories diverses pour étudier un problème complexe.

pourra, le cas échéant, les prétester. Imaginons que le prétest révèle que la pose d'un autocollant constitue un bon acte préparatoire. Là encore la théorie de l'engagement lui dicte de choisir un autocollant aussi peu attractif que possible[1], mais elle ne lui dit pas ce qu'est un autocollant peu attractif. Elle ne lui dit rien sur la forme qui doit être la sienne, ses dimensions, ses couleurs... et le psychologue social doit à nouveau s'en remettre au sens commun. La théorie de l'engagement lui dicte aussi d'obtenir la pose de cet autocollant dans un contexte de liberté. Mais elle ne l'informe pas sur les propos à tenir à tel automobiliste, mais pas à tel autre, pour qu'il en accepte la pose dans un tel contexte. Une nouvelle fois c'est au sens commun que le psychologue social doit avoir recours. On le voit, l'application d'une théorie, quand bien même serait-elle scientifique, ne va pas sans quelques emprunts au sens commun.

Le lecteur aura compris notre inclination pour le psychologue social appliqué du deuxième type, même si sa pratique n'est pas aussi pure qu'on aurait pu l'imaginer. Est-ce à croire que cette impureté le ramène tout droit dans la famille des psychologues sociaux appliqués du premier type ? Évidemment non. Nous pensons, en effet, qu'il existe une différence de nature entre une pratique qui ancre sa problématique et ses méthodes dans le sens commun, quitte à parer celles-ci de quelques concepts techniques ou théoriques, et une pratique qui ancre sa problématique et ses méthodes dans le savoir scientifique, quitte à ponctuellement emprunter au sens commun les éléments de sa réalisation concrète.

Puisse le lecteur, à l'issue de cet ouvrage, partager notre avis.

1. Afin que l'automobiliste ne puisse pas inférer qu'il en a accepté la pose tout simplement parce que l'autocollant lui plaisait.

Conclusion

Manipulation, éthique et idéologie

Fait exceptionnel, Mme O. est seule ce samedi soir. M. Delacour vient de lui apprendre par fax qu'il est retenu par d'importants clients à Copenhague. Les affaires sont les affaires. Il l'appellera, sans faute, de son bureau lundi matin. « Quel mufle, souffle-t-elle, il aurait au moins pu avoir le courage de me donner un coup de fil ! » La vie lui ayant appris à faire contre mauvaise fortune bon cœur, Mme O. se ressaisit, en ces circonstances contrariantes, plus vite qu'elle ne l'aurait imaginé. « Bonne occasion, finit-elle par se dire, de retrouver un peu les plaisirs de la solitude et de la télévision. » Elle descend de ses escarpins, enfile un peignoir et la voilà prête. Sur la table basse, un repas minceur au goût chocolaté. Avant de s'enfoncer dans son sofa, elle rapproche le téléphone, on ne sait jamais. La soirée peut maintenant commencer. Sur la 8e chaîne les spots publicitaires se suivent irrésistiblement, s'attachant à la convaincre de tout et de son contraire : des couches sèches même mouillées, une petite voiture, la fameuse TR11, ayant tout d'une grande, etc. Son repas s'achève avant la fin des publicités. Elle glisse un coussin sous sa tête, éteint la lumière et passe sur la 9. Le feuilleton de l'été *Beauté, gloire et monnaie* en est à son 15e épisode. De rebondissements en rebondissements, il montre à quel point le bonheur est à portée de main de tous ceux qui ne désespèrent pas d'être un jour beaux, célèbres et riches. La 11 consacre sa soirée à son émission de prestige : « Questions de fond ». Une quinzaine d'invités de renom débattent ce soir autour et à propos des charmes, mais aussi des dangers, de l'ordinateur domestique. La distinction de ces personnes avisées, autant que l'habileté de l'animateur, les aide à tomber d'accord juste au terme de l'émission sur la conclusion qui s'impose : l'ordinateur permet aux enfants de s'amuser tout seuls, aux jeunes d'apprendre à la maison, aux mères de trouver, en moins de temps qu'il ne faut pour le dire, la recette de cuisine qui fera plaisir à toute la famille et aux pères de mieux gérer le budget familial. Si l'ordinateur permet tout cela, il n'en demeure pas moins – et sur ce point les invités sont formels – qu'il faut éviter d'en être l'esclave et en user avec la plus grande sagesse. Mme O., à qui maintenant on ne la fait pas aussi facilement, en a les bras coupés. Elle aura dû attendre une heure trente pour en arriver là ! « On nous montre encore des femmes qui ont les mains aux fourneaux pendant que leurs maris ont l'œil au portefeuille », ne peut-elle s'empêcher de maugréer en regardant défiler les images du générique. Mme O. est excédée... et ce téléphone qui ne sonne toujours pas ! Cette fois c'en est trop, la télécommande n'est pas loin, elle passe sur la 16. Par chance, la célèbre émission dolmate « C'est tellement bon pour le moral » ne fait que commencer. Un principe simple mais éprouvé. Les invités avant d'y aller de leur ritournelle sont conduits à raconter une tranche de vie d'où il ressort toujours qu'avec un peu d'amour, un soupçon de bonne humeur et un brin de malice, la vie ne demande qu'à être saisie à belles dents. Un tel enchantement ne va pas sans quelques pensées vers les misères lointaines du monde. On n'est pas chiche de bons sentiments sur la 16. Mme O. en aurait presque oublié le fil du temps. Mais 1 heure sonne innocemment. Je ferai la grasse matinée demain, se dit-elle, en posant son téléphone portable sur la table de chevet. Savoir qu'elle ne pourrait rater ce coup de fil de M. Delacour, qu'elle n'attendait plus mais qu'elle espérait encore, lui permit de s'endormir presque instantanément. La nuit sera plus courte que prévue. Le téléphone la réveille en sursaut à 8 h 03. Un coup de fil matinal pour se faire pardonner ? C'est bien le genre de M. Delacour. Mme O. remet de l'ordre dans ses cheveux avant de décrocher amoureusement. Déception, la voix au bout du fil est celle d'un inconnu :

« Vous êtes bien Mme. O. ? Excusez-moi de vous déranger... mais j'aurais besoin de votre concours. Auriez-vous quelques instants à m'accorder ? Je réalise un petit sondage sur les économies d'énergie. »

« Mais c'est dimanche, répond-elle d'une voix blanche. »

« C'est vraiment très court, rétorque son interlocuteur. Je n'ai que quelques questions à vous poser. Vous allez voir, ce sont des questions faciles comme... tenez, je prends la première pour vous donner une idée. Quelle est la superficie de votre appartement : moins de 60 m^2, entre 60 et 120 m^2, plus de 120 m^2 ? Vous voulez bien me répondre ? En tout, cela ne vous prendrait que cinq petites minutes, mais je comprendrais parfaitement que vous refusiez... »

Quelque temps plus tard, Mme O. avait pris deux décisions : acheter une TR11 et entreprendre des travaux d'isolation dont le coût serait intégralement déduit de son revenu imposable.

Pour en revenir à la manipulation et pour en arriver à l'éthique, une question : des deux stratégies ayant pesé sur ces décisions (une pub pour la TR11, un pied-dans-la-porte pour l'isolation), en est-il une moralement plus répréhensible que l'autre ?

UNE PRATIQUE IDÉALE

Avant de discuter les problèmes d'éthique que peuvent poser les stratégies de changement relevant de la théorie de l'engagement, nous souhaiterions nous interroger sur ce que serait une stratégie de changement ne soulevant aucune objection éthique, bref sur ce que serait une pratique de changement idéale. Comment peut donc s'y prendre un agent de changement irréprochable pour obtenir d'une personne X ou Y un comportement spécifique (acheter telle voiture plutôt que telle autre, utiliser un préservatif, mettre des lunettes de protection, etc.), comportement qu'elle n'aurait pas réalisé spontanément ? Il réunit d'abord les meilleurs arguments disponibles légitimant la réalisation du comportement attendu. Il organise ensuite ces arguments dans un message qu'il veut le plus persuasif possible. Il dispose d'ailleurs de savoirs (la rhétorique n'est pas née de la dernière pluie) susceptibles de l'y aider. Ainsi, saura-t-il où placer les arguments les plus forts, s'il convient ou non d'opter pour une argumentation bilatérale, si une conclusion implicite est plus adaptée à la cible qu'une conclusion explicite, etc. Il délivre enfin son message et éventuellement s'assure de sa bonne compréhension. Son rôle doit s'arrêter là. Il appartient désormais à son interlocuteur de se faire par lui-même une opinion avant de décider en toute connaissance de cause de réaliser ou de ne pas réaliser le comportement attendu. Nous ne voyons pas quelle objection éthique pourrait être avancée à l'encontre d'une telle démarche. Nous craignons malheureusement que la stratégie de changement que nous venons de décrire ne soit qu'une pure fiction et ceci pour au moins quatre raisons.

D'abord, il faudrait que l'agent de changement ait, à coup sûr, la vérité avec lui. Nous entendons par là deux choses : premièrement que chacun de ses arguments est fondé, deuxièmement que le comportement sollicité correspond à la seule et unique conséquence, de surcroît indiscutable, de l'argumentation développée. Par exemple, si nous souhaitons que Mme O. achète une TR11, chacun de nos arguments doit être vrai (consommation d'essence à la campagne comme à la ville, sécurité, longévité, entretien, etc.) et l'achat de cette voiture, et pas d'une autre, doit être une implication directe de ces arguments[1]. Si d'aventure il existait sur les mêmes critères (consommation d'essence, sécurité, longévité, entretien, etc.) une meilleure voiture, nous devrions – sauf à mentir par omission ou par ignorance – terminer notre argumentaire de vente ainsi : « C'est vrai que la Clio est une meilleure voiture que la TR11, mais si vous achetiez malgré tout une

1. Si un politicien vous dit qu'il est pour la justice, pour la transparence, pour le bonheur des Dolmates, il essaie certes de vous convaincre qu'il est un homme respectable, mais ses arguments ne conduisent pas à voter inévitablement pour lui dans la mesure où vous ne rencontrerez aucun homme politique proclamant qu'il est pour l'injustice, l'opacité et le malheur des Dolmates. Si la démocratie ne trouvait sa réalité que dans l'argumentation politique (le fameux débat d'idées), on pourrait le plus souvent laisser le hasard voter à notre place.

TR11 vous me feriez tellement plaisir ! » Nous ne sommes pas sûrs que les commerciaux des grandes écuries automobiles dolmates terminent systématiquement leur plaidoirie ainsi.

Il faudrait ensuite que la personne cible soit dans la disposition de recevoir le message persuasif et de le traiter au fond, ce qui n'est jamais totalement certain[1]. Elle peut ne pas l'être parce qu'elle est intellectuellement inapte (ce n'est certes pas le cas de Mme O.), parce qu'elle est de bonne humeur ce jour-là, ou tout simplement parce qu'elle a la tête ailleurs (ce qui peut arriver à Mme O. comme à n'importe qui). Dès lors, ce n'est pas tant l'argumentation qui va jouer que toute autre chose, cela peut aller de la blancheur des dents du vendeur, pour ne pas parler de la couleur de sa cravate, au temps qu'il consacre à son client en passant par l'humeur plus ou moins positive qu'il a su générer chez ledit client.

Il faudrait encore supposer que la personne cible ne dispose pas elle-même d'arguments tout aussi vrais la conduisant à ne pas faire ce qu'on attend d'elle. Il s'agit là d'une idée simple mais que l'on a parfois tendance à oublier : la réalité est porteuse de contradictions. Deux hommes politiques peuvent être aussi sincères et même aussi fondés l'un que l'autre et défendre des thèses opposées. L'oubli de cette idée conduit à la « pensée unique », à la politique des experts et au pouvoir des technocrates.

Il faudrait enfin être certain que l'adhésion à l'argumentation développée (en fait le changement d'attitude) se concrétise, dans le cas qui nous occupe, par un comportement effectif : le comportement spécifique attendu. Rien n'est moins sûr. En vérité, il n'existe pas de situations dans lesquelles un spécialiste est sollicité pour produire des chan-

1. Dans les conditions habituelles de réception des messages publicitaires, les auditeurs, ou téléspectateurs, sont peu disposés à adopter ce que les psychologues sociaux appellent un « traitement central » du message ; ils adoptent plutôt un traitement « périphérique » : ancrage sur des aspects secondaires voire non pertinents (nombre d'arguments plutôt que qualité des arguments, longueur du message plutôt que contenu du message, etc.). Assez surprenant : notre « bonne humeur », que nos médias s'attachent à générer puis à entretenir, nous prédispose à adopter un traitement périphérique des messages persuasifs.

gements comportementaux qui satisfassent pleinement aux quatre conditions qui viennent d'être évoquées. Nous pensons volontiers que, si de telles situations existaient, on serait en mesure de se passer de spécialistes. Le spécialiste intervient, en effet, qu'on le déplore ou non, dans des situations moins idéales. Il doit souvent mettre son savoir et ses techniques au service de causes ne lui permettant pas de se mouvoir dans les délices de la vérité. Et quand bien même serait-il convaincu que la cause qu'il sert est la meilleure qui soit, rien ne lui garantit qu'il disposera des arguments les plus pertinents et que les personnes cibles seront parfaitement disposées à l'écouter. Quand bien même aurait-il la vérité avec lui, les arguments et la réceptivité de son public à l'endroit de ses arguments, rien ne lui garantit que les personnes qui sont en face de lui n'ont pas d'intérêts propres les conduisant à rejeter sa vérité et à refuser d'en passer par là où il souhaite. Enfin, serait-il rassuré sur tout ce qui précède que rien ne lui garantirait que l'acte spécifique attendu va bien découler des nouvelles attitudes qu'il a su induire à grands coups d'arguments. Finalement, ce spécialiste a le choix entre deux grandes options qui vont le démarquer quelque peu du schéma idéal. Soit il va faire comme il peut dans le champ des pratiques de persuasion qui ne peuvent devenir, dans ce contexte, que des technologies de propagande[1], soit il va faire comme il peut dans le champ des pratiques d'engagement, qui sont des technologies d'influence. De ces deux options l'une est-elle plus immorale que l'autre ? Évidemment non. Alors pourquoi les pratiques d'engagement paraissent-elles plus suspectes que les pratiques de persuasion ?

Autant le dire, nous avons été amenés à présenter la théorie de l'engagement et ses applications à des publics très variés : des étudiants bien sûr, mais aussi des professionnels de la santé, des chefs d'entreprises, des responsables politiques, etc. Autant le dire aussi, si ces présentations ont suscité l'intérêt, elles ont pu également soulever

1. De nombreux psychologues sociaux distinguent l'activité de persuasion, reposant sur la qualité intrinsèque des arguments, de la propagande, dissémination d'idées dans une population, reposant sur tout autre chose que la qualité des arguments déployés (voir Beauvois, 2005).

des objections dont il n'est pas toujours facile de savoir si elles relèvent de l'éthique ou de l'idéologie. Nous aimerions nous arrêter aux plus fréquentes.

UNE CERTAINE IMAGE DE L'HOMME

Les premières que nous allons évoquer n'ont rien d'éthique. Elles ont partie liée avec une image de l'homme historiquement datée et géographiquement située à laquelle la théorie de l'engagement et ses applications peuvent porter atteinte. Il ne surprendra personne que cette image de l'homme soit précisément celle que véhiculent nos médias.

Internalité et externalité

À l'heure où les psychologues inventent des besoins d'autodétermination (Deci, 1980), à l'heure donc où ils participent avec enthousiasme à la construction de toute pièce d'un nouveau type humain : l'individu (supposé déterminé de façon interne), un certain nombre de théoriciens, dont nous sommes, insistent au contraire sur l'importance des déterminations externes de la conduite humaine. Nous ne nions pas que cet aspect des pratiques d'engagement ait pu choquer quelques-uns de nos interlocuteurs et même de nos collaborateurs occasionnels. Revenons à l'une des recherches-actions réalisées dans le cadre de la lutte contre le Sida : celle visant à inciter des lycéens à se servir d'un préservatif. On se souvient que la stratégie qui s'est avérée la plus efficace est celle dans laquelle des lycéens étaient amenés par l'infirmière de l'établissement à réaliser un acte peu coûteux (signer une pétition pour l'implantation d'un distributeur de préservatifs dans le lycée par exemple). Grâce à ce pied-dans-la-porte avec demande implicite, ils ont été les plus nombreux, lors de l'enquête postexpérimentale programmée plusieurs semaines après, à pouvoir sortir de leur poche, de leur portefeuille ou de leur cartable, le préservatif qu'ils gardaient par-devers eux. Cette efficacité a troublé l'infirmière. Reconnaissons qu'au moment de la répartition des rôles, elle avait été chargée de la stratégie d'engagement alors qu'elle aurait préféré prendre en charge la stratégie de persuasion ou celle de sensibilisation, comme elle aurait préféré que l'une ou l'autre de ces deux stratégies se montrât la plus efficace. Il est, en effet, plus conforme aux représentations internalisantes qu'ont plus que d'autres ceux qui militent, corps et âme, pour quelque noble cause de pouvoir penser : c'est parce que nos lycéens, en bons garçons, ont pris conscience des risques qu'ils encourent, qu'ils ont librement décidé d'avoir désormais avec eux un préservatif au cas où. Il est vrai qu'avec la théorie de l'engagement on est loin de l'autodétermination et du contrôle interne. Il faut bien l'admettre, le premier comportement des lycéens (acte préparatoire) a bel et bien été sollicité par les circonstances (ce sont elles qui les ont conduits à signer une pétition) et l'effet escompté de ce comportement (avoir un préservatif à portée de main) peut être aussi tenu pour le fruit des circonstances (déclaration de liberté au moment de la signature de la pétition, caractère public, etc.). Il s'agit là de données de fait, les facteurs externes étant, dans les pratiques d'engagement, déterminants. L'usage de ces pratiques est-il en cela immoral ? Répondre par l'affirmative à cette question relève d'un esprit étroitement ethnocentrique. L'individu, cet homme déterminé de façon interne, n'est qu'une représentation, la représentation d'un certain type de culture que nos collègues psychologues sociaux disent volontiers aujourd'hui « individualiste », culture qu'ils opposent ainsi aux cultures dites « collectivistes »[1]. La première accorde beaucoup de valeur aux besoins, aux buts et aux satisfactions des individus, les secondes aux besoins, aux buts et aux satisfactions des collectifs (familles, groupes, sociétés). On commence à se douter aujourd'hui que les déterminations internes sont valorisées dans les cultures individualistes mais pas dans les cultures collectivistes ! Et surtout n'allez pas imaginer que

1. Nous empruntons ce concept à nos collègues américains, celui de culture communautariste, moins péjoratif, conviendrait tout aussi bien.

les cultures collectivistes sont des cultures primitives à l'écart de toute civilisation. Prenons le cas des Brahmanes, par exemple. Shweder et Bourne (1982) ont montré à quel point ils étaient peu sensibles aux charmes de nos déterminations internes. Pourtant, il s'agit bien des membres de la caste la plus élevée de l'Inde. Qui oserait prétendre que les Brahmanes n'ont ni culture, ni morale ? Aussi bien, avancer que les pratiques d'engagement posent des problèmes éthiques tout simplement parce qu'elles font la part belle aux déterminations externes relève plus de l'individualisme de nos sociétés occidentales que de la morale, pour peu que l'on veuille bien abandonner ce que nous appelions plus haut une vue étroitement ethnocentrique. Sauf, bien sûr, à considérer qu'on est immoral dès qu'on marche à côté des canons, pour ne pas dire des pompes, de notre chère culture...

Et les bonnes raisons qu'on a de faire ce que l'on fait ?

Une seconde objection qui nous a souvent été adressée n'est qu'une paraphrase de la précédente. Elle s'apparente à un reproche. On nous reproche finalement de faire faire aux gens des choses sans même qu'ils sachent pourquoi, et sans que nous ne mettions à l'avant-scène les « raisons » qu'ils pourraient avoir à les faire. Il est vrai que les pratiques d'engagement n'attribuent aucune vertu motrice à la connaissance (à la connaissance de soi notamment) et à la pensée. On peut leur préférer sur cette base les pratiques de persuasion qui donnent toujours aux gens le sentiment de savoir pour quelles (bonnes) raisons ils ont été ou non convaincus par les arguments auxquels ils ont été exposés.

Notre réponse à un tel reproche passe par deux remarques. La première pourra paraître choquante aux lecteurs non spécialistes : nous pensons qu'il est le plus souvent inutile, lorsqu'on ambitionne de « changer les comportements », de travailler sur les raisons auxquelles peuvent en appeler les gens pour expliquer ce qu'ils font ou ce qu'ils pensent. Cette position tient à un fait que ne contestera aucun psychologue social informé. Les gens ignorent les déterminants de leurs comportements, tout comme ils ignorent les déterminants de leurs jugements, et la raison en est simple : ils n'y ont généralement pas accès. Ils ne peuvent, en conséquence, lorsqu'on les interroge, que mettre en avant la représentation qu'ils peuvent avoir de ces déterminations. Imaginons, par exemple, un téléspectateur dolmate venant tout juste d'être exposé à une publicité en faveur de la nouvelle TR11. Imaginons encore que ce même téléspectateur en vienne quelques minutes plus tard, dans le feu de la conversation, à vous dire tout le bien qu'il pense de cette voiture. Il a été sensible penserez-vous à la publicité. Pour en avoir le cœur net vous lui posez néanmoins cette épineuse, quoique banale, question : « Je vois que vous avez été sensible à la publicité de la nouvelle TR11. Pouvez-vous me dire ce qui, dans cette publicité, vous a influencé ? » En posant cette question, vous présupposez que ce téléspectateur, tout dolmate qu'il est, peut en quelque sorte entrer en lui-même pour voir ce qui s'y passe ou ce qui s'est passé. En l'occurrence, vous présupposez qu'il est capable d'aller chercher dans le fond de sa mémoire les restes du processus de persuasion qui vient d'opérer (présupposé d'accès direct aux processus internes). Ne nourrissez aucune espèce d'inquiétude, ce téléspectateur ne sera pas surpris par votre question et ne contestera pas le moins du monde votre présupposé. Il regardera probablement le plafond, se grattera l'oreille – ce qui, comme chacun le sait, favorise toujours l'activité introspective – prendra enfin l'air inspiré et murmurera sur le ton de la confidence : « C'est vrai, je dois reconnaître que cette publicité ne m'a pas laissé indifférent. Il faut dire qu'ils ont su mettre en valeur les caractéristiques innovantes de la TR11 et qu'il se dégageait de sa trajectoire au bord de la falaise une impression de sécurité et de puissance à la fois. » À coup sûr le publiciste sera ravi. Il vous dira que c'est exactement le message qu'il voulait faire passer : la TR11 est à la pointe de la technologie, et pas de n'importe quelle technologie, une technologie au service de la sécurité et de la performance. Qui s'en plaindrait ? Il y a bel et bien homologie entre l'intention persuasive du publiciste et la façon dont le téléspectateur explique l'effet qu'a pu avoir sur lui la publicité. Voilà donc un mode d'intervention auprès des gens qui s'accompagne d'une réelle transparence des raisons pour lesquelles « ça marche », ou si l'on préfère des raisons pour lesquelles les gens sont amenés à penser comme on voulait qu'ils pensent. Gardons-nous toutefois de crier trop vite « bravo ». Malheureusement, si les gens prétendent connaître ce qui a pu peser sur leur jugement ou sur leur comportement, cette connaissance est, la plupart du temps, une méconnaissance (cf. notamment Beauvois, 1994). Dites à ce téléspectateur que si l'heureux possesseur de la TR11 n'avait pas été flanqué d'une femme moderne, évidemment belle, habillée avec raffinement et même sophistication, laissant juste percer quelques subtiles tendances à la domination, il aurait été moins sensible au caractère innovant de la TR11, à sa sécurité et à sa puissance. Il ne vous croira pas. Et pourtant, on sait qu'en l'absence de cette femme fatale de telles publicités perdent beaucoup de leur efficacité (cf. Cialdini, 1990). Il ne faudrait pas croire que nous sommes allés chercher là une curiosité tirée de derrière les fagots. Les recherches sont légion (cf. Leyens et Beauvois, 1997) qui montrent que les gens n'ont pas accès aux déterminants de leurs jugements ou de leurs comportements, même s'ils ont, évidemment, des « théories » concernant ces déterminants. Aussi, peuvent-ils répéter avec la plus grande sincérité à qui veut l'entendre : « C'est en tenant compte de ceci et pas de cela que j'ai forgé mon jugement » ou « C'est pour ceci et pas pour cela que j'ai agi ainsi ». Il reste que ces « théories » sont plus belles qu'exactes, leur fonction étant davantage de générer des images confortables de l'homme que de *rendre compte* au sens scientifique de cette expression. C'est pourquoi, lorsqu'on demande aux gens de fournir une explication de leurs jugements ou de leurs comportements, ils se mettent la plupart du temps le doigt dans l'œil. Ils évoquent volontiers des facteurs (le plus souvent internes) qui n'ont pu opérer et en négligent d'autres (le plus souvent externes) pourtant déterminants (cf. notamment Nisbett et Below, 1977 ; Joule et Beauvois, 1987 ; Joule, 1989 ; Dubois et Le Poultier, 1991 ; Dubois, 2009).

Une théorie difficilement assimilable

La seconde remarque à propos du reproche qui nous est adressé de négliger les raisons que les gens peuvent se donner d'avoir fait ce qu'ils ont fait, ou de négliger la façon dont ils expliquent pourquoi ils pensent ce qu'ils pensent, sera maintenant plus facile à comprendre. Nous venons de le dire : les gens ont la tête pleine de belles conceptions. Eh bien, toute la question est de savoir si de telles conceptions sont aptes à assimiler une théorie scientifique. La théorie de l'engagement n'est pas de ces théories[1] que le savoir commun assimile aisément, tant il est vrai que les déterminations qu'elle met en lumière ont peu de résonance chez les gens. De fait, lorsqu'à l'occasion des classiques entretiens terminaux nous informons les personnes qui ont pris part à nos recherches du poids que ces déterminations ont pu avoir sur leur conduite, elles en restent « baba ». Une atteinte est, à proprement parler, portée à leur image et cela ne va pas sans grincements de dents. Expliquons-leur, par exemple, statistiques à l'appui, que le fait d'avoir presque sans y prêter attention répondu « oui » à la demande qui leur a été adressée (surveiller la valise d'un voisin de compartiment s'étant rendu dans la voiture-bar pour acheter un sandwich) rend massivement compte du comportement d'entraide qu'ils ont eu ultérieurement : céder leur place à une personne âgée debout dans le couloir (pied-dans-la-porte avec demande implicite). Le premier comportement, entièrement tributaire des circonstances, appelle le second ; il est à proprement parler incompréhensible, inadmissible même. Le premier comportement n'est en rien problématique. Il correspond à un petit service que tout le monde est prêt à rendre sans hésiter à quiconque le demande. Quant au second, il trouve tout naturellement sa signification dans quelque trait de caractère ou de personnalité (je suis quelqu'un de serviable) ou dans quelque valeur (je suis de ceux qui pensent qu'il faut faire montre de solidarité à l'égard du troisième âge). On mesure toute la distance qu'il y a entre la détermination externe impliquée par un pied-dans-la-porte et les significations internalisantes dont les gens dotent leurs comportements. Revenons à ce voyageur que nous venons de confronter à la détermination de son comportement d'entraide envers une personne âgée. Eu égard au décalage qu'il y a entre cette détermination externe et les significations spontanées qu'il peut en donner, nous ne pouvons guère attendre que

1. Certaines théories académiques sont à ce point assimilables par le savoir commun qu'on en vient à se demander si elles sont vraiment scientifiques.

deux réactions de sa part. La première, la plus fréquente, est une pure dénégation : « Je ne crois pas en votre science, je sais très bien, moi, pourquoi j'ai offert ma place à cette vieille dame. Cela n'a rien à voir avec ce que vous me dites ! »

La seconde, consiste à se laisser aller à la mélancolie : « Vraiment, le fait d'avoir surveillé la valise du gros Monsieur a pu être pour quelque chose dans ma décision de proposer ma place à la Mamie debout dans le couloir ? Est-ce à dire que si personne ne m'avait demandé de jeter un œil sur la valise, j'aurais laissé cette bonne dame voyager debout ? Si c'est ça, alors c'est bien triste. Laissez-moi garder mes illusions et continuer à croire que c'est parce que j'ai des valeurs. » Ce que nous faisons volontiers.

En somme, le reproche qui nous est adressé de n'accorder que peu d'importance aux raisons par lesquelles les gens expliquent leurs actes et leurs jugements repose sur une profonde ignorance des données de la psychologie sociale expérimentale, ces raisons n'ayant, qu'on le veuille ou non, aucun véritable statut explicatif. Aussi bien, mettre de telles raisons sur le devant de la scène de l'intervention psychosociale relève d'un choix professionnel : celui de travailler avec les gens, non pas sur les réelles déterminations de ce qu'ils font et de ce qu'ils pensent, mais sur ce qu'ils peuvent en dire, c'est-à-dire sur les significations que les théories publiques, et quelquefois même l'air du temps, les incitent à mettre en avant et à croire. Que ces théories publiques et cet air du temps soient aujourd'hui portés par le vent du libéralisme ne change rien à l'affaire (Beauvois, 2005). Un tel choix, qui revient à donner aux gens l'illusion de maîtriser les déterminations de leurs actes alors qu'ils se meuvent dans un système d'illusions et de croyances, ne va pas sans poser des problèmes éthiques aussi ardus que le choix professionnel qui est le nôtre et qui consiste à préférer ne rien dire.

Des pratiques peu transparentes ?

Un troisième grief qui nous est fait va nous rapprocher de la déontologie, bien qu'il ne soit pas sans rapport avec le précédent. Il porte sur la non-transparence du savoir mis en œuvre dans les pratiques d'engagement. Il est vrai que le psychologue social qui utilise les pratiques d'engagement pour amener les gens à réaliser les comportements attendus (éteindre les lumières, respecter les consignes de sécurité, mettre un préservatif, etc.) ne peut leur donner les clés de son savoir, pas plus qu'il ne peut les éclairer sur les différentes étapes nécessaires à l'atteinte de ses objectifs. On comprend facilement, par exemple, qu'il ne puisse ni avant, ni pendant, ni après son intervention, expliquer aux lycéens conduits à signer une pétition pour l'implantation d'un distributeur de préservatifs ce qu'est la théorie de l'engagement, ce qu'est un pied-dans-la-porte avec demande implicite, ou encore dévoiler les différentes étapes de la stratégie qu'il a pu élaborer pour les prédisposer à utiliser des préservatifs à l'avenir (objectif premier de l'intervention). Les personnes qui nous ont reproché notre manque de transparence étaient ou des chercheurs ou des psychosociologues, c'est-à-dire des gens de notre corporation. Les premiers ont pour habitude d'informer leurs sujets des tenants et des aboutissants de la recherche à laquelle ils viennent de participer. Nous ne pouvons que les en féliciter. Nous-mêmes, dans notre métier de chercheur, ne manquons pas d'en faire autant, en tout cas chaque fois que nous avons la conviction que dire ainsi la « vérité » ne sera pas pire que de la taire, ce qui peut arriver. Nous attachons, en effet, énormément d'importance à ce que nos sujets quittent le laboratoire sans atteinte à l'image qu'ils ont d'eux-mêmes et, de façon plus générale, aux conceptions de l'homme auxquelles ils sont attachés. On comprend par ailleurs que notre manque de transparence puisse offusquer des psychosociologues. Ces praticiens ont longtemps pensé (peut-être certains le pensent-ils encore ?) que toute la noblesse de leur travail consistait à mettre leur savoir et leurs outils au service d'une maïeutique permettant à ceux qui réfléchissent avec eux de se les approprier et de découvrir, par-delà les prises de conscience individuelles, des vérités profondes et socialement utiles.

Qui d'autre que des chercheurs ou des psychosociologues pourrait bien nous adresser ce reproche de non transparence ? Personne. Personne, en tout cas, un tant soit peu soucieux d'efficacité. Nous ne sommes donc, de ce point de vue, pas différents de la plupart des praticiens. Nous voyons mal un médecin donner à un patient un placebo en l'informant de l'effet placebo et en lui faisant donc savoir que le médicament qu'il doit prendre matin, midi et soir n'est rien d'autre que du foie de canard ou du lait en poudre. Nous voyons mal également un sondeur informer ses sondés de l'art consommé avec lequel il a mis en œuvre un effet de mémoire implicite[1] en suscitant une humeur négative par une question préalable (Quel est à votre avis l'événement le plus fâcheux pouvant survenir cette année ?) à seule fin que cette humeur se déplace sur la question hautement politique qui va suivre (D'après vous l'année en cours sera-t-elle une bonne ou une mauvaise année ?), lui permettant ainsi de crier sur les ondes que 70 % des Dolmates sont pessimistes ! Nous ne voyons pas davantage le chargé d'une campagne de communication en faveur de la sécurité routière expliquer aux automobilistes, par télévision interposée, qu'il va tabler sur ce que les scientifiques appellent une heuristique de la simulation[2] en portant à l'écran un scénario catastrophe, hautement hypothétique, débouchant sur un accident dont la fonction n'est autre que de rendre leur propre accident plus probable à leurs yeux.

Ces trois cas de non transparence appellent plusieurs remarques avant tout jugement d'ordre éthique. D'abord cette non-transparence peut être une condition nécessaire à l'obtention de l'effet recherché et donc de l'efficacité même de l'action. Un patient qui saurait que la pilule qu'il avale est un placebo ne tirerait de cette prescription médicale aucun bénéfice. De même, si le sondé savait que la question 7 n'a été posée que dans le but de provoquer chez lui une réponse qui va déteindre sur la façon dont il répondra à une question ultérieure, précisément celle qui intéresse le sondeur, l'effet de mémoire implicite

1. L'effet auquel nous faisons allusion consiste à générer par des moyens arbitraires une humeur négative (ou positive) qui affectera la façon de répondre à une question ultérieure considérée comme critique.

2. Faire imaginer à quelqu'un ou lui fournir un scénario débouchant sur un événement rend cet événement plus probable à ses yeux. Vous pouvez ainsi affecter la perception que des salariés ont de leur chance d'être ou non licenciés en leur présentant un scénario, évidemment fictif, débouchant sur un licenciement. Un tel scénario conduit les salariés à penser qu'ils ont plus de chance d'être un jour licenciés.

pourrait se retourner et s'avérer contraire aux attentes du sondeur[1]. Même chose pour ce téléspectateur qui, de son fauteuil, assiste à un carambolage autoroutier. La campagne de sécurité routière perdrait évidemment beaucoup de son impact s'il était informé de l'effet de simulation.

Ensuite, que le sondeur ou que le chargé de communication ait ou non conscience de l'effet scientifique sur lequel il s'appuie (qu'il ait lu ou qu'il n'ait pas lu, dans les revues scientifiques, les articles qui rendent compte de ces effets) n'a rien à voir avec la morale. Il ne nous paraît pas discutable que de nombreux praticiens mettent en œuvre des effets scientifiquement établis (par exemple : de mémoire implicite ou de simulation) sans le savoir. Ils ont généralement, dans ce cas, des théories toutes prêtes qui expliquent l'efficacité de leur action en négligeant dédaigneusement la psychologie sociale expérimentale, exactement comme un technicien peut réaliser un collage entre deux matières en évoquant l'attirance subtile de l'une pour l'autre. Le seul fait à prendre en considération dans le cadre d'une réflexion d'ordre éthique est le suivant : notre sondeur ou notre chargé de communication a été efficace parce qu'il a été capable de réaliser un effet qui n'est transparent ni pour les sondés, ni pour les téléspectateurs, et auquel aucune introspection ne donnera jamais accès. L'ignorance de ces praticiens est-elle la garantie de leur innocence ? Nous contestons, pour notre part, que l'ignorance puisse être une preuve de vertu ou un gage de moralité. Après tout, ils n'ont qu'à lire la littérature scientifique.

Enfin, bien que le savoir d'aucun de nos trois spécialistes, médecin, sondeur ou chargé de communication, ne soit transparent, le tollé que peut susciter leur pratique dépend de la cause pour laquelle ils œuvrent. De fait, la pratique « manipulatoire » du médecin, la plus connue et la plus courante, est aussi celle qui pose le moins de problème éthique. Qui reprocherait à un médecin de mentir à son patient pour apaiser sa souffrance ? Le mensonge et l'effet placebo sont ici mis au service d'une noble cause et personne se s'en plaint. Nous sommes,

1. La conscience du lien entre les deux questions peut en effet entraîner un effet de contraste et non un effet d'assimilation.

en revanche, persuadés que n'importe quel citoyen, riche, pauvre, jeune ou vieux, serait choqué s'il apprenait avoir été la victime, lors d'un récent sondage, d'un effet de mémoire implicite savamment orchestré par un sondeur peu scrupuleux afin d'orienter ses réponses et, ce faisant, peser sur les débats politiques. C'est qu'il ne s'agit plus cette fois d'agir sur la souffrance de son prochain mais de manipuler l'opinion publique. Ainsi, tabler sur des effets scientifiques, en se gardant bien de le faire savoir à ceux qui sont, en tout état de cause, les premiers concernés, n'est pas répréhensible dans le premier cas mais l'est incontestablement dans le second. Aussi, la question qui se pose n'est pas tant celle de la non-transparence que celle de savoir dans quelle mesure la haute idée que nous pouvons avoir de l'authenticité d'une relation sociale, par-delà notre éducation morale et religieuse (Tu ne mentiras point !), peut être mise en balance avec la cause que l'on sert, ou plus simplement dans quel cas la fin justifie les moyens. Pour en revenir aux techniques d'engagement, nous n'avons jamais nié que l'efficacité de telles techniques reposait sur leur non-transparence, ni d'ailleurs que leur utilisation nécessitait quelque garantie morale. C'est la raison pour laquelle il est des causes au service desquelles nous les mettons volontiers et d'autres au service desquelles nous ne les mettrions pas. Nous formulons le vœu que tous ceux qui les utilisent sans le savoir – et ils sont nombreux – qu'ils soient chefs, commerciaux, éducateurs, parents, publicistes, sondeurs, chargés de communication... en viennent un jour à savoir ce qu'ils font et réfléchissent jusqu'au point de savoir si la valeur ou la noblesse des causes pour lesquelles ils œuvrent, justifie leurs actions !

Mais, lorsqu'il conduit cette réflexion, le psychologue doit surmonter un handicap professionnel dont ne sont pas victimes ces agents sociaux. Il est vrai que les moyens utilisés pour parvenir à une fin sont aussi dotés de valeurs. Or, trop souvent, le psychologue est socialement et professionnellement défini, nous l'avons dit, par des valeurs. Il doit être attaché à l'écoute des autres ; il doit prôner l'autonomie, l'indépendance des gens, magnifier leur intelligence et leurs connaissances... Le lecteur doit maintenant savoir que nous n'avons pas cette conception de la psychologie qui fait de notre profession une morale et un savoir-être. La psychologie est et n'est qu'une discipline scientifique caractérisée par les savoirs qu'elle a produits. Maintenant, cette conception de la psychologie ne nous interdit aucunement d'avoir, en quelque sorte de surcroît, en tant que citoyens et non en tant que psychologues, des valeurs finalement assez semblables à celles qu'on utilise pour définir le « psychologue » dans la vie sociale. Et pas plus que les autres, le psychologue social appliqué n'aime transgresser ses valeurs. C'est la raison pour laquelle il peut lui arriver de mettre en balance les valeurs qui lui sont propres d'un côté, et les fins qu'on lui propose d'atteindre d'un autre côté. Il peut arriver que les fins qu'on lui propose ne méritent pas qu'il renonce à une valeur qui lui est chère, comme il peut arriver qu'elles le méritent. Dans un cas comme dans l'autre, le débat interne auquel le psychologue social devra se livrer n'est pas porté par la psychologie comme discipline scientifique. Ce n'est pas dans sa discipline qu'il trouvera une réponse.

Mais quelle est cette étrange liberté ?

Nous ne passerons pas non plus sous silence un argument se présentant assez souvent sous une forme agressive : vous en appelez à la liberté des gens pour mieux les soumettre. Il n'y a pas d'abus de langage à avoir qualifié de *soumission librement consentie* le pied-dans-la-porte, l'amorçage, le leurre et les autres techniques d'engagement... Curieusement, cet argument émane de personnes pouvant se reconnaître dans des conceptions philosophiques très contrastées. On peut le trouver dans les propos de personnes résolument convaincues que les gens sont libres, sauf lorsque des pervers polymorphes, comme nous, recourent à des moyens détournés pour les contraindre et, finalement, pour les manipuler. Ne cachons pas notre incompréhension devant un tel argument : si les gens sont libres, on ne voit pas pourquoi ils cesseraient soudain de l'être lorsque quelqu'un (fût-il psychologue social et pervers polymorphe) le leur rappelle gentiment avant de leur demander quelque chose. Kiesler, lui-même, profondément convaincu de la liberté de ses concitoyens américains ne comprend pas quelle torsion de l'esprit peut amener certains de ses collègues à parler d'illusion de liberté lorsqu'un chercheur, pour induire de l'engagement, fait savoir à ses sujets qu'ils sont libres d'accéder ou non à sa requête. De fait, si l'enfant qui va se laver les mains avant de passer à table, si l'étudiant qui rédige sa fiche de lecture, si le salarié qui attend 17 heures pour plier bagage, si tous ces gens-là sont libres, qui pourra sérieusement argumenter que les ouvriers de l'entreprise Mallard ne le sont pas lorsqu'ils décident de mettre leurs gants ou leurs lunettes de protection après avoir librement accepté un entretien sur les pratiques de l'entreprise en matière de sécurité ?

Mais on peut trouver le même argument dans les propos de personnes qui ne croient pas en la liberté de l'Homme. Ces personnes contesteraient certainement que l'enfant, l'étudiant et le salarié que nous venons d'évoquer soient effectivement libres. Leur argument ne peut donc porter que sur l'usage que nous faisons de la déclaration de liberté. Il peut être reformulé ainsi : « C'est immoral de faire croire aux gens qu'ils sont libres alors qu'ils ne le sont pas et que vous le savez très bien. » Puissent-ils se tromper sur toute la ligne ! Nous aimerions beaucoup que les gens soient libres, comme nous aimerions beaucoup que leur rappeler qu'ils le sont les aide à pleinement assumer cette liberté. Si d'aventure il s'avérait qu'ils aient raison, l'immoralité dont on nous affuble serait hélas très répandue. Elle serait, en effet, l'attribut de toutes pratiques libérales qui consistent à conférer le statut d'être libre à ceux ou celles qui sont nos obligés et dont on attend quelque chose qu'ils ne peuvent que très difficilement nous refuser (Beauvais, 2005).

Le même argument peut encore être allégué par des contradicteurs qui pensent que si les gens ne sont pas libres, le rôle de la science est de les aider à le devenir. Ce point de vue, aux accents de militantisme, doit être pris avec beaucoup de prudence. Notre prudence en la matière nous est dictée par l'histoire des pratiques d'intervention. On trouvait, il y a déjà presque un demi-siècle, toute une variété d'intervenants croyant dur comme fer pouvoir mettre leur discipline, leur savoir et leurs méthodes, au service d'un idéal démocratique, voire d'un idéal autogestionnaire, dans les organisations. C'était à coup sûr un beau rêve. Ce rêve a fait long feu. Il n'a pas résisté aux années 60[1]. Un autre, incontestablement moins sympathique quoique plus conforme à l'évolution idéologique des sociétés occidentales, flatte, depuis les années 70, les mêmes parts de marché. Dans ce rêve, l'individu et son prétendu potentiel ont remplacé l'organisation, ses groupes d'appartenance et ses conflits. En vérité, nous ne sentons pas la saveur de ces gadgets censés « gonfler » des personnalités en faisant croire que le destin des entreprises ne tient qu'à l'émergence des ressources personnelles insoupçonnées de chacun[2]. On comprend mieux notre prudence à l'endroit des grands projets militants que la psychologie sociale appliquée pourrait être tentée de reprendre à son compte. De tels projets sont toujours portés, au gré des modes, par l'air du temps, et nul ne sait aujourd'hui quel grand mythe sortira du *Zeitgeit* de cette fin de siècle.

Tels sont les principaux griefs qui nous ont été adressés. On admettra qu'ils relèvent le plus souvent d'une image quelque peu faussée quoique *libéralement* utile de l'homme (Beauvois, 1994, 2005), plutôt que de l'éthique à proprement parler. Il reste que les pratiques d'engagement peuvent scandaliser celles et ceux qui sont intimement convaincus que toute l'activité humaine est réductible à une activité de libre décision, éclairée par un ensemble d'arguments que le décideur aurait accepté de recevoir, qu'il aurait traité dans la plénitude de son intelligence, ou qu'il aurait élaboré de lui-même en l'absence de toute influence, arguments qui conduiraient ce décideur à ne décider que ce qu'il va décider, sans aucune contrainte, par un processus dont il contrôle le déroulement et dont les méandres sont accessibles à son introspection ! Près d'un siècle de psychologie scientifique nous conduit à refuser cette trop belle image de l'activité humaine et à dénoncer les effets pervers de sa promotion idéologique. Aussi, toute

1. Le lecteur aura compris que ce rêve force notre respect. Ces psychosociologues-là, même s'ils ont sous-estimé les facteurs structurels de résistance au changement, s'attachaient à résoudre de vrais problèmes qu'on a appris par la suite à éviter.

2. Les stages de bio feed-back, de *gestalt* et de saut à l'élastique se vendent très bien. Et pas qu'en Dolmatie ! De tels gadgets sont au mieux inutiles, au pire dangereux, tant ils peuvent inciter les managers à prendre des vessies pour des lanternes.

discussion éthique doit admettre comme préalable que ce n'est pas parce qu'on s'agrippe à cette image qu'on est un ange, ni parce qu'on y renonce délibérément qu'on est un démon.

Nous avons répondu de bonne grâce aux questions qui nous sont le plus fréquemment posées[1]. Qu'on nous permette maintenant, au terme de cet ouvrage, d'en poser une à notre tour (cf. Kimmel, 1988) : quand une théorie scientifique est disponible, et qu'on pourrait donc l'utiliser pour éviter des atteintes à l'intégrité des gens, tant physique (accidents, maladies...) que psychologique (conséquences du chômage, d'une infection par le VIH...), est-il moral de refuser l'usage de cette théorie sous prétexte qu'elle véhicule une autre image de l'homme que celle qui nous est la plus chère[2] ?

1. On trouvera dans Beauvois (2005) une analyse des implications sociopolitiques de cette image de l'homme et du sentiment de liberté.

2. Nous tenons à remercier au terme de cet ouvrage, pour leur concours, leur confiance ou les deux à la fois : Alain Bertone, Alain Boyer, Florian Delmas, Jean-Michel Graillat, Caroline Manassero, Pascal Pansu, Christiane Pavin, Jacques Py, Danielle Rafflegeau, Sylvie Sarra-Bournet, Évelyne Serlin, Alain Somat, Raquel Zumel, sans oublier Mme O.

Bibliographie

Arkes, H. R., Blumer, C. (1985), The psychology of sunk cost, *Organizational Behavior and Human Decision Processes, 35*, 124-140.

Aronson, E., Carlsmith, J. M. (1963), Effect of severity of threat on the valuation of a forbidden behavior, *Journal of Abnormal and Social Psychology, 66*, 584-588.

Bazerman, M. H., Neale, M. (1992), Nonrational escalation of commitment in negociation, *European Management Journal, 10,* 163-168.

Beauvois, J.-L. (1990), L'acceptabilité sociale et la connaissance évaluative, *Connexions, 56*, 7-16.

Beauvois, J.-L. (1994), *Traité de la servitude libérale*, Paris, Dunod.

Beauvois, J.-L. (2001), Rationalization and internalization : The role of internal explanations in the generalization of an obligation, *Swiss Journal of Psychology, 60,* 223-239

Beauvois, J.-L. (2005), *Les illusions libérales, individualisme et pouvoir social,* Grenoble, Presses Universitaires de Grenoble.

Beauvois, J.-L., Deschamps, J.-C., Schadron, G. (2005), Vers la cognition sociale, *in* N. Dubois (Éd.), *Psychologie sociale de la cognition,* Paris, Dunod.

Beauvois, J.-L., Joule, R.-V. (1981), *Soumission et idéologies. Psychosociologie de la rationalisation*, Paris, PUF.

Beauvois, J.-L., Joule, R.-V. (1982), Dissonance versus self-perception theories : A radical conception of Festinger's theory, *Journal of Social Psychology, 117,* 99-113.

Beauvois, J.-L., Joule, R.-V. (1996), *A Radical Dissonance Theory*, London, Taylor & Francis.

Beauvois, J.-L., Michel, S., Py, J., Rainis, N., Somat, A. (1996), Activation d'explications internes et externes du comportement problématique dans une situation de soumission forcée, *in* J.-L. Beauvois, R.-V. Joule et J.-M. Monteil (Éds), *Perspectives cognitives et conduites sociales,* 5 : *Contextes et contextes sociaux*, Neuchâtel, Delachaux & Niestlé.

Becker, H. S. (1960), Notes on the concept of commitment, *American Journal of Sociology, 66*, 32-42.

Brehm, J. W., Cohen, A. R. (1962), *Explorations in cognitive dissonance*, New York, Wiley.

Brockner, J., Shaw, M. C., Rubin, J. Z. (1979), Factors affecting withdrawal from an escalating conflict : Quitting before it's too late, *Journal of Experimental Social Psychology, 15,* 492-503.

Buchanan, B. (1974), Building organizational commitment : The socialization of managers in work organizations, *Administrative Science Quarterly, 19,* 533-546.

Bunger, J. M., Petty, R. E. (1981), The low-ball compiance technique : Task or person commitment ?, *Journal of Personality and Social Psychology, 40* (3), 492-500.

Burger, J. M. (1986), Increasing compliance by improving the deal : The that'-not-all technique, *Journal of Personality and Social Psychology, 51,* 277-283.

Channouf, A. (1991), Activation du modèle explicatif des conduites et des renforcements et acceptation d'un acte coûteux, *in* J.-L. Beauvois, R.-V. Joule et J.-M. Monteil (Éds), *Perspectives cognitives et conduites sociales, 3*, Cousset (Fribourg), DelVal.

Channouf, A., Py, J., Somat, A. (1993), Internalité, clairvoyance normative et dissonance cognitive, *in* J.-L. Beauvois, R.-V. Joule et J.-M. Monteil (Éds), *Perspectives cognitives et conduites sociales,* 4 : *Jugements sociaux et changement des attitudes,* Neuchâtel, Delachaux & Niestlé.

Channouf, A., Py, J., Somat, A. (1996), Prédire des comportements à partir des attitudes. Nouvelles perspectives, *in* J.-C. Deschamps et J.-L. Beauvois (Éds), *La psychologie sociale,* 2 : *Des attitudes aux attributions,* Grenoble, Presses Universitaires de Grenoble.

Cialdini, R. B. (1984), *Influence,* New York, Willian Morrow.

Cialdini, R. B., Basset, R., Cacioppo, J. T., Miller, J. A. (1978), Low-ball procedure for producing compliance : Commitment then cost, *Journal of Personality and Social Psychology, 36*, 463-476.

Comer, R., Laird, J. D. (1975), Choosing to suffer as a consequence of expecting to suffer : Why do people do it ?, *Journal of Personality and Social Psychology, 32*, 92-102.

Cooper, J., Fazio, R. H. (1984), A new Look at Dissoance Theory, *in* L. Berkowitz (Ed.), *Advances in Experimental Social Psychology, 17*, New York, Academic Press, 229-266.

Deci, E. L. (1971), Effects of externaly mediated rewards on intrinsic motivation, *Journal of Personality and Social Psychology, 18*, 105-115.

Deci, E. L. (1980), *The psychology of self-determination*, Lexington, D. C. Heath.

Dejong, W. (1979), An examination of self-perception mediation of the foot-in-the-door effect, *Journal of Personality and Social Psychology, 37*, 2221-2239.

Deschamps, J.-C., Beauvois, J.-L. (1996), *La psychologie sociale,* 2 : *Des attitudes aux attributions,* Grenoble, Presses Universitaires de Grenoble.

Desrumeaux, P. (1996), *Explications causales et engagement contre ou pro-attitudinal : de l'internalité aux conduites pro-attitudinales,* Thèse pour le Doctorat de psychologie, Université de Lille 3 - Charles-de-Gaulle.

Dubois, N. (1987), *La psychologie du contrôle,* Grenoble, Presses Universitaires de Grenoble.

Dubois, N. (2009), *La norme d'internalité et le libéralisme,* Grenoble, Presses Universitaires de Grenoble.

Dubois, N. (1998), Internalité et connaissance évaluative, *in* J.-L. Beauvois, R.-V. Joule et J.-M. Monteil (Éds), *La psychologie sociale,* 6 : *Vingt ans de psychologie sociale expérimentale francophone,* Grenoble, Presses Universitaires de Grenoble.

Dubois, N. (2005), Les normes sociales de jugement, *in* N. Dubois (Éd.), *Psychologie sociale de la cognition,* Paris, Dunod.

Dubois, N., Le Poultier, F. (1991), Internalité et évaluation scolaire, *in* J.-L. Beauvois, R.-V. Joule et J.-M. Monteil (Éds), *Perspectives cognitives et conduites sociales, 3,* Cousset (Fribourg), DelVal.

Eisenberg, N., Cialdini, R. B., McCreath, H., Shell, R. (1987), Consistency-based compliance : When and why do children become vulnerable, *Journal of Personality and Social Psychology, 52,* 1174-1181.

Fazio, R. H., Sherman, S. J., Herr, P. M. (1982), The feature-positive effect in the self-perception process : Does not doing matter as much as doing, *Journal of Personality and Social Psychology, 42,* 404-411.

Festinger, L., Carlsmith, J. M. (1959), Cognitive consequences of forced compliance, *Journal of Abnormal and Social Psychology, 58,* 203-210.

Freedman, J. L., Fraser, S. C. (1966), Compliance without pressure : The foot-in-the-door technique, *Journal of Personality and Social Psychology, 4,* 195-202.

Geller, E. S., Kalsher, M., Rudd, J., Lehman, G. (1989), Promoting safety belt use on a university campus : An integration of commitment and incentive strategies, *Journal of Applied Social Psychology, 19*, 3-19.

Giger, J.-Ch. (2005), Le concept d'attitude, consistance et changement, *in* N. Dubois (Éd.), *Psychologie sociale de la cognition,* Paris, Dunod.

Goldman, M. (1986), Compliance employing a combined foot-in-the-door and door-in-the-face procedure, *Journal of Social Psychology, 126*, 111-116.
Goldman, M., Creason, C. R., McCall, C. G. (1981), Compliance employing a two-feet-in-the-door procedure, *Journal of Social Psychology, 114,* 259-265.
Goldman, M., Fordyce, J. (1983), Prosocial behavior as affected by eye contact, touch, and voice expression, *Journal of Social Psychology, 121* (1), 125-129.
Gorassini, D. R., Olson, J. M. (1995), Does self-perception change explain the foot-in-the-door effect ?, *Journal of Personality and Social Psychology, 69,* 91-105.
Grusec, J. E. (1983), The internalization of altruistic dispositions : A cognitive analysis, *in* E. T. Higgins, N. D. Ruble et W. W. Hartup (Eds), *Social cognition and social development,* Cambridge, Cambridge University Press.
Harris, M. B. (1972), The effects of performing one altruistic act on the likelihood another, *Journal of Social Psychology, 88*, 65-73.
Heider, F. (1958), *The Psychology of interpersonal relations,* New York, Wiley.
Hornik, J., Zaig, T., Shadmon, D. (1991), Reducing refusals in telephone surveys on sensitive topics, *Journal of Advertising Research, 31* (3), 49-56.
Joule, R. V. (1986), *Rationalisation et engagement dans la soumission librement consentie,* Doctorat d'État, Grenoble, Université Pierre-Mendès-France.
Joule, R.-V. (1987), Tabacco deprivation : The foot-in-the door technique versus the low-ball technique, *European Journal of Social Psychology, 17,* 361-365.
Joule, R.-V. (1989), Quand les conduites résistent aux approches cognitives, *in* J.-L. Beauvois, R.-V. Joule et J.-M. Monteil (Éds), *Perspectives cognitives et conduites sociales, 2,* Cousset (Fribourg), DelVal.
Joule, R.-V. (1999). La soumission librement consentie, *in* W. Doise, N. Dubois, J.-L. Beauvois (Éds), *La psychologie sociale,* 4 : *La construction sociale de la personne,* Grenoble, Presses Universitaires de Grenoble.
Joule, R.-V., Beauvois, J.-L. (1987), *Petit traité de manipulation à l'usage des honnêtes gens,* Grenoble, Presses Universitaires de Grenoble (nouvelle édition revue et augmentée, 2002).
Joule, R.-V., Beauvois, J.-L. (1998), De la dissonance à l'engagement dans la soumission, *in* J.-L. Beauvois, R.-V. Joule et J.-M. Monteil (Éds), *La psychologie sociale,* 6 : *Vingt ans de psychologie sociale expérimentale francophone,* Grenoble, Presses Universitaires de Grenoble.
Joule, R.-V., Gouilloux, F., Weber, F. (1989), The lure : A new compliance procedure, *Journal of Social Psychology, 129,* 741-749.

Katzev, R. D., Brownstein, R. (1989), The influence of enlightment on compliance, *Journal of Social Psychology, 129*, 335-347.

Katzev, R. D., Johnson, T. R. (1983), The social-psychological analysis of residential electricity comsumption : The impact of minimal justification techniques, *Journal of Economic Psychology, 3*, 267-284.

Katzev, R. D., Johnson, T. R. (1984), Comparing the effects of moneraty incentives and foot-in-the-door strategy in promoting residential electricity conservation, *Journal of Applied Social Psychology, 14*, 12-27.

Katzev, R., Wang, T. (1994), Can commitment change behavior ? A case study of environmental actions, *Journal of Social Behavior and Personality, 9*, 13-26.

Kiesler, C. A. (1971), *The psychology of commitment. Experiments linking behavior to belief*, New York, Academic Press.

Kiesler, C. A., Nisbett, R. E., Zanna M. (1969), On inferring one's beliefs from one's behavior, *Journal of Personality and Social Psychology, 11*, 321-327.

Kiesler, C. A., Sakumura, J. (1966), A test of a model for commitment, *Journal of Personality and Social Psychology, 3*, 349-353.

Kimmel, A. J. (1988), *Ethics and values in applied social psychology,* Newbury Park, Sage.

Kirchenbaum, D., Flanery, R. (1983), Behavioral contracting : Outcomes and elements, *in* M. Hersen, R. Eisler et P. Miller (Eds), *Progress in Behavior Modification, 15*, 217-275.

Lepper, M. R. (1973), Dissonance, self-perception and honesty in children, *Journal of Personality and Social Psychology, 25*, 65-74.

Leyens, J.-P., Beauvois, J.-L. (1997), *La psychologie sociale,* 3 : *L'ère de la cognition,* Grenoble, Presses Universitaires de Grenoble.

Ludwig, D. (1993), *Le Sida : Étude des représentations du risque. Influence des messages préventifs,* Agence nationale de recherches sur le Sida.

Marlowe, D., Frager, R., Nuttall, R. L. (1965), Commitment to action taking as a consequence of cognitive dissonance, *Journal of Personality and Social Psychology, 6,* 864-868.

Marques, J. (1995), L'effet brebis galeuse, *in* G. Mugny, D. Oberlé et J.-L. Beauvois (Éds), *La psychologie sociale,* 1 : *Relations humaines, groupes et influence sociale,* Grenoble, Presses Universitaires de Grenoble.

Masson-Maret, H., Joule, R.-V., Juan de Mendoza, J.-L. (1992), Une recherche expérimentale appliquée à la prévention du Sida en milieu scolaire, *Cahiers internationaux de psychologie sociale, 13,* 11-22.

McGuire, W. J., Papageorgis, D. (1961), The relative efficacy of various types of prior belief-defense in producing immunity against persuasion, *Journal of Abnormal and Social Psychology, 62*, 327-337.

McGuire, W. J., Papageorgis, D. (1962), Effectiveness of forewarning in developing resistance to persuasion, *Public Opinion Quarterly, 26,* 24-34.
Mead, G. H. (1934), *Mind, self and society*, Chicago, University of Chicago Press.
Moatti, J.-P., Grémy, I., Obadia, Y., Bajos, N., Doré, V. (1995), Sida : dernière enquête nationale, *La Recherche, 282*, 30-34.
Moles, A., Rohmer, E. (1977), *Théorie des actes. Vers une écologie des actions,* Paris, Casterman.
Moriarty, T. (1975), Crime, commitment and the responsive bystander : Two field experiments, *Journal of Personality and Social Psychology, 31*, 370-376.
Morin, M. (1994), Entre représentations et pratiques : le Sida, la prévention et les jeunes, *in* J.-C. Abric (Éd.), *Représentations et pratiques sociales,* Paris, PUF, 109-144.
Morin, M., Joule, R.-V. (1991), *Représentations sociales et engagement : recherches psychosociales en milieu scolaire sur les modifications de conduites des jeunes en relation au Sida*, Contrat de recherche n° 89 V. 1, Agence nationale de recherches sur le Sida et Institut national de la santé et de la recherche médicale.
Moscovici, S. (1979), *Psychologie des minorités actives*, Paris, PUF.
Moscovici, S., Mugny, G. (1987), *Psychologie de la conversion*, Cousset (Fribourg), DelVal.
Nisbett, R. E., Bellows, N. (1977), Verbal reports about causal influence on social judgment : Private access versus public theories, *Journal of Personality and Social Psychology, 35,* 613-624.
Nisbett, R. E., Wilson, T. D. (1977), Telling more than we can know : Verbal report on mental processes, *Psychological Review, 84*, 231-359.
Nimmer, J., Geller, E. S. (1988), Motivating safety belt use at a community hospital : An effective integration of incentive and commitment strategies, *American Journal of Community Psychology, 16*, 381-394.
Pallak, M., Cummings, N. (1976), Commitment and voluntary energy conservation, *Personality and Social Psychology Bulletin, 2*, 27-31.
Pallak, M., Cook, D., Sullivan, J. (1980), Commitment and energy conservation, *in* L. Bickman (Ed.), *Applied Social Psychology Annual, 1*, 235-253.
Pratkanis, A., Aronson, E. (1992), *Age of propaganda,* New York, Freeman.
Ross, J., Staw, B. M. (1993), Organizational escalation and exit : Lessons from the Shoreham Nuclear Power Plant, *Academy of Management Journal, 36,* 701-732.
Schachter, S., Singer, J. E. (1962), Cognitive, social and physiological determinants of emotional state, *Psychological Review, 69*, 379-399.
Shweder, R. A., Bourne, E. (1982), Does the concept of the person vary cross-culturally ?, *in* A. J. Marsella et G. White (Eds), *Cultural conceptions of mental health and therapy,* Boston, Reidel.

Stahelski, A, Patch, M. E. (1993), The effect of the compliance strategy choice upon perception of power, *Journal of Social Psychology, 133*, 693-698.

Staw, B. M. (1976), Knee-deep in the big muddy : A study of escalating commitment to a chosen course of action, *Organizational Behavior and Human Performance, 16*, 27-44.

Staw, B. M. (1981), The escalation of commitment to a course of action, *Academy of Management Review, 6,* 577-587.

Swanson, E. B., Sherman, M. F., Sherman, N. C. (1982), Anxiety and the foot-in-the door technique, *Journal of Social Psychology, 118,* 269-275.

Teger, A. I. (1979), *To much invested to quit*, New York, Pergamon.

Uranowitz, S. (1975), Helping and self-attributions : A field experiment, *Journal of Personality and Social Psychology, 31*, 852-854.

Wegner, D. M., Vallacher, R. R., Macomber, G., Wood, R., Arps, K. (1984), The emergence of action, *Journal of Personality and Social Psychology, 46*, 269-279.

Weigel, R. H., Newman, L. S. (1976), Increasing attitude-behavior correspondence by broadening the scope of the behavioral measure, *Journal of Personality and Social Psychology, 33*, 793-802.

Wilson, T. D., Hull, J. G., Johnson, J. (1981), Awareness and self-perception : Verbal reports on internal states, *Journal of Personality and Social Psychology, 40,* 53-70.

Imprimé en France
par JOUVE
1, rue du Docteur Sauvé, 53100 Mayenne
juin 2014 - N° 2161079R

JOUVE est titulaire du label imprim'vert®